FRANK STRONACH

Der Magna Mann

Frank Stronach: Der Magna Mann

www.edition-a.at

Lektorat: Dino Beck

Produktion: Raphaela Brandner
Druck: Theiss (www.theiss.at)

Gesetzt in der *Garamond*

1 2 3 4 5 6 — 16 15 14 13

ISBN 978-3-99001-064-8

DER MAGNA MANN

DIE FRANK STRONACH ERFOLGSFORMEL

FRANK STRONACH

MIT KATHRIN NACHBAUR

edition a

INHALT

VORWORT

Meine Freunde fragen mich, warum ich mich jetzt politisch betätige, … genauer gesagt fragen sie: »Frank, warum tust du dir das an?«

Ich bin wirtschaftlich und politisch unabhängig. Ich bin zum Glück sehr gesund und habe sehr viel Energie. Ich habe im Leben viel erfahren. Es gab Zeiten, wo ich hungrig war, weil ich kein Geld hatte, um mir etwas zu essen zu kaufen. Das hat tiefe Eindrücke hinterlassen. Ich war im Aufsichtsrat von Banken, Krankenhäusern, Universitäten, der New Yorker Börse (NASDAQ) und von verschiedenen Sozialorganisationen. Dadurch habe ich Verständnis für das Leben und Einblick in die Gesellschaft bekommen.

Ich habe jetzt ein gewisses Alter und denke öfter über die philosophische Frage nach, worin der Sinn des Lebens liegt und wie eine ideale Gesellschaft aussehen könnte. Eine Gesellschaft besteht aus vielen verschiedenen Menschen und wir alle haben ein Recht, unseren eigenen Weg zum Glück zu finden.

Ich bin dankbar, dass ich immer sehr gesund war und einen guten Hausverstand habe, was mir ermöglicht hat, ein Industrieimperium aufzubauen. Ich habe viel erreicht und – was mich besonders froh macht – ich habe sehr viele Arbeitsplätze geschaffen.

Jetzt könnte ich mich eigentlich zurücklehnen, aber das tue ich nicht, denn ich mache mir Sorgen um unser Land. Obwohl ich schon vor über 50 Jahren nach Kanada gegangen bin, bin ich immer noch sehr stark mit Österreich verbunden. Österreich liegt mir am Herzen.

Es war mir immer bewusst, dass die Politik eine schmutzige Angelegenheit ist, und natürlich ist es nicht angenehm, sich beschimpfen zu lassen, aber jeder Mensch hat ein Gewissen. Und mein Gewissen sagt mir, ich soll meine Erfahrung, die ich in meinem Leben gesammelt habe, einbringen, um etwas zu einer besseren Zukunft für unser Land beizutragen.

Letztendlich sind es immer die Werte, die eine Nation formen. Und meine Werte sind Wahrheit, Transparenz und Fairness. Diese Werte sollen zu mehr wirtschaftlicher und somit auch zu mehr persönlicher Freiheit und zu einer besseren Demokratie führen. Ich bin bereit, mich einzubringen und Österreich zu dienen.

Es gibt ein altes Sprichwort: Wem Gott will rechte Gunst erweisen, den schickt er in die weite Welt. Und ich möchte noch hinzufügen: Wem Gott will besondere Gunst erweisen, den schickt er wieder zurück in die Heimat.

Hochachtungsvoll,

Frank Stronach

EINLEITUNG

Ich wohne, wenn ich in Kanada bin, ein bisschen nördlich von Toronto auf einer Farm am Rande einer kleinen Stadt, die Aurora heißt.

Es gibt dort mehrere Häuser sowie schöne Weiden, Stallungen und einige Gebäude mit Wohnungen für die Mitarbeiter. Auch meine beiden Kinder haben ihre Häuser auf der Farm. Mein Sohn Andy hat eine 12-jährige Tochter und meine Tochter Belinda einen 21-jährigen Sohn sowie eine 19-jährige Tochter.

Hinter meinem Haus befindet sich ein wunderbarer Wald, er ist fast unberührt von Menschen. Besonders an Wochenenden gehe ich sehr gerne in diesem Wald spazieren. Hin und wieder setze ich mich auf einen Stein und bewundere die Natur. Sei es im Frühling, Sommer, Herbst oder Winter – es gibt immer so vieles zu sehen und zu bewundern. Wenn man eine Zeit lang still sitzt und die unglaubliche Ruhe genießt, kann man spüren, wie lebendig der Wald ist. Es gibt Rehe, Hasen, Waschbären, Füchse, sogar Wölfe und jede Art von Vögeln, deren Gezwitscher fast wie eine Symphonie klingt. Schließt man die Augen, ist es, als ob man eine wunderbare mystische Oper hören würde.

Von Zeit zu Zeit träume ich dann ein bisschen und reflektiere, wie wunderbar das Leben zu mir war. Ich bin in der Nähe von Weiz in der Oststeiermark geboren und bin wie die meisten Leute aus dieser Gegend römisch-katholisch. Ich bin aber nicht besonders religiös, wenn ich auch früher noch öfter in die Kirche gegangen bin, vor allem zu festlichen Anlässen wie Weihnachten, Ostern und Pfingsten.

Ich glaube an etwas Gutes, vielleicht ist es etwas Göttliches. Ist Gott ein alter Mann mit einem langen weißen Bart oder eine Frau oder etwas ganz anderes? Die Antwort auf diese Frage wird wohl ein ewiges Geheimnis bleiben und es ist im Grunde schön, wenn Menschen ihre eigene Vorstellung von Gott haben.

Wenn ich in diesem Wald sitze, gehen mir viele Gedanken durch den Kopf. Für die meisten Menschen ist es leider schwierig, sich mit philosophischen Gedanken über das Leben zu beschäftigen, denn sie sind sehr darauf konzentriert, ihr tägliches Leben zu meistern.

Ich wuchs in einer sehr bescheidenen Arbeiterfamilie auf. Im Sommer war ich barfuß und im Winter hatte ich ein Paar alte Schuhe. Ich bin unter den einfachsten Umständen aufgewachsen, so wie viele andere Arbeiterkinder zu dieser Zeit. Schon in meinen jüngsten Jahren war mir bewusst, wie schwierig es war, besonders für Frauen. Viele Frauen waren berufstätig. Damals gab es noch keine Waschmaschinen, keinen Geschirrspüler. Wenn ich so zurückschaue, denke ich manchmal daran, wie schwer meine Mutter gearbeitet hat. Diese Armut ist mir immer in Erinnerung geblieben.

Die ersten Jahre in Kanada waren auch schwierig. Es gab Zeiten, wo ich arbeitslos war, und Zeiten, wo ich hungrig war. Nicht, weil ich Gewicht abnehmen wollte, sondern weil ich kein Geld hatte, um mir etwas zum Essen zu kaufen. Manchmal sah alles sehr trostlos aus. Ich habe alles im Leben erfahren: von ganz unten bis ganz oben. Ich habe mit Königinnen und Königen gespeist und mit Präsidenten und Wirtschaftsgrößen aus den verschiedensten Ländern Gespräche geführt. Im Laufe der Zeit habe ich mich für alles Mögliche interessiert. Ich war im Aufsichtsrat von Banken, Spitälern, Universitäten und vielen Sozialorganisationen.

In den früheren Jahren, als meine Frau und ich schon Kinder hatten und in einem kleinen Haus gewohnt haben, bin ich mit den Kindern öfter ins öffentliche Bad gegangen. Manchmal haben sie mich gefragt, warum wir keinen eigenen Swimmingpool hätten. Meine Kinder besuchten öffentliche Schulen und wenn ich sie mit dem Auto dorthin brachte, stiegen sie ein paar Straßen vorher aus, um mit den anderen Kindern zu Fuß zu gehen.

Wenn ich also von Zeit zu Zeit im Wald sitze und meine Gedanken schweifen lasse, frage ich mich immer wieder: Was ist der Sinn und Zweck des Lebens?

Ich habe im Laufe der Zeit viel Unterricht an Universitäten gegeben und habe zu den Studenten gesagt: »Der Erfolg des Lebens kann nur daran gemessen werden, wie glücklich man ist.« Gleichzeitig habe ich aber auch gesagt: »Aus meiner Erfahrung ist es leichter glücklich zu sein, wenn man etwas Geld hat.« Natürlich haben mich regelmäßig neugierige Studenten gefragt: »Wie kann man zu Geld kommen?« Ich habe ihnen gesagt, wenn man so um die 20 Jahre alt ist, kennt man sich selbst noch nicht so richtig. Man wächst in einem gewissen Umfeld auf und die meisten Eltern wollen ihren Kindern ein sorgenfreies Leben ermöglichen. Ich habe den Studenten gesagt, dass sie ein bisschen experimentieren müssen. Sie sollen etwas machen, was sie gerne machen. Wenn man etwas gerne macht, wird man gut darin. Und wenn man dann noch einen besonderen Einsatz zeigt, kann man der oder die Beste werden, auf welchem Gebiet auch immer. Geld ist immer nur ein Nebenprodukt. Mein Antrieb in den jüngeren Jahren war einfach nur, nie mehr hungrig zu sein und mein Leben in Würde zu leben.

Menschen sind sehr unterschiedlich. Für mich war immer klar: Lass jede Person ihren eigenen Weg zum Glück finden und verhindere nie, dass auch Andere ihren Weg zum Glück finden. Ich sagte auch immer zu den Studenten: »Ihr seid sehr privilegiert, dass ihr studieren könnt. Ihr habt ein Recht, das Wissen, das ihr euch auf der Universität aneignet, zu euren Gunsten zu nützen, aber vergesst nie: Ein Teil eures Wissens soll auch der Gesellschaft zugutekommen!«

Im Jahr 2010 habe ich die kontrollierenden Anteile am Magna-Konzern verkauft. Ich habe Magna von einer Garage zu einem internationalen Weltkonzern mit ungefähr 400 Fabriken auf der ganzen Welt aufgebaut. Magna hat über 120.000 Beschäftigte, ungefähr 30 Milliarden Dollar Umsatz und meistens ein bis zwei Milliarden Dollar Cash auf der Bank. Eine Firma, die Geld auf der Bank hat, ist meist eine gesunde Firma.

Ich habe der Firma eine Wirtschaftsrechts- und eine Arbeiterrechtsverfassung gegeben. Diese beiden Dokumente enthalten

Grundprinzipien, die dem Management und den Mitarbeitern Rechte und Pflichten einräumen. Eines der wichtigsten Grundprinzipien ist das Recht der Arbeiter, am Gewinn der Firma beteiligt zu sein. Die Arbeiterrechtsverfassung verpflichtet die Firma auch dazu, eine spezielle Hotline einzurichten, bei der jeder Mitarbeiter anonym anrufen kann, sollte es Missstände oder Ungerechtigkeiten geben. Das Wichtigste in einer Firma ist, dass die Arbeiter fair behandelt werden. Wenn das nicht der Fall ist, muss das korrigiert werden, sonst werden die Arbeiter unzufrieden. Und Unzufriedenheit ist ansteckend. Wenn die Mitarbeiter unzufrieden sind, ist es unmöglich, Qualitätsprodukte zu konkurrenzfähigen Preisen herzustellen.

Die Magna-Prinzipien sind stärker als jeder einzelne Arbeiter, als jeder Manager und auch als ich selbst, der Gründer der Firma. Es muss Prinzipien geben, die für alle gelten. Die Prinzipien sind aufgebaut auf Wahrheit, Transparenz und Fairness. Das sind Werte, die Menschen natürlich aufnehmen und die sie prägen. Das System, das ich bei Magna geschaffen habe, stellt sicher, dass alle an der Firma beteiligten Interessensgruppen, also die Mitarbeiter, die Aktionäre, die Manager und die Gesellschaft, profitieren. Ein wichtiger Grundsatz in unserer Wirtschaftsrechtsverfassung ist, dass zumindest zwei Prozent des Gewinns vor Steuer an Sozialspenden gegeben werden, und zwar dort, wo unsere Mitarbeiter und deren Familien leben und arbeiten.

Seit ich die Kontrolle über Magna abgegeben hatte, setzte ich mich immer mehr mit dem Gedanken auseinander, was man in unserer Gesellschaft verbessern kann. Ich habe oft über Sinn und Zweck des Lebens nachgedacht und bin der Ansicht, dass jede Person von Zeit zu Zeit in den Spiegel schauen und sich fragen sollte, was man für eine bessere Gesellschaft tun könnte. Dieser Gedanke sollte schon unseren Kindern in den Schulen vermittelt werden. Ich glaube, wir können alle in irgendeiner Art und Weise etwas beitragen. Für die meisten Bürger ist es oft nicht einfach, sich frei zu äußern, weil sie in irgendeiner Form vom System abhängig sind. Und die erste Verantwortung besteht immer gegenüber der Familie. Ich habe also Verständnis dafür, wenn jemand das System nicht kritisieren kann, schließlich scheint es gerade in Österreich eine übliche Vorgangsweise zu sein, Kritikern zum Beispiel einen Steuerprüfer in den Betrieb zu schicken. Es gibt viele Grauzonen im Steuergesetz und ich glaube, die meisten Bürger fürchten sich deshalb vor einer Steuerprüfung.

Ich bin wirtschaftlich und politisch unabhängig und kann mich frei ausdrücken. Deshalb habe ich mich entschlossen, eine neue politische Bewegung zu unterstützen, die auf guten Werten aufgebaut ist: Wahrheit, Transparenz und Fairness.

Ich strebe kein Amt und keinen Titel an und habe keinen Eigennutzen im Auge. Ich bin bereit, viel eigenes Geld für eine Verbesserung des politischen Systems Österreichs zu geben. Wir brauchen wieder gute Werte in unserem Land.

Unser Ziel ist es, Arbeitsplätze zu erhalten und neue zu schaffen, für Wirtschaftswachstum und damit für mehr Wohlstand in unserem Land zu sorgen, das Gesundheits- und Pensionssystem zu sichern und vor allem auch der Jugend eine gute Zukunft zu ermöglichen. Leider haben die politischen Machterhalter ein großes Netzwerk in Österreich, vor allem auch in der Medienlandschaft. Viele Magazine und einige Zeitungen sind die Sprachrohre dieser Machterhalter und versuchen, mich schlecht darzustellen, sie schießen mit Giftpfeilen auf mich. Sie haben Angst, weil ich den Menschen die Wahrheit sage. Es war mir bewusst, dass man mich angreifen wird, und natürlich ist das nicht angenehm. Es werden viele Unwahrheiten über mich verbreitet. Ich habe nie etwas genommen, sondern immer nur gegeben. Ich habe in Österreich über 13.000 Arbeitsplätze geschaffen und hier über 150 Millionen für Sozialspenden ausgegeben.

Meine Freunde fragen mich, warum ich mir das alles antue. Das Leben war unglaublich gut zu mir und ich fühle mich privilegiert, dass ich so unabhängig bin und nun etwas beitragen darf. Ich verwende mein eigenes Geld, um dieses System der Machterhalter zu verändern. Ich habe in letzter Zeit sehr oft in den Spiegel geschaut. Das Leben hat es überaus gut mit mir gemeint und daher sagt mir mein Gewissen, dass ich etwas tun soll, um das System zu ändern. Ich bin zu der Überzeugung gekommen, dass die derzeitigen politischen Regierungsparteien in Österreich weder die Fähigkeiten noch den Willen haben, dieses System zu ändern. Das System funktioniert aber nicht gut. Es bringt den Bürgern Jahr für Jahr höhere Schulden und belastet schon unsere nächsten Generationen. Das System ist ein politisches System der Freunderlwirtschaft. Freunderlwirtschaft führt zu Korruption und zum Verlust der Werte. Ein Land ohne Werte steuert auf den Abgrund zu. Ich hoffe, ich kann sehr viel dazu beitragen, dass wir wieder Werte in Österreich aufbauen.

Wenn mich meine Enkelkinder eines Tages fragen, ob ich etwas zu einer besseren Gesellschaft beigetragen habe, möchte ich sagen können: »Ja. Ich habe es zumindest versucht.«

DER BEGINN

Der Verlauf des Lebens ist oft eine Frage der Umstände und des Schicksals. Wenn man zur richtigen Zeit am richtigen Ort ist und die richtigen Eigenschaften hat, können sich viele großartige Dinge ereignen.

Betrachten wir einmal mein Leben. Ich wurde in der Zeit der großen Depression zwischen den beiden Weltkriegen geboren und wuchs in Weiz in der Steiermark auf. Meine Eltern waren beide Fabrikarbeiter. Nebenbei verkaufte meine Mutter auch Gemüse, das sie in unserem kleinen Garten anbaute, um ein bisschen Geld dazuzuverdienen. Von ihr habe ich die Wertschätzung für harte Arbeit und das unternehmerische Denken gelernt. Mein Vater war ein aktiver, aber auch ein wenig verträumter Kommunist. Von ihm habe ich gelernt, wie wichtig der Sinn für Fairness und Gerechtigkeit allen Menschen gegenüber ist.

Als ich 14 Jahre alt war – ein Jahr nach Ende des Zweiten Weltkrieges – nahm mich meine Mutter, die eine sehr ernsthaft denkende und grundvernünftige Frau war, in die Elin-Fabrik mit, in der sie arbeitete. Dort begann ich eine Lehre als Werkzeugmacher, die den Verlauf meines weiteren Lebens stark geprägt hat.

Als ich meine Lehre erfolgreich abgeschlossen hatte, verspürte ich den Drang, die weite Welt zu sehen. Vor allem aber hatte ich einfach den Wunsch, ein besseres Leben zu führen – also immer genug zu essen zu haben, eine eigene Wohnung und ein eigenes Auto zu besitzen. Zuerst einmal wollte ich auf eigenen Beinen stehen. Im Rückblick neigt man oft dazu, gleich von großen Visionen und hohen Zielen zu sprechen. Diese entstehen aber meist erst mit der Zeit. In dieser damals sehr schwierigen und für viele hoffnungslos erscheinenden Zeit waren es eigentlich ganz einfache Wünsche, die man sich erfüllen wollte. Auch, weil dies realistischer war, als von großen, aber weit entfernten Zielen zu träumen.

Ich hatte damals wunderbare Geschichten von Auswanderern gehört, die über die USA, Kanada und Australien ganz begeistert berichteten. Dort hatten viele Leute ein Auto und auch sonst vieles, was man sich als junger Mensch so wünschte. Kanada war das erste Land, das mir eine Einreisegenehmigung erteilte. Also fuhr ich nach Rotterdam, um mit einem kleinen Koffer und ersparten 200 Dollar auf einem Dampfer nach Kanada auszuwandern.

Die ersten Monate dort waren sehr hart für mich. Ich erwartete zwar nicht, gleich in meinem erlernten Beruf als Werkzeugmacher arbeiten zu können. Aber ich hatte doch etwas andere Vorstellungen von dem, was auf mich zukommen sollte. Ich hatte eine gewisse Vorstellung von Kanada, diesem riesigen Land mit wilder Natur und dachte, dass mich mein erster Job als Holzfäller in die Wälder oder in einen Steinbruch führen würde. Gelandet bin ich anfangs jedoch im Keller einer Krankenhausküche beim Geschirrwaschen und Kartoffelschälen. Ich habe da mit ein paar netten älteren Damen gearbeitet. Nichts gegen ältere Damen, meine Mutter war auch eine ältere Dame und ich hatte großen Respekt vor ihr. Dennoch hatte ich mich als junger, energiegeladener Bursche schon in einer anderen Rolle gesehen. Ich gebe zu, ich habe mir da selbst ein wenig leid getan. Ich habe aber meinen Plan, als Werkzeugmacher zu arbeiten und irgendwann vielleicht sogar meinen eigenen Betrieb zu haben, nie aufgegeben.

Nach einigen Jahren und verschiedenen Jobs als Facharbeiter und Werkzeugmacher war es dann endlich soweit. Ich hatte genug Geld gespart, um mich selbstständig zu machen. In einer gemieteten Garage eröffnete ich eine kleine Werkstatt. Ich arbeitete sehr hart, oft bis zu 16 Stunden am Tag, 7 Tage die Woche. Das war eine sehr mühsame und bescheidene Zeit, ich habe lange Zeit sogar auf einem Klappbett in meiner Werkstatt geschlafen. Damals hätte ich mir nie träumen lassen, was ich einmal erreichen würde.

Aus einer kleinen gemieteten Garage heraus habe ich ein Unternehmen aufgebaut, das längst als die Nummer eins in der Welt anerkannt ist. Magna International ist der weltweit am meisten diversifizierte Automobilzulieferer mit über 120.000 Mitarbeitern in 370 Werken in 26 Staaten auf mehreren Kontinenten.

Unsere Mitarbeiter sind hochqualifizierte Techniker jeden Fachs, darunter natürlich unzählige Werkzeugmacher. Ich glaube sogar, dass Magna das Unternehmen mit der größten Konzentration von Werkzeugmachern auf der ganzen Welt ist.

In Städten wie Traer in Iowa, Saltillo in Mexiko oder auch in Weiz und Lannach in Österreich oder in vielen kleinen Städten in Deutschland produzieren Magna-Mitarbeiter alles rund ums Auto, angefangen von Plastikteilen bis zu Autositzen und Sensoren. Sie stanzen Metallteile für das Chassis, bauen täglich hunderte von Stoßstangen, Konsolen und Cockpits, ebenso wie Spiegel mit elektronischen Chips, die dem Fahrer alles mitteilen, von der Außentemperatur bis hin zum Reifendruck. Diese hochtechnischen Teile und Module werden von riesigen Pressen bearbeitet, die natürlich niemals in jene Garage gepasst hätten, in der alles begonnen hat.

Magna setzt im Jahr über 30 Milliarden Dollar um, hat keine Schulden und immer ein bis zwei Milliarden Dollar auf der Bank. Es gibt praktisch kein Auto auf den Straßen der Welt, in dem nicht zumindest ein Teil von Magna enthalten ist. Magna baut auch ganze Fahrzeuge für verschiedene Kunden, wie Mercedes-Benz, BMW, Chrysler und Aston Martin. Magna ist damit heute sogar der weltweit größte unabhängige Autobauer.

Das Leben war unglaublich gut zu mir. Ich habe Königinnen und Könige, Staatspräsidenten und Regierungschefs, viele Reiche und Berühmte, schillernde Figuren, genauso aber auch viele bescheidene, bodenständige Menschen getroffen. Obwohl ich im Laufe meines Lebens die tiefsten Tiefen und höchsten Höhen erlebt habe, war es die Erfahrung von Not und Armut, die ich in meiner Jugend jahrelang ertragen musste, die mich zu dem Menschen gemacht hat, der ich heute bin. Ich habe als Kind den Krieg und militärische Besatzungen unter zwei der brutalsten Regime erlebt, die es auf der Welt je gegeben hat – alles in einem Zeitraum von nur wenigen Jahren. Ich weiß, was es heißt, Hunger zu haben und bitterarm zu sein. Alle diese Erfahrungen haben tiefe und bleibende Eindrücke in mir hinterlassen und sicher auch meinen Charakter mitgeformt.

Eines habe ich bald erkannt: Das Erfolgsgeheimnis im Geschäftsleben ist erstaunlich einfach. Man muss ein besseres Produkt zu einem besseren Preis machen. So viel in unserer Welt ist einfach nur durchschnittlich, sodass dieses Motto eigentlich eine Garantie für Gewinn und Erfolg ist. Um fortwährend ein besseres Produkt zu einem besseren Preis herzustellen, müssen alle Beteiligten an einem Strang ziehen. Es ist wichtig, dass die Mitarbeiter mitdenken und dass ihr Herz mit dabei ist. Diese Einstellung haben Menschen in der Regel nur dann, wenn sie wissen, dass ihnen ein Teil der Maschinen, an welchen sie arbeiten, gehört und dass sie einen Teil des Gewinnes bekommen, bei dessen Erwirtschaftung sie mithelfen.

Die Formel, die ich für Magna entwickelt hatte, nannte ich »Fair Enterprise«, das Faire Wirtschaftssystem. Diese Kultur hat für unglaubliches Wachstum gesorgt und hat viele Menschen zu Millionären gemacht, die meisten waren Einwanderer wie ich selbst. Die Formel des Fairen Wirtschaftssystems hat den Magna-Investoren schöne Dividenden verschafft und es ermöglicht, unzählige wohltätige Zwecke und Organisationen in den Heimatorten unserer Mitarbeiter mit Millionenbeträgen zu unterstützen.

Am allerstolzesten bin ich darauf, dass ich dazu beitragen konnte, so viele Arbeitsplätze zu schaffen. Magna hat gute Arbeitsplätze für Menschen und damit bessere Lebensgrundlagen für viele Familien in den verschiedensten Ländern der Welt geschaffen. Dieses Gefühl erfüllt mich mit einer großen inneren Freude.

Ich bin davon überzeugt, dass wenn es mir mit meinem bescheidenen Hintergrund und begrenzten finanziellen Mitteln gelungen ist, dies zu schaffen, es auch vielen anderen Menschen gelingen kann, etwas aufzubauen. Es steckt so viel Potenzial in jedem von uns.

Wenn Sie meinen Schritten folgen und sich die einfache Erfolgsformel zu eigen machen, die ich in diesem Buch beschreibe, bin ich davon überzeugt, dass Sie Ihr Unternehmen zu einem der besten in Ihrer Branche machen können und dass Sie ein erfolgreicher Geschäftsmann oder eine erfolgreiche Geschäftsfrau werden können.

Auf den kommenden Seiten werde ich die vielen Ereignisse und teils harten Prüfungen, die ich durchmachen musste, schildern. Ich habe dieses Buch in der Hoffnung geschrieben, dass Sie sich von meinem Leben inspirieren lassen, während Sie Ihren eigenen, persönlichen Weg zu einem glücklichen und erfüllten Leben gehen.

KAPITEL 1

ZUR RICHTIGEN ZEIT AM RICHTIGEN ORT MIT DEN RICHTIGEN EIGENSCHAFTEN

»Das Leben ist wirklich eine Frage des Schicksals und der Umstände. Wenn man zur richtigen Zeit am richtigen Ort ist und die richtigen Eigenschaften hat, kann viel geschehen.«

Ich bin 1954 mit einem kleinen Koffer, ein paar hundert Dollar und meinem großen Traum, ein besseres Leben aufzubauen, nach Kanada ausgewandert.

Ich »segelte« auf einem großen holländischen Dampfer mit dem Namen »Groote Beer« von Rotterdam aus in Richtung Nordamerika. Es war ein einfaches Ticket ohne Rückfahrschein. An Bord waren hunderte junge Europäer, alle hungrig nach einem neuen, besseren Leben. Wir waren zu viert in einer kleinen Kabine untergebracht. Ich war 21 Jahre alt und ich kann mich noch heute erinnern, wie das Horn geblasen hat, als wir ablegten. Es ist, als wäre es gestern gewesen, ich fühle immer noch diese Aufregung in mir, ich war sehr nervös und voller Vorfreude. Als ich zum Hafen zurückblickte, dachte ich sogar kurz, ich könnte jetzt noch abspringen und wieder zurückschwimmen. Aber ich hatte eine Menge vielversprechender Geschichten von jungen Männern und Frauen gehört, die in die Neue Welt ausgewandert waren und dort ihr Glück fanden. Ich wollte zu jenen gehören, denen das gelungen ist.

Ungefähr neun Tage später kamen wir bei Sonnenaufgang im Hafen von Quebec City an. Als wir den St. Lawrence River entlangfuhren, sahen wir die Berge, die teilweise noch schneebedeckt waren. Ich kann mich gut erinnern, wie beeindruckt ich von dem wilden Terrain war. Ich dachte mir: »So muss sich wohl Christoph Kolumbus gefühlt haben.« Als wir endlich angedockt hatten, war ich froh, wieder festen Boden unter den Füßen zu haben. Wir gingen von Bord und stellten uns in langen Schlangen bei der Einwanderungsbehörde an. Der kanadische Beamte stempelte meinen Reisepass ab und gab mir ein Zugticket nach Montreal. Ein paar Stunden später erreichte ich dort den Bahnhof in der Innenstadt. Noch nie in meinem ganzen Leben hatte ich so ein riesiges Gebäude gesehen. Ich wusste gar nicht, in welche Richtung ich mich drehen sollte oder wo der Ausgang war. Meinen kleinen Koffer umklammernd ging ich eine breite Straße in der damals größten Stadt Kanadas entlang. Ich fühlte mich irgendwie einsam, war aber gleichzeitig gespannt, was mich hier alles erwarten würde.

Zunächst hatte ich nur einen Wunsch: Ich brauchte ein Zimmer und etwas zu essen. Ich hatte nur ein paar hundert Dollar und in einem Hotel hätte ich das Geld bald aufgebraucht. Ich sprach ein bisschen Englisch und hielt die Augen offen für Schilder mit »Zimmer zu vermieten«. Ich klopfte an viele Türen, hatte aber lange kein Glück. Vielleicht weil ich ziemlich seekrank gewesen war und ein bisschen verwildert aussah, oder vielleicht wollten die Leute einfach nicht an einen neuen Einwanderer, der gerade erst vom Boot gestiegen war, vermieten. Nach ein paar Stunden fand ich dann aber doch ein Zimmer.

Ich wachte früh am nächsten Morgen auf und machte mich gleich auf die Suche nach Arbeit. Ich hielt die Augen nach Fabriken offen, da ich schließlich wusste, dass ich dort alles machen könnte. Ich war bereit, jede Art von Arbeit anzunehmen und klopfte an ungefähr 30 Türen. Als ich nach einigen Tagen immer noch nichts gefunden hatte, wurde ich nervös und suchte das Arbeitsamt auf. Dort sagte man mir, dass man jemanden bei einem Golfplatz sucht, der die Golfbälle einsammelt, und gab mir die Adresse. Ich bin gleich in einen Bus eingestiegen und den ganzen Tag darin herumgefahren. Ich hielt vergeblich nach dem Golfplatz Ausschau. Damals wusste ich natürlich nicht, dass Golfplätze nicht direkt an Busrouten liegen. Ich war damals jung und ziemlich sportlich und frage mich heute, ob ich wohl ein Golfprofi geworden wäre, hätte ich den Golfplatz gefunden.

Ich war frustriert und begann, mir wirklich Sorgen zu machen. Ich war nun schon zwei Wochen hier, hatte keine Arbeit gefunden und meine Ersparnisse neigten sich langsam dem Ende zu. Ich unterhielt mich mit anderen Einwanderern und keiner hatte eine Arbeit gefunden. Kanada war mitten in einer Rezession und die Menschen hier wirkten alle ziemlich gestresst und verspannt, anders als zu Hause. Ich kannte niemanden und es gab einfach keine Arbeit. Mittlerweile hatte ich schon einen ganzen Tag lang nichts gegessen und bereits Gewicht verloren. Ich wusste nicht mehr ein noch aus und so ging ich mit meinem letzten Geld zum Busbahnhof und fuhr nach Kitchener, eine kleine Stadt ungefähr in der Mitte zwischen Toronto und Detroit. Ich hatte dort die Adresse von einem ehemaligen Kollegen aus Weiz, einem Werkzeugmacher namens Max Windhager, der auch bei Elin gearbeitet hatte.

In Kitchener wohnten sehr viele deutsche Einwanderer. Die Stadt hieß vor dem Ersten Weltkrieg sogar Berlin, wurde aber nach dem Krieg von der kanadischen Regierung nach dem bekannten britischen General Kitchener benannt. Als der Bus in der Innenstadt ankam, stieg ich aus und ging einige Straßen auf und ab, um die Adresse meines Bekannten zu finden. Ich war müde und hungrig und das Geld war mir endgültig ausgegangen. Es ist etwas ganz anderes, wenn man bewusst weniger isst, um Gewicht zu verlieren, oder ob man tatsächlich hungrig ist, weil man sich nichts zu essen kaufen kann. Diese Erfahrungen haben mich sehr geprägt und gewisse Narben hinterlassen. Ich starrte immer wieder auf das Stück Papier, auf dem die Adresse von Max notiert war und dachte: »Hoffentlich wohnt Max noch hier, sonst weiß ich wirklich nicht, was ich jetzt tun soll.«

Ich war schon ziemlich verzweifelt und begann mich zu fragen, ob das also das sogenannte kapitalistische System sein sollte. Hatte mein Vater doch recht gehabt? Ich war ein fleißiger, gut ausgebildeter Facharbeiter, der arbeiten wollte, und konnte einfach nichts finden. Ich frage nicht gerne um Hilfe, aber nun war ich an einem

Punkt angelangt, an dem ich sogar gebettelt hätte. Endlich hatte ich das Haus mit der richtigen Adresse gefunden und klopfte an die Tür. Max öffnete, lächelte mich an und sagte: »Servus Franz, schön, dich zu sehen! Komm rein, du schaust hungrig aus!« Das waren schöne Worte und ich nahm die Einladung sehr gerne an.

Ein paar Tage später hatte ich endlich eine Arbeit gefunden, und zwar in der Küche eines Krankenhauses. Ich wusch im Keller von sechs Uhr früh bis sechs Uhr abends das Geschirr ab und schälte Kartoffeln und Karotten. Ich verdiente 80 Dollar im Monat und durfte im Krankenhaus wohnen. So weit war es also gekommen, ein junger Bursche als Tellerwäscher, gemeinsam mit ein paar netten alten Frauen. Ich tat mir selbst richtig leid.

Am Samstagabend ging ich öfter zum Tanzen in den Club Berlin. Damals waren sogenannte »Faserschmeichler-Lieder« populär und manchmal fragten mich die Mädchen, mit denen ich tanzte, was ich beruflich mache. Ich antwortete: »Ich arbeite in einem Krankenhaus« und oft glaubten sie, ich sei ein Chirurg, weil ich so weiche Hände hatte. Manchmal scherzte ich ein bisschen und sagte erst etwas später, dass ich einfach nur Tellerwäscher war. Viele der Mädchen wollten dann nicht mehr so eng mit mir tanzen – wer will schon mit einem Tellerwäscher ausgehen? Aber es gab Mädchen, die weiter gerne mit mir tanzten, das muss wohl wahre Liebe gewesen sein …

Nach einigen Wochen half mir Max, eine Arbeit als Maschinenschlosser in einer Firma zu finden, die Teile für den Avro Arrow Fighter Jet herstellte. Dieses Militärflugzeug war seiner Zeit weit voraus, Jahre später stellte die kanadische Regierung die Produktion aus Kostengründen aber ein. Ich arbeitete sieben oder acht Monate lang dort und wurde dann gekündigt.

Als nächstes versuchte ich mein Glück in Oakville, das ist eine kleine Stadt etwas westlich von Toronto, in der die Ford Motor Company ein riesiges neues Autowerk eröffnet hatte. Man suchte dort noch Werkzeugmacher. Ich füllte einiges an Papierkram aus und hatte ein Vorstellungsgespräch, bei dem man mir sagte, dass ich ziemlich jung aussähe und bestimmt auch nicht viel Erfahrung haben könnte und dass meine Chancen auf eine Anstellung praktisch null waren. Heute treffe ich gelegentlich mit dem Präsident von Ford zusammen und wir scherzen, dass – wenn man mich damals genommen hätte – wohl ich später der Präsident geworden wäre und nicht er. Nachdem ich also keine Arbeit bei Ford in Oakville bekam, zog ich als Autostopper weiter nach Toronto.

Ich bat den Burschen, der mich mitgenommen hatte, mich bei einem günstigen Hotel in der Stadt abzusetzen. Er hielt auf der Ecke Sherbourne und Dundas Street an, genau gegenüber vom Warwick-Hotel. Ich setzte mich in die Kneipe des Hotels und bestellte einen Hamburger und ein Bier. Das Hotel war eher eine wildere Unterkunft, es gab einige Bier trinkende und grölende Gäste, einige »Bordsteinschwalben« und Typen, die aussahen, als könnten sie Mitglied in einer Motorradgang sein. Nach der Zeit in der Krankenhausküche war Toronto eine lebhafte und willkommene Abwechslung. Ich bekam ein Zimmer um zehn Dollar, konnte aber aufgrund der Geräuschkulisse mit den knallenden Türen und dem lauten Lachen und Grölen nicht sehr gut schlafen. Ein paar Wochen später kamen mich ein paar Freunde aus Kitchener in Toronto besuchen, sie waren schon gespannt, was sie in der Großstadt alles erwarten würde. Sie wollten unbedingt das wilde Hotel sehen, von dem ich erzählt hatte. Wir fuhren stundenlang durch die Stadt, um das Warwick-Hotel zu finden, aber es schien wie vom Erdboden verschluckt zu sein.

In den nächsten Tagen schaute ich mir Zeitungsannoncen mit Jobangeboten an und fand Arbeit bei der Firma A.G. Simpson, damals einer der größten Autozulieferer in ganz Kanada. Es war meine erste Arbeit als Werkzeugmacher und sogleich kaufte ich mir eine Werkzeugkiste mit ein paar Bohrern, Feilen und Messgeräten. Da die Firma in Zeitnot war, einen Auftrag zu erfüllen, wurden gleichzeitig auch einige andere Werkzeugmacher angestellt. Als der Auftrag nach drei oder vier Monaten fertiggestellt war, wurden wir alle wieder gekündigt. Der Vorarbeiter kam einfach eines

Nachmittags zu mir und sagte, ich brauche am nächsten Tag nicht mehr zu kommen. Einfach so.

Der nächste Tag war wieder solch ein Wendepunkt in meinem Leben. Ich hatte direkt in Toronto eine Arbeit bei einer kleinen Werkstatt gefunden, in einem Gebäude, das ziemlich herabgewirtschaftet aussah und in der Nähe vom Riverdale Zoo stand.

Ich fing also im Frühling 1957 dort zu arbeiten an und blieb bis zum Ende des nächsten Jahres. Wir waren zu zehnt, lauter Österreicher und auch der Eigentümer war ein Landsmann. Binnen weniger Wochen machte er mich zu einem Manager und mir gefiel die neue Verantwortung. Ich fragte mich, wie es wohl wäre, wenn ich selbst ein Geschäft hätte. Er muss mein Interesse gespürt haben, denn er bot mir bald darauf eine Partnerschaft an. Das klang vielversprechend, jedoch haben wir letztendlich nie etwas unterschrieben. Das war keine Absicht, wir hatten nur viel zu tun, waren abgelenkt und es kam einfach nie dazu. Aber bei mir hatte sich etwas verändert: Ich wurde selbstbewusst. Ich dachte mir, eigentlich ist es nicht so schwer, sein eigenes Geschäft aufzumachen – ich kann das! Es juckte mich in den Fingern, mich selbstständig zu machen und das war mein neues Ziel.

Es war 1957. Elvis Presley, einer meiner Lieblingssänger, führte die Hitliste an. Wir waren mitten im Zeitalter des Babybooms und ein durchschnittlicher Neuwagen kostete etwa 2.000 Dollar.

Nachdem ich nun schon seit drei Jahren in Kanada war, hatte ich mit 24 Jahren nun endlich das Geld zusammengespart, um meine eigene kleine Werkzeugmacherei zu eröffnen. Das Geschäft war in einer alten Garage, mitten in Torontos Industrieviertel. Die Werkshalle hatte einen ziemlich abgetretenen Holzboden und war ungefähr 200 Quadratmeter groß.

Ich kaufte eine gebrauchte Bohrmaschine, eine kleine Drehbank, eine Fräsmaschine, eine Säge und einen Schleifapparat. Die Gesamtkosten aller Werkzeuge beliefen sich auf ungefähr 12.000 Dollar. Ich leistete eine Anzahlung von 3.000 Dollar und nahm für den Rest einen Kredit auf. Ich eröffnete ein Bankkonto und bekam einen Kredit bei der Scotiabank auf der St. Clair Avenue, ganz in der Nähe meiner Firma. Der Bankmanager war ein Mann namens George Hitchman. Jahre später war er im Magna-Aufsichtsrat. George war ein altmodischer Banker, streng aber fair. »Wie viel wirst du hinterlegen?«, fragte er mich mit gerunzelter Stirn. Ich gab ihm die 3.000 Dollar und er erlaubte mir, gleich mit 1.000 Dollar zu überziehen. Nachdem der ganze Papierkram erledigt war, besiegelten wir alles mit einem Handschlag. »Ich werde dich genau beobachten, junger Mann«, sagte er zu mir, als ich sein Büro verließ.

In dieser alten Garage hatte ich alles, was ich brauchte. Um Geld zu sparen, kaufte ich öfter billige Metallrestbestände. In der Ecke hatte ich einen kleinen Schreibtisch, an dem ich die verschiedenen Produkte auf Papier zeichnete und auf dem ich auch meine Rechnungen schrieb. Ich hatte eine Toilette und ein Waschbecken, einen kleinen Kühlschrank und eine Schnellkochplatte. Morgens füllte ich meine Waschschüssel mit warmem Wasser und wusch mich mit einem Schwamm.

Ich arbeitete 16 Stunden am Tag, 7 Tage die Woche und hatte ein Klappbett neben der Drehmaschine. Ich erinnere mich noch, dass ich manchmal in der Nacht aufstand, um aufs Klo zu gehen, und dabei über scharfe Metallteile neben dem Klappbett stolperte. Meistens arbeitete ich bis 22 oder 23 Uhr. Hin und wieder ging ich dann noch in eine Bar, um Freunde zu treffen und auf andere Gedanken zu kommen. Als Abendessen gab es oft etwas aus der Dose, das ich auf der Schnellkochplatte erhitzte. Ein paar hundert Meter von meiner Firma entfernt war ein kleiner italienischer Lebensmittelladen, in dem es gute Würste und diese riesigen Käselaibe gab, auf denen die Kinder herumsaßen, während ihre Mütter Fleisch aussuchten. Ich erinnere mich noch genau daran, als ich einmal ein großes Stück Wurst und ein frisch gebackenes Brot gekauft hatte. Ich ging damit zurück in meine Firma, legte die Köstlichkeiten auf die Werksbank und wusch mir die Hände. Mir lief schon das Wasser im Mund zusammen, und als ich mich an die Bank setzen wollte, sah ich eine Ratte mit der Wurst davonhuschen. Ich warf ein Stück Metall nach ihr und sie verschwand in irgendeinem Loch in der Wand.

Die meisten Wochenenden verbrachte ich mit meinem Freund Anton Czapka aus Weiz in der Werkstatt. Tony kam wie ich mit einem Schiff nach Kanada und landete in Montreal. Eines Tages tauchte er vor meiner Türe in Kitchener auf, so wie ich damals vor Max Windhagers Türe gestanden bin. Er wohnte bei mir und schlief auf der Couch, bis er Arbeit gefunden hatte.

Tony war ein bodenständiger Bursche mit einem großen Herz. Als ich ihm zum ersten Mal von meinen Plänen erzählte, eine eigene Werkstatt zu eröffnen, ermutigte er mich und sagte voller Begeisterung: »Ja, Frank, mach das!« Er drückte mir ein Bündel Geldscheine in die Hand, insgesamt 5.000 Dollar, und sagte: »Nimm das und brings' auf die Bank.« Er vertraute mir zu hundert Prozent und war sicher, dass ich es schaffen würde. Das Geld war mein operatives Kapital und ermöglichte es mir, mich viel früher als gedacht selbstständig zu machen. Ohne Tony und seine finanzielle Unterstützung wäre mir damals mein Start sicher nicht gelungen. Tony wurde nicht nur mein Geschäftspartner, sondern auch mein bester Freund.

Ich nannte mein Geschäft »Accurate Tool and Die«. Es dauerte nicht lange und ich bekam schon einen Brief von einem Anwalt, der eine Firma namens »Accurate Mould« vertrat. Es hieß, ich müsse meinen Firmennamen ändern, sonst würden sie mich verklagen. Ich änderte meinen Firmennamen auf »Multimatic«.

Damals hatte ich einen großen Wunsch und ein Ziel: Ich wollte von nun an ökonomisch frei, also unabhängig werden, damit ich nie mehr hungrig sein würde und nie mehr vor jemandem »buckeln« müsste.

Ich war fest entschlossen, erfolgreich zu werden. Ich arbeitete sehr fleißig und klopfte an viele Türen, um Aufträge zu bekommen. Einen meiner ersten Aufträge erhielt ich von einer großen amerikanischen Firma namens American Standard, die unter anderem Waschbecken für Bäder und Küchen herstellt. Sie brauchten eine komplizierte Halterung für ein Waschbecken, das an der Wand angebracht werden sollte. Man sagte mir: »Schau, was du machen kannst. Wenn du dieses Problem löst, werden wir einige Aufträge für dich haben!« Ich ging wieder in meine Firma und begann, ein paar Prototypen zu skizzieren. Drei Wochen später hatte ich ein Werkzeug gebaut, das die Teile ausstanzte. Ich verdiente damit 5.000 Dollar – ungefähr viermal so viel, wie ich verdient hätte, wenn ich in der Werkzeugfirma von jemand anderem gearbeitet hätte. Mein neuester Kunde war sehr zufrieden und ich bekam zahlreiche weitere Aufträge.

Ich war nie besonders schüchtern und hatte ein gutes Modell, wie ich an Aufträge herankam: Ich ging einfach zu verschiedenen Firmen, stellte mich vor und sagte: »Wo sind eure technischen Herausforderungen? Gebt mir den Auftrag, sollte ich ihn nicht erfüllen können, braucht ihr mich nicht zu bezahlen.« Das ist heute noch die Einstellung von Magna als Teil unserer Firmenkultur: Wir sprechen mit unseren Kunden in Detroit, Frankfurt oder Tokyo und fragen: »Welche Probleme habt ihr? Wie können wir helfen?« Dann machen wir uns an die Arbeit und finden für sie eine Lösung.

Zu Beginn meiner Unternehmerlaufbahn war es für mich sehr hart. Ich machte alles selbst, angefangen vom Verkauf und der Buchhaltung bis hin zur Wartung der Geräte und der Belieferung der Kunden. Ich erinnere mich noch gut daran, als ich eines Tages in einem ölverschmierten Arbeitsanzug den Boden aufkehrte und ein Mann in meine Werkstatt kam und mich fragte: »Kann ich mit dem Chef sprechen?« »Sie sprechen mit ihm«, antwortete ich.

Ich bekam viele Aufträge und manchmal unterschätzte ich, wie viel Arbeit ich eigentlich angenommen hatte. Einmal musste ich 72 Stunden ohne Unterbrechung durcharbeiten. Ich habe das nicht so sehr wegen des Geldes gemacht, sondern ich wollte vor allem meine Lieferzusage einhalten. Eines Tages bekam ich einen Auftrag von einem Autoteilzulieferer nördlich von Toronto, um ein Werkzeug für einen Wagenheber zu bauen. Da es sehr eilig war, arbeitete ich 48 Stunden rund um die Uhr, um den Auftrag zu erfüllen. Es war Winter und es schneite ununterbrochen. Auf der Fahrt zu meinem Kunden bin ich kurz eingeschlafen, kam von der Straße ab und landete im Straßengraben. Ich blieb zum Glück unverletzt und fuhr nun putzmunter, mit weit aufgerissenen Augen und Herzklopfen weiter. Ich lieferte alles zeitgerecht ab. Verlässlichkeit und Pünktlichkeit sind tief verwurzelt und längst Teil der Magna-Kultur: Wir taten immer alles, um Aufträge zeitgerecht zu erfüllen.

Nach einem Monat stellte ich meinen ersten Mitarbeiter ein. Zehn Jahre später wurde er Werksleiter in einer unserer Fabriken namens Hy-Pod. Er blieb bis zu seiner Pension über 30 Jahre bei Magna.

Im ersten Jahr verdiente ich 20.000 Dollar, das war ein sehr gutes Einkommen. Ich bekam immer mehr Aufträge und stellte weitere Leute ein. Nach ungefähr acht Monaten hatte ich etwas Geld angespart und zog endlich in ein kleines Apartment, um in der Garage mehr Platz für Maschinen zu schaffen. Am Ende des Jahres hatte ich zehn Mitarbeiter. Jeder einzelne von ihnen wurde im Laufe der Zeit Leiter eines Magna-Werks.

Einer meiner ersten Kunden war auch ein Autoteilewerk in Ajax, etwas östlich von Toronto. Der Manager dieses Werks war ein großer schlaksiger Amerikaner namens Burt Pabst, ein wahres Marketingtalent. Burt war aus Detroit und gab mir viele Aufträge. Nach einiger Zeit begann er bei mir zu arbeiten und fuhr immer abends zu mir nach Toronto, um in der Werkstatt auszuhelfen. Wir fertigten viele Werkzeuge für die Herstellung von Autoteilen und fragten uns, warum wir nicht gleich auch die Teile machten. Dann hätten wir einen Gewinn vom Verkauf der Werkzeuge und der Teile.

Nach dem ersten Jahr begann sich das Geschäft so richtig zu rentieren: Meine neue Firma hatte einen Umsatz von ungefähr 150.000 Dollar. Wir steckten das meiste Geld wieder ins Unternehmen, um Material zu kaufen und um den Bankkredit zurückzuzahlen, mit dem wir gebrauchte Maschinen gekauft hatten. Das war eine fantastische Zeit. Die Burschen und ich arbeiteten oft bis spät in die Nacht hinein. Weil wir auch hungrig und durstig waren, kaufte ich oft ein paar Brathendln und eine Kiste Bier, dann spuckten wir wieder in die Hände, um alle Aufträge zu erfüllen.

Es war anstrengend, aber wir hatten auch oft viel Spaß dabei. Eines Tages begann ein neuer Mitarbeiter bei uns, ein junger Bursche aus Deutschland. In der Mittagspause ging er zum Lebensmittelgeschäft und kaufte eine Dose mit Fleisch. Er dachte, es sei eine Art Leberkäse und langte herzhaft zu. Nach ein paar Bissen sagte er: »Dieses Zeug schmeckt wirklich ekelhaft, dabei schaut das auf dem Foto so gut aus.« Wir alle lachten herzlich auf und begannen zu bellen: »Wau, wau, wau!« Nach dem ersten Schock stimmte er in unser Gelächter mit ein.

Im Jahr 1959 bekamen wir einen Auftrag, der alles für uns ändern sollte. Es war unser erster großer Auftrag zur Herstellung von Autoteilen. General Motors bestellte Sonnenblendenhalterungen bei uns. Wir wechselten uns in Schichtarbeit ab und arbeiteten Tag und Nacht an einer einfachen Presse, um die knappe Lieferfrist zeitgerecht zu erfüllen. Mit meinem 1955er Chevy lieferte ich die Teile persönlich im Werk von General Motors in Oshawa ab. Es waren so viele Kisten mit den Sonnenblendenhalterungen ins Auto gepackt, dass es so aussah, als wäre meinen Autoreifen die Luft ausgegangen.

Insgesamt produzierten wir mehrere hunderttausend Halterungen, pro Stück verlangten wir ungefähr 40 Cent und machten dabei einen Gewinn von ein paar Cent. Der gesamte Auftrag war 80.000 Dollar wert. Wir bauten das Werkzeug, montierten es auf der Presse und stanzten das Blech zu Halterungen. Wir lieferten drei Mal die Woche zu, jedes Mal 5.000 Halterungen. Die Pressen liefen Tag und Nacht und wir kletterten in der kleinen Werkstatt schon fast übereinander, um diese Menge erzeugen und zugleich lagern zu können.

Bald bekamen wir weitere Aufträge von General Motors und dann auch von Ford und Chrysler. Das war das Goldene Zeitalter für die amerikanische Autoindustrie. Die »Big Three«, wie man sie nannte, hatten Rekordverkäufe und wir verkauften die Teile, um den immer größer werdenden Hunger der Amerikaner nach neuen Autos zu stillen. Die Metallteile, die in die Stahlbehälter fielen, hörten sich wie Münzen an, die in einen Eimer rasselten.

WAS WIR VON FRANK LERNEN KÖNNEN: MACH ES SCHRIFTLICH!

Als ich in einer Werkstatt als Manager arbeitete, bot mir der Eigentümer eines Tages an, Geschäftspartner zu werden. Das klang interessant, aber der Eigentümer gab mir nie ein schriftliches Angebot. Bald darauf machte ich mich deshalb selbstständig.

Einige Jahre später sagte mir einer meiner Vorarbeiter, dass er sich selbstständig machen wollte. Ich wollte ihn keinesfalls verlieren und bot ihm an, Geschäftspartner mit Gewinnbeteiligung zu werden, er stimmte zu. Ich hatte eine wertvolle Erfahrung gemacht: Wenn dir etwas ernst ist, mach es schriftlich.

KAPITEL 2

DIE ERFOLGSFORMEL VON MAGNA: EIGENTUM UND GEWINN TEILEN

»Magna ist mehr als nur eine Firma. Es ist eine Wirtschaftskultur.«

Ein Jahr nach dem ersten Auftrag zur Erzeugung von Autoteilen beschäftigte unser Betrieb schon 20 Mann. Im Jahr darauf war unser Unternehmen schon so gewachsen, dass wir in der kleinen gemieteten Garage keinen Platz mehr hatten. Wir brauchten eine größere Werkshalle. Ich selbst zeichnete die Pläne für das neue, 300 Quadratmeter große Werk und überwachte auch den Bau in einer Vorstadt nördlich von Toronto.

Eines Tages fiel mir auf, dass mein Vorarbeiter Hermann Koob sich irgendwie anders verhielt als sonst. Ich fragte ihn, was los war, und er antwortete: »Ich überlege mir gerade, meine eigene Werkstatt aufzumachen.« Hermann fühlte sich also so wie ich, als ich damals Manager in der Werkstatt von jemand anderem war. Er war ein unternehmerischer Typ, deshalb reizte es ihn, sein eigener Chef zu werden. Ich wollte Hermann aber keinesfalls verlieren, denn er war der beste Vorarbeiter, den man sich wünschen konnte.

Ich hätte sein Gehalt verdoppeln können, wusste aber, das wäre nur eine kurz- oder mittelfristige Lösung gewesen. Es hätte ihn auf die Dauer nicht zufriedengestellt; er wollte selbstständig sein. Es ist etwas anderes, auf eigenen Beinen zu stehen, dabei geht es nicht nur um Geld.

Mir war klar, dass es mich zurückwerfen würde, wenn Hermann ginge. Ich müsste die ganze Arbeit selbst machen und gleichzeitig wieder jemand anderen einschulen. Außerdem war die Wahrscheinlichkeit groß, dass sich auch der neue Vorarbeiter im Laufe der Zeit selbstständig machen wollen würde. Es gab daher nur eine Lösung: Ich machte Hermann zu meinem Geschäftspartner. Als ich vor Jahren das Angebot bekommen hatte, Geschäftspartner zu werden, machte ich zwei wertvolle Erfahrungen. Die erste war: Wenn du es ernst meinst, mach es schriftlich. Die zweite war, dass alles klipp und klar geregelt sein muss. Am nächsten Tag setzte ich mich also mit Hermann zusammen und schlug ihm vor, dass wir gemeinsam ein neues Werk aufmachen würden, ein Drittel Anteil würde ihm gehören. Er würde ein Grundgehalt, aber keine Überstunden mehr bezahlt bekommen. Ich sagte zu ihm: »Streng dich an. Wenn du einen Gewinn machst, teilen wir uns diesen.« Wir entwarfen zügig den Vertrag und einigten uns per Handschlag. Hermann hatte nicht viel Geld zu investieren, aber er hatte viel Energie und Antrieb. Ich kaufte Maschinen und eröffnete ein zweites Werk, das ich »Dieomatic« nannte, und Hermann war der Manager und Miteigentümer.

Das neue Werk war sehr erfolgreich. In nur zwei Jahren hatten wir 50 Mitarbeiter. Hermann arbeitete Tag und Nacht, je mehr Aufträge er hatte und erfüllte, desto mehr Geld verdiente er. Ich schloss das gleiche Arrangement mit dem nächsten Vorarbeiter und auch mit den weiteren. In kurzer Zeit hatte ich einige Werke, in denen jeweils der Manager Miteigentümer war. Es waren lauter tüchtige Burschen wie Hermann, bodenständige und unternehmerische Arbeiter, die alle möglichen Werkzeuge und Teile bauten, beinahe alles, was man sich nur vorstellen kann. Es war schon bemerkenswert: Da war ich nun, ein junger Mann, mit mehreren Werken und mehr Geld, als ich mir je erträumt hatte.

Das Modell dieser Geschäftspartnerschaft wurde die Schablone für Magnas dezentralisierte Firmenstruktur. Alle Magna-Werke sind unabhängige und selbstständige Profitzentren, die von einem tüchtigen Manager geführt werden. Jeder Werksleiter bekommt einen Teil des Gewinns seines Werks. Das war unser Erfolgsrezept. Jahre später bezeichnete die Harvard Business School dieses Modell als die »Magna-Erfolgsformel«.

Ich drückte es einfacher aus: Gib jedem ein Stück vom Kuchen.

Nachdem ich nun schon sieben Jahre lang in Kanada gelebt und schwer gearbeitet hatte, bekam ich richtig Heimweh und brauchte auch einmal eine längere Pause. Ich hatte zwar hin und wieder eine Postkarte an meine Eltern und Freunde geschickt, aber die meiste Zeit war ich ganz und gar auf meine Arbeit fokussiert.

Im Frühling 1961 hatte ich mehrere Werke und machte einen Umsatz von ungefähr einer Million Dollar. Die Tage, als ich in der Garage schlief und Essen aus der Dose auf der Schnellkochplatte erhitzte, waren vorbei. Nachdem ich jahrelang tagein tagaus gearbeitet hatte, konnte ich mir endlich die Zeit nehmen, nach Hause zu fahren.

Ich tauschte meinen gebrauchten 1955er Chevy ein und kaufte mir mein erstes neues Auto: einen metallisch glänzenden schwarzen Pontiac Parisienne, zwei Tonnen Chrom und Metall mit einer tollen Form und Rücklichtern, die aussahen, als wären sie von einem Raumschiff. Ich fuhr nach New York und bestieg die S.S. United States nach Frankreich. Mein Auto war im Rumpf des Schiffes untergebracht. Von Frankreich aus fuhr ich auf Landstraßen durch mir unbekannte Gegenden, vorbei an vielen Bergen und Städten. Nach eineinhalb Tagen kam ich endlich in meiner Heimatstadt Weiz an.

Es war schon gegen Mitternacht, als ich mich der Stadt näherte, in der ich geboren wurde und aufgewachsen war. Ich fuhr auf einer Schotterstraße langsam dahin, nach einer Kurve sah ich die vielen kleinen Lichter im Tal. Ich hielt den Wagen an, stieg aus, setzte mich auf die Motorhaube und blickte eine ganze Weile auf die Stadt. Ich dachte nicht mehr an die Armut, die ich hier als Kind erleben musste, sondern war dankbar für mein Schicksal. In diesem Augenblick war ich der glücklichste Mann der Welt. Tausend Gedanken, Gefühle und Erinnerungen liefen wie ein Film vor meinen Augen ab. Ich dachte an meine Mutter, die auf einem kleinen gepachteten Stück Land Gurken, Tomaten, Radieschen und Zwiebeln anbaute, die sie dann am Markt verkaufte. Während des Krieges waren Lebensmittel rationiert und das bedeutete für viele Menschen Hunger und Entbehrung. Meine Mutter gab uns fast täglich Sterz zu essen, zum Frühstück und auch zu Mittag, manchmal mit einem Salat oder einer Suppe. Hin und wieder gab es einen besonderen Leckerbissen, wenn sie ein paar angebratene Speckstückchen auf den Sterz streute. An so manch verregnetem Sonntagnachmittag lebt diese Erinnerung noch heute in mir auf und dann koche ich mir selbst ein bisschen Sterz mit Speck.

Als junger Bursche wollte ich eigentlich immer nur Fußball spielen. Meine Mutter war aber darauf bedacht, dass ich ein Handwerk erlernte und ich musste auch immer schon gewisse Aufgaben erledigen. Ich musste die Fußböden reinigen, Unkraut zupfen und Holz hacken. Wenn ich meine Aufgaben nicht erledigte, dann gab sie mir öfter mal Klapse mit dem Teppichklopfer. Als ich dann schon ein bisschen größer und stärker war, hielt ich ihre Arme fest, damit sie mich nicht verklopfen konnte und ich sah, wie sie versuchte, sich das Lachen zu verkneifen. Meine Mutter kaufte immer Schuhe, die mir eine Nummer zu groß waren, damit ich sie länger tragen konnte. Deshalb schimpfte sie mit mir, wenn ich am Weg in die Stadt Steine auf der Straße entlangkickte. Sie sagte: »Franzi, hör auf, die Steine zu kicken, du wetzt die Schuhe ab!«

Ich dachte auch an meinen Vater. Er war ein muskulöser Mann mit dunkelblonden Haaren. Nach seiner Lehre als Müller arbeitete er in einer Mehlmühle. Er arbeitete auch an der Drehbank und an anderen Maschinen in verschiedenen Werkstätten. Er war ein bisschen verträumt, ein Bücherwurm und ein Idealist, der für Gerechtigkeit eintrat und sich gegen die Eliten von damals richtete. Oft sah ich ihn neben dem Radio sitzen, wenn er versuchte, ausländische Radiosender zu empfangen, die bei uns während des Krieges nicht erlaubt waren.

Aber als ich so auf der Motorhaube meines Wagens saß und ins Tal hinabblickte, dachte ich am allermeisten daran, was mir schon als junger Mensch gelungen war: Ich hatte mein eigenes Unternehmen aufgebaut, in einem fremden Land, tausende Kilometer von der Heimat entfernt. Ich müsste mich nie wieder sorgen, dass ich nichts zu essen hätte, dass ich meine Arbeit verlieren würde oder, dass ich kein Dach über dem Kopf hätte. Das alles wären Ängste und Sorgen, die meine Eltern und viele andere Menschen ausgestanden hatten, auch ich, als ich jung war. Jetzt aber war ich ein freier Mann.

Es war Mitternacht, als ich zur Tür meiner Mutter kam. Sie wusste nicht, dass ich hier war, denn ich wollte sie überraschen. Ich klopfte an das Fenster und hörte, wie sie fragte: »Wer ist denn da?« Ich sagte einfach: »Ich bin's«, und sie stieß einen langen und lauten Freudenschrei aus, stürzte aus dem Haus und fiel mir um den Hals. Am nächsten Tag traf ich ein paar alte Freunde, wir quetschten uns alle in meine »Parisienne« und fuhren durch die Stadt. Viele neugierige Augen folgten uns, als wir durch die engen Straßen mit Kopfsteinpflaster kurvten. Ich wollte nicht angeben und zeigen, wie reich ich geworden war. Ich wusste aber, für meine Schulkollegen würde es einfach etwas Besonderes, ein riesen Vergnügen sein, mit dem amerikanischen »Schlitten« durch die Stadt zu fahren. Es bereitete mir eine große Freude, ihre fröhlich leuchtenden Augen und ihr Lachen zu sehen. Wir fühlten uns, als hätten wir eine Fußballmeisterschaft gewonnen. Wir gingen in ein paar Lokale und Kaffeehäuser, so wie früher, und prosteten uns mit einigen deftigen Schnäpsen zu. Wir konnten uns endlich wieder ausführlich unterhalten und Geschichten erzählen, was sich so in den vergangenen Jahren ereignet hatte und wie mein Leben in Kanada verlaufen war.

Ich dachte lange darüber nach, ob ich nicht doch wieder in Österreich bleiben sollte. Ich war nun sieben Jahre weg gewesen und es war so schön, wieder zu Hause in der vertrauten Umgebung zu sein. In Wirklichkeit ist es aber doch so, dass man von außen zurückblickend alles mit einer rosaroten Brille sieht. Wenn man dann aber wieder im Alltag ist, merkt man, dass es eigentlich doch nicht in dem Maße besser oder schöner ist, obwohl es einem vielleicht so vorgekommen sein mag.

Nach einem Monat Aufenthalt in Österreich packte ich also meine Sachen. Ich wusste, dass das meiner Mutter das Herz brechen würde, so versuchte ich sie mit vielen Scherzen und Blödeleien aufzuheitern. Als ich dann in meiner »Parisienne« wegfuhr, lachten und weinten wir zugleich. Ich fuhr also nach Frankreich, um wieder das Schiff zu besteigen und nach Kanada in meine neue Heimat zu reisen. Toronto war meine Zukunft. Dort würde ich später heiraten, eine Familie gründen und mein Unternehmen weiter ausbauen, Ziegel für Ziegel, Werk für Werk. Mein Unternehmen sollte einer der größten Autoteilezulieferer der Welt werden.

Nachdem ich aus Österreich zurückgekommen war, wuchs meine Firma weiter und alle meine besten Manager blieben bei mir, sie alle waren Miteigentümer, nach derselben Formel, die ich mir für meinen ersten Vorarbeiter Hermann Koob ausgedacht hatte. Jeder Manager konnte sein Werk so führen, als wäre es sein eigenes. Sie bekamen einen Teil des Gewinns und brachten dafür ihre unglaubliche unternehmerische Energie und ihren grenzenlosen Antrieb ein. Die meisten Werkzeugmacher, die ich einstellte, waren auch Einwanderer: Österreicher, Deutsche, Schotten und Engländer. Alle waren bereit, hart zu arbeiten und waren gekommen, um sich ein besseres Leben aufzubauen. So wie ich.

Ich dachte mir ein Bonussystem aus, um meine besten Mitarbeiter weiter anzuspornen. Wenn wir einen neuen Auftrag bekamen, sagte ich zu ihnen: »Wenn ihr es schneller machen könnt, zahle ich euch mehr.« Ich hatte offene Bücher: Wenn wir einen Auftrag im Wert von 5.000 Dollar an Land gezogen hatten, verdienten wir nach Abzug der 1.000 Dollar Materialkosten 4.000 Dollar. Jeder hatte Einblick, wie viel Geld wir machten und wie viel jeder dabei verdienen konnte. Ich versteckte nie etwas vor ihnen und jeder gab immer sein Bestes.

Zu dieser Zeit produzierten wir Werkzeuge und Autoteile. Heutzutage ist die Auftragsvergabe sehr genau geregelt. Man muss auf einer Bieterliste stehen, für die es sehr strenge Kriterien gibt. Damals lief alles ganz anders ab: Es wurde von einem erwartet, dass man den Auftraggeber oder den verantwortlichen Einkäufer zum Abendessen ausführte und sich sehr bemühte, damit man den Fuß in die Tür bekam.

Wenn wir einen Auftrag an Land gezogen hatten, brauchten wir meist einen Tag um festzustellen, wie das Produktionsbudget aussehen musste. Das Autoteilegeschäft stand immer schon ganz brutal im Wettbewerb. Ich könnte der Cousin von Henry Ford sein und er würde mir nicht helfen können, einen Auftrag zu bekommen, wenn der Preis und die Qualität nicht stimmten. Wenn man eine Million Teile macht, kann ein halber Cent den Unterschied ausmachen, ob man den Zuschlag bekommt oder nicht. Man muss wirklich gut sein, um in diesem Umfeld bestehen zu können. Unsere Verwaltungskosten waren sehr niedrig, wir waren extrem effizient und auch ich habe immer selbst an der Produktionslinie mitgearbeitet. Wir machten immer Gewinn. Später bemühten wir uns auch um Aufträge, bei denen wir wussten, dass wir zu Beginn mit Verlusten rechnen mussten. Aber wir wussten, dass wenn wir gute Arbeit leisteten und einmal den Fuß in der Tür für Folgeaufträge hatten, wir erfolgreich sein würden. Wir haben so gut wie nie einen Auftrag verloren.

Die ersten Magna-Werke hatten alle ähnlich klingende Namen: Dieomatic, Unimatic, Multimatic. Die Namen klangen wie moderne Maschinen. Ich war immer zwischen den Werken unterwegs und achtete darauf, einmal in der Woche ein paar Stunden Zeit in jeder Firma zu verbringen. Im Vergleich zu heute waren die Fabriken klein. Ich war sehr aufmerksam, was den Betrieb anlangte, und kannte den Namen eines jeden Mitarbeiters.

Ich trug immer Jeans, hatte aber auch einen schönen Anzug im Büro hängen, den ich anzog, wenn ich einen Termin mit einem Kunden oder einem Banker hatte. Tony Czapka zog mich immer auf und lachte: »Hey Frank, jetzt ziehst du dich wieder wie ein Clown an, um die Bürohengste zu beeindrucken!«

In den späten Sechzigerjahren war meine Einmann-Werkstatt zu einem Unternehmen mit fünf Werken, 400 Mitarbeitern und einem Jahresumsatz von sechs Millionen Dollar gewachsen. Der Canada-US-Autopact, der 1965 unterschrieben worden war, – eine Art Freihandelszone für Autos und Autoteile – eröffnete den riesigen US-Markt für Kanada. Bald konnten wir alle unsere Produkte, von Türverkleidungen über Formpressen für Lenkräder und Stoßstangen, bis vor die Haustür unserer Kunden in Detroit liefern.

Ich verbrachte mehr und mehr Zeit in Besprechungen, dachte mir Produktstrategien aus und tüftelte an technischen Herausforderungen herum. Im Jahr 1968 fertigte ich das letzte Werkzeug mit meinen eigenen Händen. Ich war nun nicht mehr nur ein Werkzeugmacher.

Ich war ein Geschäftsmann geworden.

Um noch mehr zu wachsen, wollte ich jedem Mitarbeiter einen Teil des Unternehmens und einen Teil an dem Gewinn geben. Aber um das zu verwirklichen, musste ich mit meiner Firma an die Börse gehen. 1969 kam endlich die Gelegenheit, auf die ich gewartet hatte: Ich hatte eine Möglichkeit gefunden, wie ich meine immer größer werdende Belegschaft beteiligen konnte.

Bill Storey saß in meinem Aufsichtsrat und stellte mich einem schlauen Geschäftsmann namens Jack Warrington vor. Jack war der Vorstandsvorsitzende von Magna Electronics, einer Aktiengesellschaft, die hochtechnische Teile für die Raumfahrt- und Verteidigungsindustrie fertigte. Diese Industrie war sehr zyklisch und Jack wollte diese Zyklen ausgleichen, indem er sein Geschäft auf andere Sparten ausweitete. Außerdem war sein Umsatz seit einiger Zeit nicht mehr gewachsen. Er dachte sich bestimmt, wenn er unsere Firma kauft, könnte er seinen Profit gewaltig steigern und ein regelmäßigeres Einkommen erzielen. Jack und ich trafen uns eines Nachmittags beim Skifahren auf einem kleinen Berg nördlich von Toronto, wo wir uns am Skilift die Details ausmachten. Magna Electronics hatte einen Umsatz von ungefähr vier bis fünf Millionen Dollar. Unser Umsatz war etwas höher. Nachdem wir ein paar Monate lang hin und her verhandelt hatten, schlossen wir den Deal ab. Es war im Jahr 1969. Zwölf Jahre nachdem ich meine eigene Werkstatt aufgemacht hatte, war ich ein Millionär!

Mein Partner Burt Pabst und ich kontrollierten ungefähr 40 Prozent der Aktien der Firma, die nun Magna Electronics hieß, aber was das Management von börsennotierten Firmen anlangt, waren wir ziemlich grün hinter den Ohren. Obwohl wir ein großes Aktienpaket hielten und wir beide im Vorstand waren, hatten wir praktisch keine Kontrolle darüber, wie die Firma geführt wurde.

Die anderen Vorstände waren nur daran interessiert, den Aktienpreis in die Höhe zu treiben und sie förderten daher die Raumfahrtsseite des Geschäfts. Das war attraktiv für die Investoren. Es klang neu und aufregend, aber die Aufträge waren immer mit Verlusten verbunden. Burt und ich waren uns einig, die Sache mit Magna Electronics lief in die verkehrte Richtung. Alles, wofür ich gearbeitet hatte, war dabei, den Bach runter zugehen. Da ich weder im Vorstand ausreichend Einfluss bekommen hatte noch wirkliche Kontrolle ausüben konnte, entschied ich mich, meine Aktien zu verkaufen. Ich wollte wieder von Neuem anfangen.

Ich erklärte mein Vorhaben den anderen Vorständen und einige fragten, ob ich ihnen meine Aktien verkaufen würde. Wir setzten einen Vertrag auf und sie gaben mir Schuldverschreibungen. Als es Zeit war, die Schuldverschreibungen einzulösen, hatten sie das Geld nicht. Ich hätte sie verklagen können, aber ich hatte noch nie den Weg über das Gericht gesucht. Außerdem ging es mir eigentlich gar nicht um das Geld, sondern um die Firma. Mein einziges Interesse galt dem Unternehmen, das ich aufgebaut hatte, und wie es geführt werden sollte. Ich war nicht böse auf die anderen Vorstände, sagte aber, anstatt mir das Geld zu geben, sollten sie sich aus dem Vorstand zurückziehen. Sie willigten ein. Von da an trug ich die ganze Verantwortung und führte die Firma. Wir behielten das Weltraum- und Verteidigungsgeschäft, aber ich wusste, die Zukunft würde in der Autoindustrie liegen.

Endlich war ich auch in der Lage, einen Plan durchzusetzen, der die Mitarbeiter sowohl am Gewinn als auch an dem Unternehmen selbst beteiligte. Ich war mir ganz sicher, dass die Mitarbeiter als Miteigentümer besonders motiviert sein würden, ein besseres Produkt zu einem besseren Preis zu machen. Ich nannte diese Philosophie die »Fair Enterprise culture«, also die Kultur des Fairen Wirtschaftssystems. Alles basierte auf der Idee, dass alle Interessensgruppen – Management, Mitarbeiter, Investoren und auch die Gesellschaft – ein moralisches Recht darauf haben, am Erfolg der Firma teilzuhaben. Durch diese Kultur brachte ich Magna auf einen unglaublichen Erfolgskurs.

Wenn man verstehen will, wie Magna tickt, wie die Firma zur Weltspitze kam und wie man Mitarbeiter anspornt, ihr Bestes zu geben, besser, schneller und klüger zu arbeiten, dann muss man die Philosophie und Kultur des Fairen Wirtschaftssystems verstehen.

WAS WIR VON FRANK LERNEN KÖNNEN: MACH DEINE MITARBEITER ZU PARTNERN!

Als ich mich selbstständig machte, ließ ich bald meine besten Leute am Gewinn teilhaben und sie wurden Miteigentümer. Als meine Firma an der Börse notierte, hatte ich die Möglichkeit, jeden Mitarbeiter am Gewinn und am Unternehmen selbst zu beteiligen. Ich nannte diese Philosophie »Fair Enterprise«, also das Faire Wirtschaftssystem. Ganz einfach ausgedrückt: Wenn Mitarbeiter am Erfolg der Firma beteiligt sind, sind sie motivierter, ein besseres Produkt zu einem besseren Preis herzustellen.

KAPITEL 3

FAIR ENTERPRISE – DAS FAIRE WIRTSCHAFTSSYSTEM: JEDER IST DABEI

»Was ist der Hauptgrund, warum Leute morgens aufstehen? Im Grunde will jeder ein besseres Leben für sich und seine Familie schaffen.«

Ein Jahr nachdem ich meine Firma mit Magna Electronics zusammengeführt hatte – die Firma hieß nun Magna International –, etablierten wir einen Plan, der nach einer bestimmten Formel den Gewinn und auch Anteile am Unternehmen unter allen Mitarbeitern aufteilte. Ich war schon immer der festen Überzeugung, dass ein Unternehmen produktiver und erfolgreicher ist, wenn es die drei treibenden Kräfte – Management, Mitarbeiter und Investoren – dazu bringen kann, an einem Strang zu ziehen. Oder anders gesagt: Wenn man einen Wagen hat, vor den drei Pferde gespannt sind, und jedes Pferd läuft in eine andere Richtung, landet man mit hoher Wahrscheinlichkeit im Graben.

Als Magna weiter wuchs, wollte ich diese Philosophie des Fairen Wirtschaftssystems in einem förmlichen Dokument mit einfachen, klaren Prinzipien festhalten – ich wollte alles einfach und transparent formuliert haben, sodass jeder von vornherein wusste, wie groß sein Gewinnanteil war. Damals kam mir die Idee einer Unternehmensverfassung. Sie ist heute noch der Eckpfeiler unserer Unternehmenskultur. Das Herzstück der Unternehmensverfassung ist die Formel, die es allen, die zum Wachstum der Firma beitragen, ermöglicht, daran teilzuhaben.

Ich glaube, Magna ist das einzige Unternehmen der Welt mit so einer Verfassung. Es ist ein wirtschaftlicher Vertrag zwischen den wichtigsten Interessensgruppen des Unternehmens – den Mitarbeitern, dem Management, den Investoren und der Gesellschaft. Der Vertrag legt von vornherein fest, wie der Gewinn des Unternehmens aufgeteilt wird.

MAGNA UNTERNEHMENSVERFASSUNG

Kapital- und Gewinnbeteiligung der Mitarbeiter
Zehn Prozent der Gewinne von Magna vor Steuern sollen den Mitarbeitern zufließen. Diese Mittel sollen – abhängig von der Dauer der Zugehörigkeit zu Magna – einerseits zum Kauf von Aktien von Magna zugunsten der Mitarbeiter und andererseits für direkte Geldzahlungen verwendet werden.

Gewinnbeteiligung der Aktionäre
Im Durchschnitt wird Magna mindestens 20 Prozent des Jahresnettogewinns an die Aktionäre ausschütten.

Gewinnbeteiligung des Managements
Um das obere Management vertraglich langfristig an das Unternehmen zu binden, soll Magna über ein Gehaltsmodell verfügen, demzufolge zusätzlich zu der Auszahlung von unter dem Industriestandard liegenden Grundgehältern Bonuszahlungen an das Management von bis zu sechs Prozent des Gewinns von Magna vor Steuern vorgesehen sind.

Forschung und Entwicklung
Magna soll sieben Prozent des Gewinns vor Steuern für den Bereich Forschung und Entwicklung zur Verfügung stellen, um einen langfristigen und nachhaltigen Erfolg des Unternehmens zu sichern.

Soziale Verantwortung
Magna soll bis zu zwei Prozent des Gewinns vor Steuern für wohltätige, kulturelle, politische, Erziehungs- und Bildungszwecke zur Verfügung stellen, um damit die Fundamente unserer Gesellschaft zu stärken.

Mindestgewinnorientierung
Das Management ist verpflichtet, Gewinne zu erwirtschaften. Gelingt es Magna in zwei aufeinander folgenden Geschäftsjahren nicht, einen Mindestertrag nach Steuern von vier Prozent gemessen am Aktienkapital (after-tax return of four percent on share capital) zu erzielen, dann sollen die Aktionäre der Aktiengattung A (Class A Shareholders), als Aktiengattung gesondert abstimmend, das Recht erhalten, zusätzliche »Directors« zu wählen.

Nicht mit dem Geschäftsgegenstand in Beziehung stehende Investitionen
Die Aktionäre der Aktiengattung A und B (Class A and B Shareholders) – wobei jede Aktiengattung gesondert abstimmen soll – sollen das Recht haben, jede Investition, welche nicht mit dem Unternehmensgegenstand von Magna in Beziehung steht, zu genehmigen, sofern eine solche Investition zusammen mit allen anderen Investitionen in nicht mit dem Unternehmensgegenstand von Magna in Beziehung stehenden Geschäftszweigen mehr als 20 Prozent des Eigenkapitals von Magna ausmacht.

Oberstes Führungsorgan (Board of Directors)
Magna ist der Ansicht, dass Mitglieder des obersten Führungsorgans (Directors) des Stammhauses (Magna International Inc.), die nicht aus dem Unternehmen selbst kommen (outside Directors), unvoreingenommenen Rat und unabhängige Führung in das Unternehmen einbringen. Eine Mehrheit der »Directors« von Magna International Inc. soll deshalb »outside Directors« sein.

Abänderungen der Unternehmensverfassung
Jede Änderung der Magna-Unternehmensverfassung erfordert die Zustimmung der Aktionäre der Aktiengattungen A und B, wobei jede Aktiengattung gesondert abstimmen soll.

Im Jahr 1984 verpflichtete sich Magna offiziell, diese einzigartige Verfassung zu übernehmen, obwohl wir schon seit Jahren die Prinzipien der Gewinnbeteiligung verwirklicht hatten. Ich kann mich noch erinnern, als wir den ersten Entwurf für die Verfassung erstellt hatten, fragte mich einer der Firmenanwälte: »Frank, bist du verrückt? Warum willst du das schriftlich machen? Wenn du keine Verfassung hast, kannst du jederzeit einen größeren Anteil des Gewinns für dich behalten.« Ohne Verfassung hätte niemand mich oder jemand anderen vom Management-Team daran hindern können. Und genau deshalb ist die Verfassung so wichtig. Weil Prinzipien stärker sind als jede einzelne Person, auch stärker als ich, der Gründer und zu dieser Zeit auch kontrollierende Aktionär des Unternehmens.

Die Magna-Unternehmensverfassung bestimmt seit mehr als 30 Jahren die Art, wie wir arbeiten. Sie wird in jedem Jahresbericht veröffentlicht. Sie hängt eingerahmt an den Wänden unserer Bürogebäude und Fabriken in der ganzen Welt. Und im Foyer des Magna-Hauptsitzes ist sie sogar in Stein gemeißelt. Wir haben die Verfassung in Granitplatten eingraviert, wo sie Besucher als erste begrüßt.

Die Magna-Unternehmensverfassung ist mehr als nur ein idealistisch klingendes Firmenleitbild. Das wichtigste Prinzip der Verfassung ist, dass von vornherein festgelegt ist, was wir mit unserem jährlichen Gewinn machen oder – wie ich gerne sage – wie wir den Kuchen aufteilen.

Kurz zusammengefasst funktioniert es folgendermaßen:

Ohne Mitarbeiter können wir keinen Gewinn machen. Mitarbeiter von Magna designen, entwickeln und produzieren qualitative Produkte zu einem global wettbewerbsfähigen Preis. Daher bekommen sie zehn Prozent des jährlichen Unternehmensgewinns vor Steuern in Form von Bargeld oder Aktien. Um den Anteil am Profit für jeden Mitarbeiter ermitteln zu können, benutzen wir eine Formel, die Loyalität, gemessen an Dienstjahren, und Leistung, gemessen an der Gehaltshöhe, belohnt.

Die Magna-Investoren stellen das Kapital zur Verfügung, das benötigt wird, um neue Fabriken zu bauen, Maschinen zu kaufen und Produktforschung zu finanzieren. Daher bekommen die Aktionäre 20 Prozent von unserem Profit in Form von Dividenden, die jeweils pro Anteil und vierteljährlich ausbezahlt werden. Um ein erfolgreiches Geschäft zu betreiben, ist ein gutes Management mit strategischen Führungsqualitäten, die man für langfristiges Wachstum braucht, wichtig. Die oberste Ebene des Managements bekommt daher 6 Prozent des jährlichen Gewinns vor Steuern.

Das Unternehmen muss neue Produkte und Technologien entwickeln, um fortwährend erfolgreich zu sein. Daher investieren wir jedes Jahr sieben Prozent unseres jährlichen Gewinns in Forschung und Entwicklung.

Die Investitionen in die Gemeinden und Regionen, wo wir Magna-Standorte betreiben und wo unsere Mitarbeiter leben, machen uns zu einem geschätzten Arbeitgeber. Wir sind uns unserer sozialen Verantwortung bewusst und investieren zwei Prozent unseres Gewinns in Wohltätigkeitsorganistationen, Jugendsport, Kunst und Kultur. Ein Teil des restlichen Gewinns wird wieder investiert und alles andere geht an die Steuer.

MAGNAS GEWINNBETEILIGUNGSFORMEL

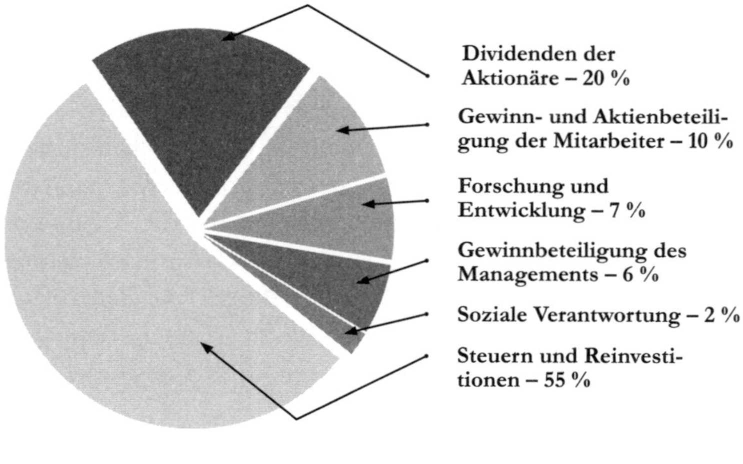

Das Herzstück der einzigartigen Magna-Unternehmensverfassung ist eine Gewinnbeteiligungsformel, die von vornherein festlegt, wie der jährliche Gewinn zwischen Mitarbeitern, Investoren, Management und der Gesellschaft aufgeteilt wird.

Die Unternehmensverfassung zeigt also öffentlich, welche Anteilsrechte am Wachstum und Erfolg des Unternehmens den Investoren, den Mitarbeitern, dem Management und der Gesellschaft zustehen und umfasst ein paar fundamentale Prinzipien, für die das Management verantwortlich ist. Die Verfassung räumt den Aktionären auch einige Rechte ein, wie zum Beispiel das Recht, nicht unternehmensbezogene Investitionen einer gewissen Größenordnung zu prüfen.

Das einzige, was ich bedaure, ist, dass ich keine Regelung in die Verfassung aufgenommen habe, die es dem Unternehmen verbietet, Schulden zu machen.

Ich habe manchmal das Gefühl, die Gesellschaft hat Magna für die Verfassung nicht gebührend Anerkennung gezollt. Immerhin 30 Jahre bevor man überhaupt über Corporate Governance und nachhaltige Unternehmensführung gesprochen hat, hatten wir schon unsere diesbezügliche Kultur etabliert. Unsere Unternehmensverfassung war und ist noch immer ein einmaliges Dokument, ein revolutionärer Weg, die Rechte und Pflichten aller Interessensgruppen auszuformulieren.

Unsere Verfassung wurde zu unserer »Magna Carta« – eine wirtschaftliche Grundrechtecharta. Schon im Jahr 1975 hat Magna offiziell das Eigenkapital- und Gewinnbeteiligungsprogramm für Mitarbeiter eingeführt, welches die Mitarbeiter am Gewinn und am Unternehmen selbst beteiligt. Ich nannte das unser »Prinzip des Faires Wirtschaftssystems« und ich kann sagen: Es machte sich bezahlt. Der Umsatz begann rasant zu wachsen, im Durchschnitt ungefähr 30 Prozent pro Jahr. Anfang der Siebzigerjahre hatten wir zehn Millionen Dollar Umsatz und waren auf wenige bestimmte Produkte fokussiert. Schon zehn Jahre später produzierte Magna ungefähr 200 verschiedene Komponenten und der Umsatz lag bei knapp 200 Millionen. Anfang der Achtzigerjahre schossen Umsatz und Wachstum noch weiter in die Höhe.

Zu Beginn, als ich mich als junger Bursche selbstständig gemacht hatte, hatte ich keine großen Philosophien. Ich habe einfach nur hart dafür gekämpft, das Geschäft zum Laufen zu bringen und genug Geld zu machen, um die Betriebskosten der Firma und meine eigenen Lebenserhaltungskosten zu decken. Die Unternehmensprinzipien, die Magnas Wachstum und Firmenkultur über die Jahre formen sollten, sind, so wie ich eben gearbeitet und gedacht habe, ganz natürlich entstanden, so wie ich zum Beispiel Hermann Koob damals zu meinem Partner gemacht habe.

Ich hatte zwar keine Ausbildung in Finanzen, aber mein Bauchgefühl sagte mir, wenn man jedem einen Anteil gibt, würde das Geschäft wachsen und auch mehr Gewinn machen. Ich wollte, dass Manager und Mitarbeiter einen Teil vom Profit bekommen und Anteilseigner werden. Es gibt nichts, was einen so stolz macht und Antrieb und Freude verschafft, wie wenn man etwas sein Eigentum nennen kann. Eigentlich ganz selbstverständlich: Wenn man ein Teil der Maschine besitzt, mit der man arbeitet, und einen Teil vom Gewinn bekommt, den man mit erwirtschaftet, dann passt man besser auf die Maschine auf und strengt sich mehr an.

Ein anderes Beispiel: Wenn man eine Wohnung mietet, ist das nicht dasselbe, wie wenn man die Wohnung oder ein Haus besitzt. Wenn man sein eigenes Geld investiert, um eine Wohnung oder ein Haus zu kaufen, egal wie klein es auch sein mag, wird man sich besser darum kümmern – man wird es schön anstreichen, den Gehsteig kehren und den Garten gestalten. Es ist beeindruckend, wie sich Eigentum auf die Menschen auswirkt. Wenn einem etwas gehört, hat man eine ganz andere Einstellung. Man bekommt eine neue Perspektive.

Und ich glaube, dass die Kultur des Fairen Wirtschaftssystems viel mehr aus Magna gemacht hat, als nur ein Unternehmen. Es ist eine völlig neue Wirtschaftskultur – etwas, das ich als natürliche Wachstumsformel bezeichne. Wenn eine Eichel von einem

Eichenbaum fällt, kann eine neue Eiche mit demselben genetischen Fingerabdruck wachsen. Dieses Prinzip gilt auch für Magna. Jede unserer Fabriken ist ein unabhängiges Profitzentrum, das sich selbst viele Male reproduzieren kann, wie auch Zellen sich selbst replizieren, indem sie sich immer wieder unterteilen.

Alle Magna-Werke werden von Managern geführt, die über praktische Erfahrung verfügen. Jeder Werksleiter hat einen Vertreter, jemanden mit starkem Antrieb, einen richtigen Senkrechtstarter. Der Werksleiter bekommt drei Prozent des Werksgewinns, während der Stellvertreter zwei Prozent bekommt. Falls sich der Werksleiter weiterentwickeln und mehr verdienen will, muss er ein neues Werk eröffnen. Sein Stellvertreter übernimmt dann im ursprünglichen Werk und bekommt die drei Prozent vom Profit, während der ehemalige Werksleiter noch immer zwei Prozent bekommt. Zusätzlich bekommt er drei Prozent von der Firma, die er neu gegründet hat. Wenn ein Werksleiter über viel Antrieb verfügt und ein Auge fürs Geschäft hat, kann er mit der Zeit seine eigene Produktgruppe mit vielen Werken entwickeln. Als ich Hermann Koob zu meinem Partner machte und ihm eine eigene Fabrik zur Leitung überließ, tat ich etwas sehr Wichtiges: Ich ersetzte mich selbst und das wiederholte ich immer und immer wieder.

Durch die Philosophie und die Prinzipien von Magna habe ich eine Vorlage geschaffen. Jeder Werksleiter, der dieser Vorlage folgt und in meine Fußstapfen tritt, ist in der Lage, seine eigene »Magna« innerhalb von Magna zu schaffen.

Je größer wir wurden, desto mehr bemühten wir uns, alles klein und kontrollierbar zu halten. Die Werke sind eine Reihe von alleinstehenden operativen Einheiten, verbunden durch eine gemeinsame Betriebsphilosophie und geführt durch die Magna-Unternehmensverfassung und die Magna-Mitarbeiter-Charta. Die Zentrale von Magna ist eigentlich eine Bank, spezialisiert auf das menschliche Kapital. Sie stellt auch sicher, dass alle Fabriken die finanziellen Mittel bekommen, die sie brauchen, um weiter wachsen zu können.

EINE NATÜRLICHE INDUSTRIELLE WACHSTUMSFORMEL

Magna-Zentrale: Die Zentrale hütet die Werte und die Unternehmenskultur

Magna-Gruppenmanagement: Das Gruppenmanagement ist verantwortlich für Marketing und unterstützt die Werksleiter in ihrer Arbeit und ihrem Streben nach Gewinnmaximierung, immer unter Beachtung der Unternehmensverfassung und der Mitarbeiter-Charta

Magna-Werk: Jedes Magna-Werk ist ein eigenes Profitzentrum

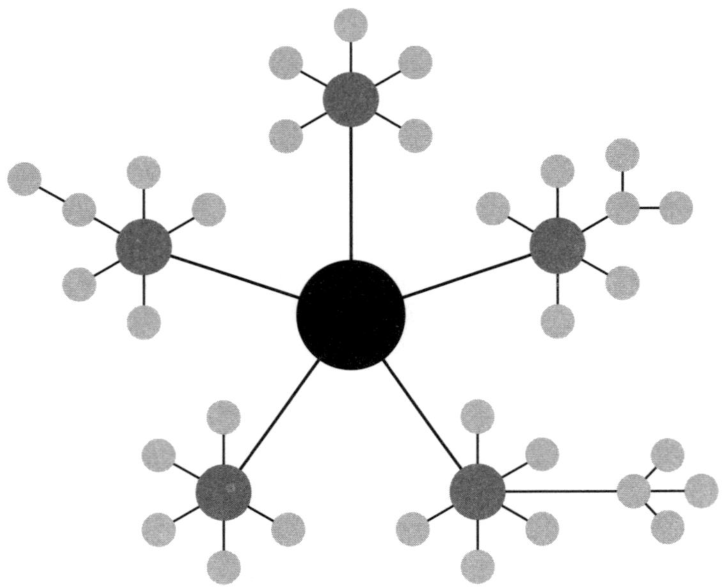

Eine gute Produktidee kann zu einem neuen Werk führen und ein guter Werksleiter kann seine eigene Unternehmensgruppe gründen.

Unsere dezentralisierte Betriebsstruktur erlaubt es uns, sehr flexibel zu sein und auf die Bedürfnisse sowohl unserer Kunden als auch unserer Mitarbeiter zu reagieren. Gleichzeitig verhindern wir so den Aufbau von Bürokratie, die oft die Produktivität von traditionellen, zentralisierten Betrieben erstickt. Ein weiterer Vorteil unserer kleinen und flexiblen Einheiten ist, dass wir so unsere Mitarbeiter und ihre Verbesserungsvorschläge besser miteinbeziehen können.

Wir sind so dezentralisiert, dass wir nicht einmal einen gemeinsamen Einkauf haben. Stattdessen haben wir ein Team im Hauptsitz, das aufgrund der potenziellen Abgabemenge an die Magna-Fabriken in der ganzen Welt gute Preise für Rohmaterialien, wie beispielsweise Stahl, aushandelt. Dieses Team stellt dann die Mengenrabatte für unsere Werke zur Verfügung. Aber schlussendlich ist es immer die Entscheidung des Werksleiters, ob er den angebotenen Stahl kauft oder nicht. Und das gilt für alles, angefangen beim Stahl und Öl bis hin zu den Arbeitshandschuhen und den Büroklammern. Wenn wir in der Zentrale sagen würden: »Du musst von dieser Firma kaufen«, dann würde der Werksleiter vielleicht sagen: »Der Preis war gut, aber die Qualität war nicht gut.« Oder er würde sagen, dass der Preis und die Qualität in Ordnung waren, aber dass nicht zur rechten Zeit geliefert wurde. Jeder Manager könnte jederzeit der Zentrale für alles die Schuld geben. Aber letztendlich sind es die Manager, die verantwortlich sind. Das ist ein strenges Prinzip von Magna: Die Werksleiter haben das Sagen und sie führen ihre Werke, als wären sie ihr eigenes Unternehmen.

Wettbewerb ist ein weiteres Magna-Prinzip. Unsere Werke sind so dezentralisiert und unabhängig voneinander, dass sie sogar miteinander konkurrieren. Zum Beispiel hatten wir in den Neunzigerjahren eine Fabrik, die Trittbretter für Lastwagen produzierte. Dieses war traditionell ein aus Metall gestanztes Teil. Aber eine unserer Plastik-Firmen begann zu experimentieren und entwickelte ein leichteres Plastiktrittbrett, welches belastbarer und billiger war. Somit konnten sie dem Magna-Werk, das die Teile aus Metall stanzte, das Geschäft vor der Nase wegschnappen. Evolution und Veränderung sind unumgänglich und gnadenlos. Technische Fortschritte zwingen uns ständig zu Veränderungen. Ich ermutige unsere Leute immer wieder, an vorderster Front der Veränderung mitzuspielen, um nur ja nicht hinterherzuhinken. Aber wenn es hart auf hart kommt, würde ich ein Geschäft lieber an eine unserer eigenen Produktgruppen verlieren als an einen außenstehenden Mitbewerber.

Die alltäglichen Entscheidungen liegen alle bei unseren Werksleitern. Sie sind verantwortlich dafür, Gewinn zu erwirtschaften, unsere Kunden zufriedenzustellen und die Magna-Prinzipien zu achten. Wenn ich mich mit den Werksleitern traf, erklärte ich es stets so, dass es alle verstanden: »Schaut auf die Mitarbeiter. Schaut auf die Investoren. Und wenn ihr nicht auf eure Kunden schaut, habt ihr sowieso kein Geschäft.« Das Gehalt unserer Werksleiter ist an die Leistungen ihrer Fabrik gebunden, welche wir permanent bemessen. Weil jede Fabrik ein eigenes separates Profitzentrum ist, sticht jede, die beginnt Geld zu verlieren, sofort heraus wie ein beleuchteter Christbaum – und dann liegt es an uns zu handeln, damit wir sie wieder in die Gewinnzone bringen können. Und weil die Bezahlung unserer Werksleiter auf der Profitabilität ihres Werks beruht, arbeiten sie Tag und Nacht. Sie stehen ständig unter Druck, seitens ihrer Mitarbeiter, der Kunden und auch ihrer Zulieferer. Es braucht gute Anreize, um gute Werksleiter zu gewinnen. Seit Magna so stark gewachsen ist, war es immer die größte Herausforderung, erstklassige Führungskräfte mit praktischer Erfahrung zu finden.

Wir sind meistens selbst gewachsen, haben aber auch einige Firmenübernahmen hinter uns. Von Zeit zu Zeit gibt es Probleme in manchen unserer Werke und wir verlieren Geld. Wenn das passiert, nutzen wir alle unsere Stärken, unsere guten Manager, Techniker und Leute vom Human Resource und arbeiten daran, das Werk zurück in die schwarzen Zahlen zu bringen.

Es gibt immer wieder Magna-Werke, die keinen Gewinn machen. Wenn eine neue Fabrik aufgebaut wird, dauert es immer eine gewisse Zeit, bis sich die Investition rentiert. Viele unserer profitabelsten Werke haben zu Beginn eine Zeit lang Verluste gemacht. Andere Werke haben oft mit vielen anderen Problemen zu kämpfen, wie zum Beispiel schlechte Werksleiter, technische Schwierigkeiten oder einfach die Konkurrenz.

Es wäre leicht, die Werke, die Verluste machen, gleich zu schließen. Aber das wäre nicht der richtige Weg. Wir haben nie voreilig den Stecker von strauchelnden Werken gezogen. Wir haben die Magna-Firmen immer als Familie betrachtet – und in einer Familie schaut man auf den anderen. Wir kümmern uns um Werke, die in Probleme geraten sind, in guten wie in schlechten Zeiten. Wir suchen nach Lösungen, die die Jobs unserer Mitarbeiter sichern, und das braucht Zeit und Geduld. Wir sind um einiges stärker, wenn wir zusammenhalten und so haben wir viele Werke wieder »gesundgepflegt«, die heutzutage wieder Gewinn machen und hunderte von Mitarbeitern beschäftigen.

Aber manchmal haben wir keine Wahl – eine Fabrik fertigt zum Beispiel eine Produktreihe, die ausgedient hat oder sie hat einen Kunden beliefert, der bankrott gegangen oder in ein anderes Land gezogen ist. Aber wir haben immer versucht, Werksschließungen zu vermeiden. Wenn es einmal nicht anders ging, bemühten wir uns immer sehr, unsere Mitarbeiter irgendwo anders unterzubringen.

Unsere Philosophie des Fairen Wirtschaftssystems ist der Grund, warum wir über die letzten 50 Jahre so enorm gewachsen sind. Es gibt keinen Grund warum wir das nicht über Jahrzehnte fortsetzten können. Es gibt buchstäblich kein Limit, wie groß wir werden können.

Im Jahr 2007 feierte Magna das 50-jährige Firmenjubiläum. Neben den signifikanten Innovationen und technischen Durchbrüchen, mit denen wir unsere Branche verändert haben, und den Jahren, in denen wir mit unseren Umsätzen Rekorde brachen und in viele neue Länder und Kontinente expandierten, hat mich eine Leistung mehr beeindruckt als alles andere: Seit dem Tag, an dem wir den Mitarbeitern einen Teil des Profits ausgezahlt haben, hat Magna mehr als eine Milliarde Dollar Gewinn mit den Mitarbeitern geteilt.

In den nächsten Jahren werden wir weitere Hundertmillionen teilen. Das ist Teil der unschlagbaren Magna-Formel für Wachstum und Erfolg.

WAS WIR VON FRANK LERNEN KÖNNEN: VERHINDERE ZENTRALISIERUNG!

Eines der Erfolgsgeheimisse von Magna ist die dezentralisierte operative Unternehmensstruktur, welche es uns erlaubt, viel flexibler zu sein und auf die Bedürfnisse sowohl unserer Kunden als auch unserer Mitarbeiter zu reagieren. Ein weiterer Vorteil, wenn wir unsere operativen Einheiten klein und flexibel halten, ist, dass wir damit die Miteinbeziehung und die Initiativen unserer Mitarbeiter fördern. Durch Dezentralisierung ist es viel leichter für uns, die Inputs und Vorschläge der einzelnen Mitarbeiter zu erkennen und zu belohnen.

KAPITEL 4

EIN BESSERES PRODUKT ZU EINEM BESSEREN PREIS

»Keine Regierung und keine Gewerkschaft kann Arbeitsplätze garantieren, auch wenn sie das oft behaupten. Die beste Garantie für Arbeitsplätze ist, wenn Management und Mitarbeiter gut zusammenarbeiten, um ein Qualitätsprodukt zu wettbewerbsfähigen Preisen herzustellen.«

In den 1970er-Jahren haben wir uns erstmals so richtig entfaltet, das Geschäft hat geboomt. Zu Beginn der Siebzigerjahre hatten wir zehn Millionen Dollar Jahresumsatz. Zehn Jahre später waren es schon 180 Millionen Dollar und wir hatten über 40 Werke, in denen wir 200 verschiedene Teile produzierten.

Das Faire Wirtschaftssystem, mit dem ich die Miteigentümerschaft und die Gewinnbeteiligung eingeführt hatte, führte also zu einem unglaublichen Wachstum. Wir hatten außerdem ein weiteres Erfolgsrezept: Wir bauten nicht nur Produkte, die besser waren als die der Konkurrenz, sondern auch billiger. Es wurde unser offizieller Leitspruch: Mach ein besseres Produkt zu einem besseren Preis. Und wir lebten nach diesem Prinzip.

Mein guter Freund Tony Czapka war in den Sechzigerjahren der Werksleiter von Unimatic geworden. Mitte der Siebzigerjahre Jahre holte ich ihn aber in die Unternehmenszentrale, ein kleines Ziegelgebäude auf der Wildcat Road in Toronto. Ich war mit der Expansion beschäftigt und brauchte Tony für besondere Aufgaben: angefangen bei Landkäufen bis hin zu Themen der Arbeitgeber-Arbeitnehmer-Beziehung. Tony konnte ich überall einsetzen und ich konnte immer auf ihn zählen. Besonders, wenn es in einem Werk Schwierigkeiten gab, war er wie ein Spürhund. Er fand und löste jedes Problem.

Mitte der Sechzigerjahre stellte ich einen jungen österreichischen Werkzeugmacher namens Fred Gingl ein. Er war auch ein

Lehrling in derselben Elin-Fabrik in Weiz gewesen, wo ich meine Lehre absolviert hatte. Manfred – oder Fred, wie wir ihn alle nannten – erinnerte mich sehr an mich selbst, als ich zehn Jahre jünger war. Er war ein guter Werkzeugmacher und hatte auch ein gutes Auge für das Geschäft. Fred begann in einer der ersten vier Magna-Werke. Das Werk hieß Speedex Manufacturing und Fred stieg dort rasch bis zum Werksleiter auf. Am Ende der Siebzigerjahre Jahre war er für die ganze Magna-Stanzgruppe verantwortlich und spielte eine ganz wichtige Rolle im Aufbau neuer Produkte für Magna.

In den 1970er-Jahren diversifizierten wir sehr stark und wir bauten im Laufe der Zeit mehr als 5.000 verschiedene Komponenten und Teile, ganze Systeme und Module. Wir machten schon mehr als alle anderen Autozulieferer auf der Welt. Unsere Entwicklungsabteilung arbeitete auf Hochtouren. Wir produzierten immer mehr hochtechnologische Produkte.

Damals waren alle Magna-Werke noch in Toronto und Umgebung angesiedelt. Wir machten uns Gedanken darüber, dass wir in geografischer Hinsicht näher an unsere US-Kunden herankommen sollten, aber ich wollte nicht nach Detroit. GM, Ford und Chrysler waren die »Big Three« und alle drei waren in Detroit angesiedelt. In der Umgangssprache nennt man Detroit »Motown«, abgeleitet von Motor Town. Die Gewerkschaften waren dort sehr stark und es gab regelmäßig Konfrontationen in den Autowerken. Ich wollte lieber nach Iowa. Auch von Iowa aus waren wir sehr nahe an unseren Kunden, aber es herrschte ein nicht so industrielles Klima. Die Kleinstädte waren sehr freundlich, das Land war billiger, die Lebensqualität höher, die Leute waren fleißiger und es gab weniger Probleme. Mein Hausverstand sagte mir, dass wir uns dort ansiedeln sollten.

Unser erstes Werk in Iowa eröffneten wir in Montezuma, einer kleinen Stadt inmitten einer wunderschönen Gegend mit vielen Maisfeldern und Naturseen. Es erinnerte mich sehr an die Landschaft nördlich von Toronto, wo wir die ersten Magna-Werke aufgebaut hatten. Im Laufe weniger Jahre hatten wir fünf Werke in Iowa. Einer der Hauptgründe für unser Wachstum in den 1970er-Jahren war unser Ruf, den wir uns über die Jahre aufgebaut hatten. Man sagte uns nach, dass wir die Probleme unserer Kunden lösen konnten. Es war bekannt, dass wir Lösungen finden konnten und unser Kundenservice hervorragend war. Wenn uns ein Kunde sagte: »Spring!«, fragten wir: »Wie hoch?«

Im Jahr 1973 befanden wir uns mitten in der Ölkrise. Der Ölpreis war in die Höhe geschnellt und das zwang die Autobauer dazu, das Gewicht der Fahrzeuge zu reduzieren, um Sprit zu sparen. Am einfachsten konnte man das erreichen, indem man Stoßstangen nicht mehr aus Metall, sondern aus Plastik machte. Die Ölkrise eröffnete uns eine Riesenchance. Ende der Siebzigerjahre kauften wir eine Forschungs- und Entwicklungsfirma von Uniroya, einem Reifenhersteller. Diese Firma war spezialisiert auf Polyurethan. Das ist ein leicht formbares Material und wir begannen, damit zu experimentieren. Das Ergebnis war Magnas »Reaction Injection Moulding Process«, eine besondere Einspritztechnik. Wir bauten ein hochspezialisiertes Werk dafür auf und nannten es Polyrim. Es war unsere erste Plastikstoßstangen-Fabrik, sie lag nur ein paar Kilometer von meiner Farm entfernt. Ein paar Jahre später waren bereits unsere Plastikstoßstangen auf allen Chrysler K-Car-Plattformen in Verwendung. Das Chrysler K-Car war das Auto, das Chrysler vor dem Bankrott bewahrte. Das war der Startschuss für Magnas Aufstieg zum Plastikstoßstangen-Hersteller Nummer eins weltweit. Als die Neunzigerjahre begannen, produzierten wir jedes Jahr bereits unzählige Millionen Stück davon.

Als die japanischen Autos immer populärer wurden, begannen die »Big Three« ihre Kosten zu reduzieren, unter anderem indem sie immer mehr auslagerten. Dieser Industriewandel war geradezu für uns gemacht. Im Jahr 1978 ließen wir bei den Autobauern mit einer sensationellen Innovation aufhorchen: Nach vielen Jahren an Forschung und Entwicklung bauten wir erstmals ein Motorantriebssystem, das nur einen Riemen hatte. Von nun an war in der

Autotechnologie alles anders: Für das zentrale Motorsteuerungssystem ersetzten wir die vielen Riemen durch einen einzigen Profilriemen, welcher den Starter, die Wasserpumpe und die Kühlung antrieb. Dieses einriemige Antriebssystem ersetze also das Vielriemenantriebssystem, brauchte viel weniger Platz und war perfekt für den Trend zu kleineren Autos. Auch die Motoren waren somit wesentlich effizienter und kostengünstiger. Es war ein perfektes Beispiel für Magnas Erfolgsformel: Ein besseres Produkt zu einem besseren Preis. Ein paar Jahre später hatten wir ein weiteres System entwickelt, das den Riemen automatisch spannte. Wir waren nicht mehr einfach ein Autoteilezulieferer. Wir hatten die Art und Weise, wie Autos gebaut werden, verändert.

Die Autobauer lagerten mehr und mehr aus, vor allem hochkomplizierte Teile, wie die Türscharniere und Schlösser. Unsere Ingenieure designten und entwarfen Lösungen und wir machten uns an die Arbeit zur Umsetzung: 1979 eröffneten wir ein neues Werk, KTM Locks. Nur drei Jahre später waren wir einer der größten Hersteller von Türscharnieren und Schlösser für die nordamerikanische Autoindustrie.

Ab diesem Zeitpunkt waren wir sicher: Wir können jedes Autoteil herstellen, egal wie kompliziert. Und noch etwas: Wir können es besser und billiger machen als alle anderen.

WAS WIR VON FRANK LERNEN KÖNNEN: EIN BESSERES PRODUKT ZU EINEM BESSEREN PREIS!

Allen, die sich selbstständig machen möchten, empfehle ich, sich bestehende Produkte anzusehen und dabei an die eigenen Erfahrungen zu denken. Es gibt sehr viel mittelmäßige Qualität. Wir waren alle schon einmal mit einem Produkt oder einer Dienstleistung unzufrieden. Es ist wichtig, sich auf etwas zu konzentrieren, bei dem man glaubt, man kann es besser machen. Es gibt unendlich viele Möglichkeiten. Aber bevor man selbst beginnt, sollte man eine Zeit lang in dem Bereich, in dem man sich selbstständig machen möchte, arbeiten, um Erfahrung zu sammeln.

KAPITEL 5

VON DER ÖKONOMISCHEN UNABHÄNGIGKEIT

»Die Menschenrechtscharta alleine ist nicht ausreichend. Wir müssen sie durch eine Wirtschaftsrechtsverfassung stärken. Wirtschaftsrechtsverfassungen führen zu ökonomischer Demokratie und diese ist die Basis für Demokratie an sich.«

Meine erste Berührung mit einem totalitären Regime hatte ich zu der Zeit, als die Nazis Österreich besetzt hatten. Sie führten verpflichtende paramilitärische Gefolgschaftsübungen in den Schulen ein. Ich kann mich noch erinnern, wie ich eines Tages während dieser Übungen auf einen Kirschbaum kletterte und das alles aus der Entfernung beobachtet habe.

Ich war 13 Jahre alt, als der Zweite Weltkrieg endete. Die Nazis waren entwaffnet und die Russen waren nur wenige Kilometer von unserem Haus entfernt. Für drei oder vier Wochen hörten wir die Artillerie und viele Schüsse und wir spürten alle, dass es bald vorbei sein müsse. Wir hofften, dass die Engländer oder die Amerikaner vor den Russen hier sein würden, aber es waren die Sowjets, die uns für die nächsten sechs Monate besetzen sollten.

Im Laufe von nur wenigen Jahren erlebte ich also die zwei fürchterlichsten Regime des 20. Jahrhunderts: Nationalsozialismus und Kommunismus. Diese beiden totalitären Regime traten Menschenrechte mit Stiefeln. Der Mensch als Individuum hatte keine Rechte und war dem Staat gewaltsam untergeordnet. Obwohl ich noch sehr jung war, erkannte ich, dass totalitäre Regime dem innersten Drang und Wesen des Menschen, frei zu sein, völlig widersprechen.

Ich glaube, es gibt etwas, das für alle Menschen auf der Welt gleich ist: Erstens sehnen sie sich nach persönlicher Freiheit, jeder möchte gerne seinen eigenen Weg zum Glück finden. Und zweitens sehnen sie sich auch nach finanzieller Freiheit. In Wirklichkeit kann man nie ganz frei sein, wenn man nicht auch wirtschaftlich unabhängig ist.

Persönliche ohne finanzielle Freiheit hat eigentlich keine Bedeutung für ein armes Kind in Afrika oder eine alleinerziehende Mutter, die nicht weiß, wie sie über die Runden kommen soll.

Obwohl wir in der westlichen Welt einen gewissen Lebensstandard haben und es Wohlstand gibt – wenn auch teilweise auf einem Schuldenberg aufgebaut –, so kann man dennoch nur etwa fünf Prozent der Menschen als wirtschaftlich frei bezeichnen. Genau das war es aber, was mich immer angetrieben hat: Ich wollte wirtschaftlich frei sein. Deshalb habe ich Tag und Nacht gearbeitet, um Magna aufzubauen.

Die westliche Welt hat sich darauf konzentriert, Menschenrechte und Grundrechte zu etablieren, und deren Einhaltung muss immer gewährt sein. Diese Rechte legten den Grundstein für die Entwicklung unserer Gesellschaft. Dennoch verstehe ich nicht, warum unsere Gesellschaft kein größeres Augenmerk darauf lenkt, wie die Menschen auch wirtschaftlich frei und unabhängig werden können.

Wirtschaftliche Freiheit bedeutet nicht für jeden Menschen dasselbe, sie wird in verschiedenen Teilen der Welt völlig unterschiedlich wahrgenommen. Bei uns im Westen könnte wirtschaftliche Freiheit bedeuten, dass jemand, der zwanzig Jahre lang gearbeitet hat, ein Haus oder eine Wohnung sein Eigen nennen kann und genug Geld angespart hat, dass er oder sie bis ans Lebensende nicht mehr arbeiten muss, sondern sich der Muße widmen und jene Dinge tun kann, die Freude bereiten. Dennoch gelingt das nur ganz wenigen von uns. Warum?

Über Jahrhunderte hinweg haben sich verschiedene Wirtschaftssysteme entwickelt: Die Menschheit erlebte Imperialismus und Kolonialismus bis hin zu Freihandelszonen und zum Binnenmarkt in der Europäischen Union. Alleine im vergangenen Jahrhundert erlebten wir im Westen drei verschiedene sozioökonomische Systeme, die uns beherrschten: Totalitarismus, Sozialismus/Kommunismus und Kapitalismus.

In jedem totalitären System werden Menschenrechte verletzt, jede wirtschaftliche Entwicklung wird zentral geplant und alles wird durch Militärmacht kontrolliert. Das Ergebnis ist, dass relativ wenige Menschen die wirtschaftlichen Ergebnisse kontrollieren und unter sich aufteilen. Totalitäre Systeme können nicht funktionieren und es ist immer nur eine Frage der Zeit, bis die Machthaber stürzen. Der natürliche Antrieb der Menschen, persönlich und finanziell frei zu sein, wird gewaltsam unterdrückt und das ist schlicht nicht vereinbar mit dem menschlichen Wesen und Geist.

Das sozialistische und kommunistische System geht von einem idealistischen, eigentlich utopischen Weltbild aus. Auch dieses System kann in der Praxis niemals funktionieren, weil es den Menschen als Individuum nicht respektiert. Die Kreativität und Produktivität der Menschen wird gelähmt. Es gibt keinen Anreiz, sich anzustrengen und produktiv zu sein. Das wenige, das in diesem System erwirtschaftet wird, wird unter Apparatschiks aufgeteilt, die Masse hat wenig bis nichts. Das sozialistische System baut einen gewaltigen Verwaltungsapparat auf und es zählt das Kollektiv, nicht das Individuum. Auch dieses System steht im Widerspruch zum menschlichen Wesen.

Das freie Wirtschaftssystem schafft Reichtum, aber das Problem ist, dass in diesem System die Gier der Menschen nicht kontrolliert werden kann. In jedem von uns steckt ein bisschen Gier, es ist ein menschlicher Urinstinkt und Antrieb. Wenn Gier nicht unter Kontrolle ist, gibt es eine Ansammlung von Reichtum in der Hand weniger Menschen. Es ist dann nur eine Frage der Zeit, bis die Schere zwischen Arm und Reich beginnt, immer weiter auseinanderzuklaffen. Die Politiker wissen dann genau, was sie tun müssen, um ihre Macht zu sichern: Sie müssen der ärmeren Mehrheit versprechen, der vermögenden Minderheit viel Geld wegzunehmen, um es umzuverteilen. Naturgemäß werden also mit der Zeit in kapitalistischen Gesellschaften sozialistische Programme populär. Das Problem des Sozialismus ist aber, dass es keinen Wohlstand schaffen kann, sondern nur den existierenden Wohlstand verteilt und damit verarmt im Laufe der Zeit die gesamte Gesellschaft. Es gilt auch hier das Darwinsche Prinzip: Der Stärkere überlebt den Schwächeren. Immer, wenn sich in der Natur eine Spezies nicht hinreichend vermehrt, kommt eine andere Spezies und nimmt ihren Platz ein. Dasselbe Naturgesetz findet Anwendung in der Wirtschaft: Wenn das freie Wirtschaftssystem nicht genug Kapitalisten hervorbringt, verschwinden die wenigen und der Sozialismus hält Einzug, wodurch die gesamte Gesellschaft im Laufe der Zeit verarmt.

Ich denke, dass das Wort »Kapitalist« einer neuen Definition bedarf. Ein Kapitalist ist demnach eine Person, die fleißig arbeitet, um sich einen gewissen Wohlstand und damit Unabhängigkeit zu erarbeiten und, die gerne Steuern an einen Staat zahlt, der effizient verwaltet wird und die Grundrechte der Bevölkerung sichert.

Das freie Wirtschaftssystem ist die Basis für eine freie Gesellschaft. Wenn aber die Gier der Menschen nicht gebändigt werden kann und man der Wirtschaft gänzlich freien Lauf lässt, läuft das freie Wirtschaftssystem Gefahr, sich selbst zu zerstören. Die von der Wall Street mit ausgelöste jüngste Finanz- und Wirtschaftskrise, die ihren Höhepunkt vorerst im Jahr 2008 hatte, ist das beste Beispiel dafür, was passieren und wie viel Wohlstand vernichtet werden kann. Die wichtigste Frage, um das beste wirtschaftliche System zu finden und zu etablieren, ist: Wie kann Wohlstand erschaffen und gerecht verteilt werden?

Das sozialistische beziehungsweise kommunistische System ist sehr gut im Verteilen von Wohlstand, aber es lähmt die Kreativität und Produktivität der Gesellschaft. Das freie Wirtschaftssystem auf der anderen Seite ist sehr gut im Schaffen von Wohlstand, aber die Konzentration von Reichtum in Händen einiger Weniger führt im Laufe der Zeit automatisch zu höheren Steuern und Sozialprogrammen, alle mit dem Ziel, den Wohlstand umzuverteilen. Das sehen wir ganz besonders in Europa, aber auch in Nordamerika. Wir sind derzeit so damit beschäftigt, den Wohlstand, den wir noch haben, zu verteilen, dass wir es vernachlässigt haben, Rahmenbedingungen zu gestalten, die das Schaffen von zusätzlichem Wohlstand erst ermöglichen.

Neben dem sozialistischen und kapitalistischen System gibt es eine dritte Möglichkeit: Ich nenne sie »Fair Enterprise« oder das »Faire Wirtschaftssystem« und es ist die Kultur, die ich bei Magna vor vielen Jahren eingeführt habe. Die Philosophie des Fairen Wirtschaftssystems basiert auf der Erkenntnis, dass ein erfolgreiches Unternehmen von drei Kräften getrieben wird: von klugen Managern, fleißigen Arbeitern und Investoren. Alle drei Kräfte haben ein moralisches Recht auf einen Teil des Gewinns, bei dessen Erwirtschaftung sie mithelfen. Wenn die Mitarbeiter wissen, dass sie beteiligt sind, fühlen sie sich verantwortlicher. Sie arbeiten fleißiger, denken mit, und all das macht jedes Unternehmen besser, produktiver und wettbewerbsfähiger. Ich bin gegen jede Art von Zwang im Wirtschaftsleben, aber der Staat sollte Steueranreize schaffen, die es für Unternehmer attraktiv machen, ihre Mitarbeiter zu beteiligen.

Jedes Wirtschaftssystem muss die folgenden beiden fundamentalen Fragen beantworten können: Wie schafft man Wohlstand? Wie kann der Wohlstand gerecht verteilt werden? Das Faire Wirtschaftssystem erkennt an, dass es nichts zu verteilen gibt, wenn man nicht zuerst Wohlstand schafft. Weiters, dass alle Menschen, die einen Beitrag leisten, am Erfolg auch beteiligt sein sollen. Anstatt die Arbeiter gegen die Kapitalisten aufzuwiegeln, setzt sich das Faire Wirtschaftssystem zum Ziel, die Arbeiter zu Kapitalisten zu machen.

Die Welt ist seit eh und je von der Goldenen Regel dominiert: Wer das Gold hat, macht die Regeln. Vor hundert Jahren wusste jeder, wer das Gold hat. Es war der Herrscher, der in seinem Palast thronte. Heutzutage weiß niemand, wer die Herrscher sind. Sie wohnen in einem Penthaus in Manhattan oder in einer Villa an der Riviera. Binnen weniger Minuten können sie per Knopfdruck Milliarden verschieben, mit ihnen spekulieren und sie sogar vernichten. Diese Herrscher kontrollieren das Geld der Welt, während der Unterschied zwischen Reich und Arm immer größer wird.

Ich möchte von niemandem dominiert werden und daher sollte auch ich niemanden dominieren können. Wir müssen also einen Weg finden, die Ketten der Dominanz zu sprengen. Nicht durch Gewalt, sondern durch eine geistige Revolution. Wir brauchen ein Umdenken. Wir haben politische Demokratien geschaffen, aber keine ökonomischen. Die meisten Menschen sind nicht wirklich frei.

Das ist der Kernpunkt der Philosophie des Fairen Wirtschaftssystems: Die Charta der Menschenrechte alleine ist nicht gut genug. Wir brauchen auch eine Charta der wirtschaftlichen Grundrechte, die unter anderem festlegt, dass Arbeiter das Recht haben, Wohlstand zu erwerben, indem sie am Erfolg ihres Unternehmens mit teilhaben. Eine Charta der wirtschaftlichen Rechte bildet die Grundlage für eine ökonomische Demokratie. Diese wiederum ist die Basis für Demokratie an und für sich.

In einem Fairen Wirtschaftssystem hätten wir ein Steuersystem, das Anreize für Unternehmen bietet, eine wirtschaftliche Grundrechtecharta einzuführen, die die Mitarbeiter zu gewinnbeteiligten Miteigentümern macht. Dieses Steuersystem würde weiters Anreize bieten, im eigenen Land zu investieren. Über kurz oder lang wären die Unternehmen und damit das ganze Land wettbewerbsfähiger, es gäbe mehr Wohlstand, der gerechter unter den Menschen verteilt wäre.

Ich bin zutiefst davon überzeugt, dass das Faire Wirtschaftssystem den meisten Menschen die Möglichkeit eröffnen würde, wirtschaftlich frei zu werden und damit eine unserer größten Sehnsüchte, die nach Freiheit und Unabhängigkeit, zu erfüllen.

Das Faire Wirtschaftssystem funktionierte für meine Firma. Es kann auch für jede andere Firma funktionieren und wenn viele Unternehmen diese Prinzipien umsetzen, kann es auch für ein ganzes Land funktionieren. Wir könnten Wirtschaftswachstum und ein so großes Maß an Wohlstand genießen, wie wir es nicht zu träumen wagten.

WAS WIR VON FRANK LERNEN KÖNNEN: MACH ARBEITER ZU KAPITALISTEN!

Das Faire Wirtschaftssystem zielt darauf ab, mehr Wohlstand zu schaffen und gerechter zu verteilen, als jedes andere Wirtschaftssystem das je erreichen kann. Es erkennt an, dass Wohlstand zuerst geschaffen werden muss, bevor man von der Verteilung sprechen kann. Es erkennt weiters an, dass alle Menschen, die einen Beitrag zum Wirtschafts- und Wohlstandswachstum leisten, auch daran beteiligt sein sollen. Anstatt die Arbeiter gegen die Kapitalisten aufzuwiegeln, macht das Faire Wirtschaftssystem aus den Arbeitern Kapitalisten.

KAPITEL 6

MEINE LIEBE ZU PFERDEN

»Der Erfolg des Lebens kann nur daran gemessen werden, wie glücklich man ist. Aber ich kann ganz klar sagen, es ist viel leichter glücklich zu sein, wenn man etwas Geld hat.«

Mein erstes Pferd war nicht gerade eine Augenweide. Es war eine knochige, graue Stute, die mir ein russischer Soldat gegeben hatte.

Es waren die letzten Tage vor dem Kriegsende. Ich war gerade 13 Jahre alt und die russischen Soldaten kamen scharenweise in unsere Gegend. Wie viele andere Burschen in meinem Alter lief ich auf die Straße, um die vielen Soldaten, Militärautos und Panzer zu sehen, die durch die Stadt rollten. Es gab viele Gerüchte, dass die Russen die Mädchen brutal vergewaltigten, also hatte meine Mutter die langen Haare meiner Schwester ganz kurz geschnitten und ihr Hosen angezogen, damit sie wie ein Bub aussah. Obwohl meine Mutter mich eindringlich warnte, war ich viel zu neugierig, als dass ich nicht auf die Straße lief, um mir alles aus der Nähe anzusehen.

Ich stand neben einem kaputten Militärfahrzeug und sah, wie ein russischer Soldat auf einem Pferd herbeiritt und die Motorhaube öffnete. Er machte sich an die Arbeit und als er das Fahrzeug endlich zum Starten brachte, stieß er einen erfreuten Schrei aus, drückte mir die Zügel seines Pferdes in die Hand und fuhr davon.

Da stand ich nun, ein junger Bursche, barfuß, mit weit aufgerissenen Augen und meinem eigenen Pferd in der Hand! Ich kannte einen Bauernhof in der Nähe mit einem verlassenen Stall und stellte mein Pferd dort unter. Am nächsten Morgen wachte ich früh auf und sauste zu dem Stall. Ich fütterte und streichelte mein Pferd den ganzen Tag. Am nächsten Morgen war es weg.

Ich kam zum Bauernhof und blickte in einen leeren Stall. Ich war so traurig. Ich versuchte, mich selbst davon zu überzeugen, dass das Pferd wohl weggelaufen war, aber insgeheim war ich mir sicher, dass es jemand gestohlen hatte, um es zu schlachten. Die Menschen waren hungrig und verzweifelt.

Ich glaube, dass es gewisse Erfahrungen gibt, die uns ein Leben lang prägen. Diese kurze Erfahrung mit dem Pferd erweckte eine Leidenschaft in mir, die ich heute noch spüre. Pferde sind so elegante Wesen: Sie sind wunderschön, haben aber gleichzeitig eine so primitive Kraft und Stärke. Sie spielten immer schon eine große Rolle in der Zivilisation der Menschheit und sind eine große Bereicherung für die Welt.

Für mich sind Pferde auch ein wunderbarer Ausgleich zu unserer technisch und ökonomisch geprägten Welt. Sie sind ein Inbegriff der Gegensätzlichkeit zur industriellen Welt, wo Metall und Plastikteile exakt vermessen und gewogen werden können, wo man alles millimetergenau bemessen kann. Wenn etwas nicht ganz richtig eingestellt ist, kann man einfach die Produktion stoppen, alles verbessern und dann wieder weitermachen. Es ist schön, wenn man das Geschäftsleben mit seinen Deadlines, Verhandlungen und Finanzdetails etwas ausbalancieren kann.

Der beste Ausgleich für mich sind die Pferde: Sie sind natürlich, schön und wild. Sie haben eigene Charaktere und sind unberechenbar in ihrem Temperament. Das ist es, was Pferde für mich so faszinierend macht.

Ich bin sehr gerne in Kentucky, einem Bundesstaat mitten in den USA, der bekannt ist für seine wunderbaren Weiden, Pferdefarmen und Whiskeys. Im Frühling ist es dort besonders schön, alles ist grün und die Weiden sehen so unglaublich saftig aus. In den frühen Morgenstunden, wenn der Tau noch am Gras liegt und die Nebelschwaden aufsteigen, herrscht eine richtig mystische Atmosphäre. Nach ein paar Tagen in der Natur, wo ich meine Pferde beobachten kann, fühle ich mich wieder richtig energiegeladen in Körper, Seele und Geist.

Ich kaufte mein erstes Pferd um 300 Dollar im Jahr 1961, bald nachdem ich meine ersten Geschäftserfolge erzielt hatte. Es war ein Wallach, ein Reitpferd namens Tanjo. Ich stellte ihn in einem Bauernhof in Richmond Hill unter, ganz in der Nähe der ersten richtigen Fabrik, die ich eröffnet hatte. In den ersten Jahren arbeitete ich so viele Stunden, dass ich mich nach einem Ausgleich sehnte. Ich wollte einfach hin und wieder über die Felder galoppieren, so wie ich es immer in Westernfilmen gesehen hatte. Ein paar Jahre später zog ich mit meiner Frau auf eine 60 Hektar große Farm in einem kleinen Dorf und baute selbst einen Stall. Ich stellte Zäune auf und sägte alle Bretter selbst. Nach der Arbeit ritt ich mein Pferd an lauen Sommerabenden aus und genoss den Sonnenuntergang, genauso wie ich es mir immer vorgestellt hatte. Manchmal übertrieb ich es und trieb Tanjo viel zu sehr an. Wenn es ihm reichte, machte er eine scharfe Rechtskurve, warf mich schwungvoll ab und galoppierte durch den Wald davon.

Der Bauer, der mir Tanjo verkauft hatte, lud mich eines Tages zum Pferderennen ein. Seitdem bin ich vom Pferderennsport, dem sogenannten »Sport der Könige«, fasziniert. Man sieht Menschen unterschiedlichster Herkunft, die mit Herzklopfen beim Rennen zusehen, das Pferd, auf das sie setzen, lauthals anfeuern und die adrenalingeladene Luft einatmen, während die eleganten und kraftvollen Tiere mit donnernden Hufen an ihnen vorbeifliegen. Die Herausforderung, ein Pferd zu züchten, zu trainieren, seine wilde Kraft zu fokussieren und es zu einem Champion zu machen – das war meine neue Leidenschaft.

Ich liebe Pferde und Pferderennen, aber es ist kein einfaches Geschäft. Man muss sehr viel wissen, es braucht viel Kopf und Gespür, mindestens so viel wie in jedem anderen Geschäft. Nun bin ich schon seit 50 Jahren im Pferdesport involviert und habe alles von der Pike auf gelernt: Ich habe Ställe ausgemistet und bei der Geburt vieler Fohlen geholfen. Ich kann die Beine von Pferden abtasten und weiß sofort, ob es richtig bandagiert ist und ich habe auch einige Nächte im Stall verbracht, wenn ein Pferd krank war oder sich die Geburt eines Fohlens hinauszögerte. Ich weiß sogar genau, welches Futter und welches Gras manche meiner Pferde am liebsten fressen. Ich bin mir für keine Arbeit zu gut und auf der Pferderennbahn findet man mich meistens bei den Stallungen, wo ich mich mit den Trainern oder den Pferdepflegern unterhalte, nicht im eleganten Klubhaus, wo sich die Reichen und Schönen tummeln. Eigentlich ist es wie in jedem anderen Geschäft: Man beginnt ganz unten und arbeitet sich langsam hinauf. Obwohl ich heute der erfolgreichste Pferdezüchter Nordamerikas bin, fühle ich mich immer noch einfach als Pferdeliebhaber.

Die Pferderennen und die Pferdezucht haben meine ganze Familie in den Bann gezogen. Wir haben viele schöne gemeinsame Stunden auf den Pferderennbahnen und in den Stallungen verbracht. Meine Frau Elfriede ist sehr in das Pferdegeschäft involviert und sie begleitet mich oft, wenn eines unserer Pferde gewinnt. Elfriede ist der Felsen, der unsere Familie zusammenhält. Sie ist eine unglaubliche Pferdekennerin. Mein Sohn Andy ist ein wandelndes Lexikon, was Pferdeabstammungen und Blutlinien anlangt. Er sucht Zuchthengste und Stuten aus und berechnet mit einer hohen Trefferquote, mit welchen Pferdeeltern ein erfolgreiches Jungpferd gezüchtet werden könnte. Die Pferdezucht ist aber keine exakte Wissenschaft, oft geht es dabei um ein gutes Bauchgefühl gepaart mit ein bisschen Glück.

Mein erstes Rennpferd hieß Miss Scooter. Sie hatte leuchtendes rotbraunes Fell und kostete 700 Dollar. Sie hat ein paar Jungpferd-Rennen gewonnen und mit dem Preisgeld kaufte ich weitere Pferde, ich wollte eine ganze Pferdefarm aufbauen. Ich dachte immer, dass ein Pferd besonders erfolgreich sein würde, wenn es einen gut klingenden Namen trägt. Meine besten Pferde hießen: Macho Uno, Awesome Again, Red Bullet, Perfect Sting, Glorious Song. Nicht immer, aber doch oft waren die Pferde mit den mitreißendsten Namen die besten.

Im Jahr 2000 hatte ich fünf Pferde, die im Breeders' Cup liefen. Es waren mehrere Rennen und das wichtigste, das Cup Classic

Race, war das letzte. Der Breeders' Cup ist wie die Fußballweltmeisterschaft im Pferderennen.

Es war ein verregneter Tag und vier meiner fünf Pferde waren schon gelaufen. Jedes war so ziemlich als Letztes über die Zielgerade gelaufen. Die Rennbahn war so gut besucht, dass man sich richtig durchzwängen musste, um dorthin zu gelangen, wo die Pferde gesattelt werden. Zuseher schauen sich dort überlicherweise die Pferde an, bevor sie rennen. Man schaut, ob ein Pferd einen vielleicht anzwinkert, oder ob man sonst ein gewisses Bauchgefühl bekommt, welches wohl gewinnen würde. Ich drängelte mich vor, um Awesome Again zu sehen, mein einziges Pferd, das noch nicht gelaufen war, und stieg dabei genau in einen Haufen Pferdemist. Ich dachte mir, das kann nur ein gutes Zeichen sein, vielleicht sollte ich Glück haben.

Nachdem ich also den ganzen Tag zugesehen hatte, wie jedes meiner Pferde verlor, fasste ich wieder Mut. Und tatsächlich – Awesome Again hängte sie alle ab! Es schüttete und Awesome Again donnerte mit kraftvollen Hufen an allen vorbei. Nach dem Rennen war er voller Schmutz und Schweiß, dennoch nahm ich ihn unglaublich stolz bei den Zügeln und führte ihn in den Winner's Circle. Es war einer der schönsten Tage in meiner Pferderennkarriere.

Kurz davor hatte Awesome Again die Queen's Plate gewonnen. Beim ältesten Pferderennen der großen Klasse in Nordamerika überreichte mir niemand geringerer als Königin Elisabeth II. den Pokal. Ich hatte gehofft, die Königin zu treffen, und fragte am Vortag meinen Freund Bill Davis, den ehemaligen Premier von Ontario, über die Benimmregeln, wenn man einen Monarchen trifft. Nachdem er mir ein paar Tipps gegeben hatte, fragte ich ihn: »Also du meinst, ich sollte ihr nicht auf den Po klopfen?« Für eine Sekunde schaute er mich ganz entsetzt an, dann lachten wir beide. Ein paar Jahre später besuchte mich die Königin auf meiner Farm in Kentucky. Ich zeigte ihr meine Pferde und wir sprachen angeregt über verschiedene Blutlinien. Nach ungefähr einer halben Stunde verabschiedeten wir uns herzlich. Sie ist eine sehr feine Dame.

Awesome Again lief noch in vielen Rennen und gewann alle. Ungefähr zur gleichen Zeit, als er geboren wurde, begann Magna sich zu erholen. Magna war an den Rande des Abgrunds geraten, wovon ich noch genauer erzählen werde. Interessant ist, dass das Pferd und Magna gleichsam Riesenschritte in Richtung Gewinn machten. Awesome Again bedeutet so viel wie »Wieder Fantastisch« oder »Wieder Großartig«. Wie passend.

Eines unserer besten Pferde – vielleicht sogar das allerbeste – ist Ghostzapper, der Sohn von Awesome Again. Er war in den Jahren 2004 und 2005 unbesiegbar und gewann, genauso wie sein Vater, den Breeders' Cup. Er war ein unglaublich elegantes Muskelpaket und hängte alle ab. Bis heute ist er das schnellste Pferd der Welt.

Das Pferd, das ich am allermeisten liebte und niemals vergessen werde, war Glorious Song. Die zierlich gebaute Stute hatte braunes Fell und eine struppige schwarze Mähne. Ihre Blutlinien waren erfolgsversprechend, aber mir gefiel vor allem ihr Charakter. Sie hatte einen gewissen Blick und eine Ausstrahlung, die mich faszinierte. Offenbar sah niemand anderer in ihr, was ich sah, denn ich kaufte sie fast zu einem Flohmarktpreis von 36.000 Dollar. Glorious Song sollte später als erstes kanadisches Pferd über eine Million Dollar an Preisgeldern gewinnen.

Als sie mit zwei Jahren das erste Mal lief, beeindruckte sie einen texanischen Milliardär namens Nelson Bunker Hunt. Er kaufte Anteile am Pferd für 500.000 Dollar und ich steckte das ganze Geld in meine Pferdefarm. Die zierliche langbeinige Stute schlug im Laufe ihrer Karriere viele kräftige Hengste. Sie ist immer noch anerkannt als eines der besten kanadischen Rennpferde aller Zeiten.

An einem traurigen Herbsttag im Jahr 1980 verkaufte ich sie für eine Million Dollar. Es hat mir fast das Herz gebrochen.

WAS WIR VON FRANK LERNEN KÖNNEN: KENNE DAS GESCHÄFT IN- UND AUSWENDIG!

Wenn man selbstständig ist, muss man sein Geschäft in- und auswendig kennen. Man muss alles darüber wissen, sogar wo und wann der Abfall abgeholt wird. Immer, wenn man beginnt, die Kleinigkeiten zu übersehen, kommen die richtig großen Probleme.

KAPITEL 7

AUFSTAND IM VORSTAND

»Wenn jemand zu mir sagt, Frank, ich bin ein Freund von dir, dann sage ich immer: ›Schön, dass du das sagst, aber so etwas braucht man nicht zu sagen, sondern man muss es zeigen.‹«

Nach Jahren und großem Einsatz hatte ich endlich meinen Pferdestall aufgebaut, aber mir blieb keine Wahl: Ich musste Glorious Song und viele andere gute Rennpferde verkaufen, um genug Geld für die Bewältigung des damaligen Aufstandes im Magna-Vorstand zu haben. Einige Vorstandsmitglieder hatten begonnen, gegen mich Stimmung zu machen und wollten mich hinausdrängen. Ich war gezwungen, Magna-Aktien aufzukaufen, um eine feindliche Übernahme zu verhindern. Ich liebte meine Pferde, ganz besonders Glorious Song, aber Magna bedeutete mir und meiner Familie mehr als alles andere.

Die Zinsen waren damals sehr hoch, an die 20 Prozent, viele Leute waren überschuldet und konnten sich ihre Hypotheken nicht mehr leisten. Ich musste also sehr darauf achten, nicht zu viel Geld bei der Bank auszuborgen. Meine einzige Option war es, meine teuersten Pferde zu verkaufen. In meiner Verzweiflung habe ich Glorious Song fast hergeschenkt. Ich hatte sie zwar nicht selbst gezüchtet, und sie war schon ein Jahr alt, als ich sie entdeckte, aber ich hatte sie zu einem der besten Pferde aller Zeiten in Kanada gemacht. Es war ganz fürchterlich für mich, dass ich sie aufgeben musste. In meinem Inneren habe ich viele Tränen vergossen. Aber Magna war mein Leben. Magna war mein Quell der wirtschaftlichen Freiheit, wovon ich immer geträumt hatte. Um nichts in der Welt hätte ich Magna aufgegeben.

Der Putschversuch überraschte mich. Es war, als hätte man mir ein Messer in den Rücken gejagt. Ich besaß ungefähr 30 Prozent aller Magna-Aktien, war aber nicht in der kontrollierenden Position. Einige der Vorstände wussten, dass der Präsident Helmut Hoffman und ich Meinungsverschiedenheiten über die Zukunft des Unternehmens hatten. Es ist oft so, dass der zweite in der Hierarchie glaubt, es besser zu können als der erste. Ich wollte die Firma dezentralisiert führen, wir waren nämlich zu einer großen Pyramide geworden, einem großen Moloch, wo alle Macht von oben ausging. Das entsprach nicht dem Wesen von Magna. Es ist wohl ein Instinkt, dass Menschen Macht ansammeln wollen, und je zentralistischer alles organisiert ist, desto mehr Macht hat man. In so einem zentralistischen System ist es aber sehr schwierig, rechtzeitig Probleme zu entdecken. Nur in einem dezentralen System sieht man auf den ersten Blick, wo es brennt.

Hoffmann war ein erstklassiger Manager, was operative Angelegenheiten anlangte, und ich wollte ihn einsetzen, um unsere Weltraum- und Verteidigungstechnologiesparte wieder profitabel zu machen. Nachdem es aber im Vorstand offensichtlich geworden war, dass wir grobe Meinungsverschiedenheiten hatten, wollten einige Vorstände die Situation ausnützen und selbst an die Macht kommen. George Gardiner führte die Revolte an. In einer Vorstandssitzung stand er auf und sagte: »Ich habe hier viel Geld investiert und finde, dass die Firma nicht richtig geführt wird.« Er warf mir viele verschiedene Dinge vor, sogar Veruntreuung von Firmengeld. Er bezog sich auf Rechnungen für Mittagsmenüs und ein paar Taxifahrten. Es war eine reine Provokation. Schließlich sagte er, dass ich nicht mehr der richtige Mann dafür sei, das Unternehmen zu führen.

Wenn ich nun zurückblicke, muß ich gestehen, dass ich noch ziemlich unerfahren war, was interne Unternehmenspolitik anlangte, und ich hatte das alles nicht kommen sehen. Die Vorstände hatten einfach das Ziel, mich auszuhebeln, um selbst an die Macht zu kommen. Sie waren schlaue und erfahrene Aktienspekulanten, deren Ziel eine kurzfristige Gewinnmaximierung war. Sie waren keine Manager, die auf den langfristigen Unternehmenswert bedacht waren, sondern wollten in kürzester Zeit den Aktienwert in die Höhe schnellen lassen, dann verkaufen, um sich danach in einer anderen Firma mit derselben Strategie zu engagieren. Sie wollten mich also hinausdrängen, Magna filetieren und die Gerüchte am Aktienmarkt anheizen, dass wir ein heißer Übernahmekandidat seien. Sie hätten jedenfalls gut verdient, aber Magna wäre auseinandergefallen.

Geschäft ist Geschäft, aber ich habe die Situation sehr persönlich genommen. Mein Herz hat geblutet. Ich sagte: »Ihr verdammten Feiglinge hattet nicht einmal den Mut, mich vor der Vorstandssitzung zu konfrontieren. Ich werde kämpfen, gewinnen und euch alle rausschmeißen, das kann ich euch garantieren!« Und dann stürmte ich aus dem Sitzungssaal.

Ich war immer ein guter Werkzeugmacher und überhaupt ein guter Techniker, aber ich wusste nicht viel über die komplizierten Börsengesetze und Vorschriften. Um mich aus der verkniffenen Situation herauszuwinden, musste ich sehr schnell lernen. Ich wusste aber, dass ich die Mitarbeiter und die Manager auf meiner Seite hatte. Das waren alles ordentliche, bodenständige Leute, die meisten Werkzeugmacher wie ich, die aus einem Dorf oder einer kleinen Stadt stammten. Und ich wusste auch, dass ich im Vorstand die Unterstützung von Tony Czapka und Burt Pabst hatte, beide hielten nicht unwesentliche Beteiligungen am Unternehmen und waren meine Vertrauensleute von der ersten Stunde an. Sie waren es, die mit mir zu Beginn Tag und Nacht gearbeitet hatten, um rechtzeitig Teile in meinem alten Chevy an General Motors zu liefern.

Die Vorstandsrebellen dachten, ich würde aufgeben. Aber die kannten mich nicht. Ich gebe nie auf, und schon gar nicht Magna, die Firma, die ich von Grund auf mit meiner ganzen Kraft, Energie und Leidenschaft aufgebaut hatte. Für die meisten Vorstände war es einfach eine Beteiligung, für mich war Magna mein Leben. Als junger Mann hatte ich mir geschworen, niemals vor jemandem zu buckeln. Die Vorstände, die glaubten, sie hätten mich im Griff, täuschten sich gewaltig.

Ich schlug den Aufstand schlussendlich nieder und lud andere vertrauenswürdige und anständige Personen ein, in den Vorstand zu kommen. Ich hatte den Kampf gewonnen, aber es war eine harte Lektion: Ich war persönlich unglaublich enttäuscht und es hatte mich sehr viel Geld gekostet. Ich schwor mir, dass ich von nun an immer die Kontrolle haben würde. Ich kaufte so viele Aktien am Markt, wie ich konnte, bis ich eine klare Mehrheit erworben hatte.

Es war das erste Mal, dass ich um ein Haar alles verloren hätte, was ich mir so hart erarbeitet hatte. Es sollte ein zweites Mal so weit kommen, aber noch viel schlimmer.

WAS WIR VON FRANK LERNEN KÖNNEN: SEI TRANSPARENT!

Jedes Geschäft und jede Organisation funktioniert am besten, wenn alles transparent ist. Die Mitarbeiter haben ein gutes Gespür und wissen genau, wenn das Management nicht ehrlich und fair ist. Es ist aber das Um und Auf, dass das Herz der Mitarbeiter bei der Sache ist. Als ich meine erste Fabrik hatte, saß ich oft mit den Mitarbeitern in der Mittagspause zusammen und zeigte ihnen die Kontoauszüge der Firma. Ich hatte mir vorgenommen, immer offen und ehrlich zu sein. Das ist auch heute noch die Magna-Philosophie: Wir haben offene Bücher und offene Türen.

KAPITEL 8

UNZUFRIEDENHEIT IST ANSTECKEND

»Unzufriedenheit ist ansteckend und wenn die Mitarbeiter unzufrieden sind, dann ist es unmöglich, ein qualitativ hochwertiges Produkt zu einem wettbewerbsfähigen Preis herzustellen.«

Wann auch immer ich ein Magna-Werk irgendwo auf der Welt betrete, brauche ich nicht in die Bilanz zu schauen, um zu wissen, ob das Werk Gewinn macht: Ich brauche nur in die Gesichter der Mitarbeiter zu blicken und weiß, wie das Geschäft läuft. Wenn die Mitarbeiter unzufrieden und besorgt aussehen, macht die Firma wahrscheinlich Verluste. Daher ist es für Manager ganz besonders wichtig, ihre Mitarbeiter fair zu behandeln. Ungerechtigkeit am Arbeitsplatz führt zu Unzufriedenheit und Unzufriedenheit ist ansteckend. Wenn die Mitarbeiter unzufrieden sind, kann das Geschäft nicht funktionieren.

Als mein Unternehmen zu wachsen begann, wollte ich die traditionelle automobile Werksumgebung, in der Mitarbeiter zu einer gesichts- und namenlosen Nummer werden, vermeiden. Ich wollte ein eher familiäres Umfeld schaffen, wie zu Beginn in meiner Garage. Dort kannte ich jeden Mitarbeiter und wir saßen in der Mittagspause immer mit unseren Jausensackerln gemeinsam am Tisch. Genau in dieser Atmosphäre haben wir Probleme und Ideen besprochen. Ich wollte immer ein Arbeitsumfeld haben, das die offene Kommunikation zwischen Management und Mitarbeitern fördert, einen Platz an dem die Initiativen des Einzelnen wahrgenommen und auch belohnt werden können.

Das ist einfacher, wenn das Unternehmen klein ist. Aber wenn man beginnt zu wachsen, und es plötzlich tausende Mitarbeiter gibt, muss man ein System einführen. Ich habe ein operativ-dezentrales Unternehmenssystem entwickelt, damit kein Mitarbeiter zu einer Nummer wird. Dieses System hat zu einer guten Atmosphäre am Arbeitsplatz geführt und im Laufe der Zeit die Gewinne der Firma erhöht. Und ich habe mir eine Formel ausgedacht, mit der man diese Gewinne teilen kann. Zugleich habe ich ein System entwickelt, das die faire Behandlung unserer Mitarbeiter sicherte:

DIE MITARBEITER-CHARTA

Magna verpflichtet sich zu einer Unternehmensphilosophie, die auf Fairness und Verantwortungsbewusstsein gegenüber den Mitarbeitern beruht. Diese Unternehmensphilosophie ist Bestandteil der Fair-Enterprise-Kultur von Magna, in der Mitarbeiter und Management gemeinsam für den Erfolg des Unternehmens verantwortlich sind. Sie beinhaltet folgende Grundsätze:

Sicherung des Arbeitsplatzes

Ein besseres Produkt kostengünstiger herzustellen, ist der erfolgreichste Weg, den Arbeitsplatz zu erhalten. Magna verpflichtet sich, mit Ihnen (dem Mitarbeiter, Anm.) gemeinsam daran zu arbeiten, Ihren Arbeitsplatz zu sichern. Zu Ihrer Unterstützung bietet Ihnen Magna folgende Programme an:

- Beratung zu Ihrer weiteren beruflichen Entwicklung
- Berufliche Aus-, Fort- und Weiterbildung (Personalentwicklung)
- Hilfe bei der Kontaktaufnahme zu anderen externen Unterstützungseinrichtungen.

Sicherheit am Arbeitsplatz

Für Magna ist Sicherheit am Arbeitsplatz ein besonderes Anliegen. Magna ist daher bestrebt, Ihnen ein sicheres und gesundes Arbeitsumfeld zu bieten.

Fairness

Magna bietet Chancengleichheit auf der Grundlage der Qualifikation und der Leistung des Einzelnen, frei von Diskriminierung und Bevorzugung.

Marktgerechte Löhne, Gehälter und Zusatzleistungen

Magna stellt Ihnen Informationen zur Verfügung, die es Ihnen ermöglichen sollen, Ihre Gesamtvergütung, Löhne und Gehälter inklusive Zusatzleistungen mit denen der Beschäftigten in Konkurrenzunternehmen zu vergleichen, genauso wie mit anderen Betrieben der näheren Umgebung. Wird Ihre Gesamtvergütung nicht als marktgerecht befunden, so soll sie angepasst werden.

Am Unternehmen beteiligte Mitarbeiter

Magna ist der Meinung, dass jeder Mitarbeiter am wirtschaftlichen Erfolg des Unternehmens beteiligt sein sollte.

Kommunikation und Information

Durch regelmäßige monatliche Treffen zwischen Management und Beschäftigten und durch Veröffentlichungen wird Magna Sie mit Informationen über Ihre Firma und die Entwicklung in der Automobilindustrie auf dem Laufenden halten.

Die Hotline

Haben Sie ein Problem? Sind Sie der Meinung, dass die oben genannten Prinzipien nicht eingehalten worden sind? Rufen Sie die Hotline an oder benutzen Sie die adressierten Hotline-Briefumschläge. Eine Namensnennung ist nicht erforderlich. Sollten Sie es doch tun, ist absolute Vertraulichkeit garantiert. Hotline-Betreuer werden Ihren Anruf entgegennehmen. Die Hotline ist verpflichtet, allen Belangen und Beschwerden nachzugehen und Magnas globale Human-Resources-Abteilung über das Ergebnis zu informieren.

Employee Relations Advisory Board

Das Employee Relations Advisory Board ist eine Gruppe von Personen, die hohes Ansehen und Glaubwürdigkeit betreffend humanitärer und sozialer Themen hat. Dieses Board berät das Unternehmen und überwacht und gewährleistet, dass Magna innerhalb der Prinzipien der Magna-Mitarbeiter-Charta und der Magna-Unternehmensverfassung agiert.

Ich bin mir sicher, meine Mitarbeiter-Charta war das erste derartige Dokument für Fairness am Arbeitsplatz, das es überhaupt je in einem Unternehmen gab.

Die Charta garantiert jedem Mitarbeiter von Magna fundamentale Rechte wie faire Behandlung, einen sicheren und gesunden Arbeitsplatz und wettbewerbsfähige Löhne. Sie wurde in über 20 verschiedene Sprachen übersetzt und hängt in jedem einzelnen Werk an der Wand.

Eines der Schlüsselprinzipien der Charta ist das Recht der Mitarbeiter, am Gewinn beteiligt zu sein. Dieses Prinzip hatte ich schon vorher in die Magna-Unternehmensverfassung aufgenommen und für viele Jahre umgesetzt. Die faire Behandlung habe ich als Grundprinzip in der Charta aufgenommen, da ich selbst Diskriminierung und Ungerechtigkeit erleben musste und wusste, wie weh das tut.

Das Magna-System ist auf Leistung aufgebaut und belohnt Einzelne nach ihrem Beitrag und ihrer Initiative, unabhängig von ihrer Herkunft, ihrem Geschlecht oder kulturellem Hintergrund. Bei Magna werden wir Diskriminierung niemals tolerieren.

Ein paar Jahre zuvor hatten wir bei Magna eine anonyme Telefonhotline für Mitarbeiter eingerichtet, die Probleme aufzeigen wollten oder Sorgen hatten. Ich habe die ersten Betreuer der Hotline selbst ausgesucht – Mitarbeiter aus den Fertigungshallen, die wussten, welche Probleme auftauchen können, wenn man an einem Fließband arbeitet.

Mir war klar, dass wir direkt von den Mitarbeitern erfahren müssen, ob sie fair und mit Würde behandelt werden. Sie haben ein gutes Gespür und ich gab ihnen mehrere Möglichkeiten, wie sie das Management über Probleme informieren konnten. Die wichtigste Methode, um Probleme aufzuspüren und die Stimmung im Werk festzustellen, ist die jährliche Mitarbeiter-Meinungsbefragung, die wir gleich nach der Mitarbeiter-Charta in allen Werken eingeführt hatten.

Nachdem ich die Mitarbeiterbefragung eingeführt hatte, kam ein Manager zu mir und sagte: »Frank, was machst du da? Spionierst du uns aus?« Ein anderer Manager war so verärgert über das System, dass er den ganzen Stapel Informationsbroschüren über die neue Mitarbeiterbefragung nahm und ihn vor den Augen aller Mitarbeiter in einen großen Müllcontainer warf. Er war einer unserer besten Manager, streng, aber gerecht. Alle respektierten ihn. Um ihn machte ich mir gar keine Sorgen, eher um die vielen neuen Geschäftsführer, die wir während des Booms in den Achtzigerjahren angestellt hatten. In dieser Zeit eröffneten wir fast jeden zweiten Monat ein neues Autowerk und der Großteil dieser neuen Werksleiter war nicht mit der Magna-Kultur aufgewachsen. Sie kamen nicht aus den eigenen Reihen und manche gaben bloß Lippenbekenntnisse zu unserer Fair-Enterprise-Kultur ab, lebten sie aber nicht wirklich.

Wenn es also irgendwo unfair zuging oder die Mitarbeiter nicht gut behandelt wurden, zeigte das Befragungssystem dies auf und wir konnten die schlechten Geschäftsführer auswechseln. In den folgenden Jahren haben wir ein Trainingsprogramm für alle Werksleiter und Geschäftsführer eingeführt, um unsere Magna-Kultur zu vermitteln und zu verinnerlichen. Wir nennen diesen Prozess »Magnatisieren« und dieses Trainingsprogramm gibt es heute noch.

In den frühen Neunzigerjahren habe ich in allen unseren Werken ein weiteres demokratisches Instrument eingeführt: das »Fairness-Komitee«. Für mich waren die Fairness-Komitees gelebte Mitarbeiterdemokratie. Die Komitees, die aus einigen Freiwilligen aus der Belegschaft bestanden, waren in der Lage, Entscheidungen des Managements abzuändern. Und das haben sie auch manchmal getan.

Ich überlegte, wie ich einen noch besseren Draht zwischen Mitarbeitern und Managern herstellen konnte, und dachte mir eine weitere demokratische Einrichtung aus: die »Mitarbeiter-Vertrauenspersonen«. Die Vertrauenspersonen lassen sich freiwillig von der Belegschaft wählen und verbringen während aller Schichten Zeit mit den Mitarbeitern, um festzustellen, wo es Probleme oder Sorgen gibt, und bei deren Lösung dann behilflich zu sein. Die Vertrauenspersonen können nicht gekündigt werden, nur die Mitarbeiter können sie mittels geheimer Abstimmung absetzen.

Ich bin davon überzeugt, dass sich die Mitarbeiter, wenn sie sich gerecht behandelt fühlen und wenn sie merken, dass ihre Leistung fair belohnt wird, mehr einbringen, um die Produktivität und die Qualität zu verbessern. Ich glaube auch, dass die Mitarbeiter am besten wissen, was an ihrem Arbeitsplatz funktioniert und was man verbessern oder vereinfachen könnte. Das ist der Grund dafür, warum wir bei Magna immer versucht haben, eine Arbeitsumgebung zu schaffen, in der niemand Angst haben muss, sich zu äußern. Wenn Mitarbeiter das Gefühl haben, es steht jemand mit der Peitsche hinter ihnen, oder wenn sie Angst haben zu sagen, was sie denken, ist es unmöglich, sie zu motivieren oder zu inspirieren. Ich sage meinen Geschäftsführern immer, ihr müsst die Arbeiter motivieren, damit sie ihre guten Ideen vorbringen. Nur so können wir gemeinsam ein besseres Produkt herstellen.

Es ist schwer, immer fair zu sein, weil die Welt einfach nicht perfekt ist, und Menschen manchmal unverantwortlich handeln. Und ich bin der Erste, der zugibt, dass wir nicht perfekt sind. Aber ich glaube, dass wir mit der Mitarbeiter-Charta und den anderen Mitarbeiterprogrammen ein gutes System geschaffen haben, um Fairness zu bewahren.

Eigentlich ist es ganz einfach: Wenn sich die Mitarbeiter nicht wohl fühlen, bringen sie ihr Herz nicht ein und werden nur das tun, was sie tun müssen, um ihren Job zu behalten. Aber wenn man ein gesundes und zufriedenstellendes Arbeitsumfeld hat – wenn die Mitarbeiter fühlen, dass sie ein Teil von etwas Besonderem sind, mit einem greifbaren Ergebnis und Managern, die sie schätzen – dann ist das Herz mit dabei.

Es ist für die Werksleiter und Geschäftsführer nicht immer einfach, weil ihnen die Kunden immer im Nacken sitzen und Druck machen. Und das Management ist natürlich auch verpflichtet, die Aktionäre zufriedenzustellen. Die Aktionäre liefern das Kapital und vertrauen darauf, eine angemessene Belohnung für ihre Investitionen zu bekommen. Wir erklären unserem Management aber immer, ihre erste Verpflichtung ist die gegenüber ihren Mitarbeitern. Aktionäre kommen und gehen, aber die Mitarbeiter bleiben.

WAS WIR VON FRANK LERNEN KÖNNEN: MACH DAS, WAS DU GERNE MACHST, DANN BIST DU GUT DARIN!

Wenn man etwas gerne macht und man mit Herz bei der Sache ist, dann kann man gut darin werden. Und wenn man sich noch besonders bemüht, könnte man sogar der Beste oder die Beste in verschiedenen Geschäftsbereichen sein. Geld und Erfolg sind dann eigentlich nur die Nebenprodukte.

KAPITEL 9

DIE REVOLUTION DER AUTOMOBILINDUSTRIE

»Ich könnte der Cousin von Henry Ford sein und selbst er könnte mir nicht helfen, einen Auftrag zu bekommen, wenn Preis und Qualität nicht stimmen.«

Der Boom der Autoindustrie startete in den 1980er-Jahren. Wir verbanden unsere Luftfahrtsparte mit den Werken für die Verteidigungsindustrie, gliederten sie in einem eigenen Geschäftszweig aus und konzentrierten uns mehr auf die lukrativere Sparte der Automobilindustrie. Damit wurde das Ende der alten Ära von Magna Electronics eingeläutet.

Mitte der Achtzigerjahre begann unser Umsatz in die Höhe zu schießen. Die Einnahmen waren verglichen mit den letzten Jahren um 40 Prozenz gewachsen, obwohl die nordamerikanische Autoproduktion nicht sehr angestiegen war. 1986 durchbrachen wir mit unserem Umsatz die Eine-Milliarde-Marke. Ein Meilenstein für den kleinen Werkzeugladen, der 30 Jahre zuvor einen Umsatz von 50.000 Dollar hatte. Ungefähr zu dieser Zeit wurde ich aufgrund unserer Formel für die Gewinnaufteilung eine der bestbezahlten Führungskräfte im Land. Die Gewinne stiegen stetig und je mehr Gewinn Magna machte, desto mehr Geld bekam ich – genauso wie alle unsere Manager, Mitarbeiter und Aktionäre.

Eines Tages hielt ich in Detroit vor einigen hochrangigen Managern von General Motors einen Vortrag und ich sagte dabei, dass Magna so schnell wächst, dass wir eines Tages GM kaufen würden. Ich erntete Applaus, aber auch herzhaftes Gelächter. Keiner wusste, dass ich nur zum Teil scherzte. Wir kauften GM zwar nicht, aber im Jahr 2008 übernahmen wir beinahe die GM-Tochter Opel. Aufgrund von Einmischungen aus der Politik kam der Deal aber nicht zustande.

Viele der Produktlinien, die auch heute noch von Magna produziert werden, sind während der rauschenden Achtzigerjahre entwickelt worden. Während dieses Jahrzehnts brachte Magna viele neue Produkte auf den Markt – angefangen beim Schiebedach bis hin zu Kombiinstrumenten. Bis zum Ende des Jahrzehnts wurde unsere Gruppe für Getriebe- und Motorsysteme zu einem der größten Produzenten in Nordamerika für sämtliche Teile, die man unter der Motorhaube findet.

Wir begannen auch, den Überseemarkt in Japan und Europa zu erobern. Wir eröffneten unsere erste europäische Produktionsstätte in Deutschland im Jahre 1984, in der Kupplungsriemen für den europäischen Markt produziert wurden – das war der Grundstein für die spätere Magna-Europe-Gruppe.

Es ist schon bemerkenswert, wie sich die Dinge manchmal entwickeln: Mehr als 30 Jahre nachdem ich Land und Leute in meiner Heimat verlassen hatte, kam ich nach Österreich zurück, um eine neue Magna-Fabrik in Weiz zu eröffnen. Wir nannten sie Magna Auteca und produzierten »Power Packs«, die elektronischen Innereien eines Außenspiegels. Weiz war ein idealer Standort: Es gab viele gut ausgebildete Arbeiter und eine zentrale Lage mitten im europäischen Markt. Viele Manager und Werkzeugmacher von Magna kamen aus kleinen Städten und Gemeinden in der Steiermark.

In meiner Heimat Arbeitsplätze zu schaffen, war für mich ganz besonders schön und ein wunderbarer Weg, der Gesellschaft, die mir und der Magna so viel gegeben hatte, etwas zurückzugeben. In den darauffolgenden Jahren eröffneten wir viele weitere Fabriken.

Zu dieser Zeit hatte Fred Gingl die Rolle des Präsidenten und des Chief Operating Officer übernommen. Ähnlich wie Tony Czapka und Burt Pabst in den früheren Jahrzehnten war auch er einer der wichtigsten Pioniere von Magna, ein richtiger Erneuerer mit dem Talent, neue Technologien zu finden.

Niemand würde glauben, dass man von der Produktion eines Traktors viel für die Automobilindustrie lernen könnte, aber genau das tat Fred Gingl: Eines Tages im Jahre 1984 blätterte Fred in einem deutschen Magazin, als er von einer neuen Technologie las, mit der man Traktorsitze fertigte. Fred rief den Erfinder Georg Grammer an und flog am nächsten Tag nach Hamburg, um ihn zu treffen. Das Meeting im Jahr 1984 führte zu einem Joint Venture mit Grammar Seating System und einige Jahre später präsentierte Integram, Magnas neues Werk für Sitze, eine patentierte Schaumtechnologie, die bekannt wurde als »Foam-in-Place-Seating« und ein revolutionärer Fortschritt war, welcher die traditionelle und aufwändige Produktionsmethode durch Nähen und Schneiden eliminierte. Nachdem wir ein paar Prototypen der Sitze entwickelt hatten, bekam Integram seinen ersten großen Auftrag für die Entwicklung kompletter Sitzsysteme.

Wie das Leben so spielt, wurden die Sitze das erste Mal im Minivan von Chrysler eingesetzt, der sich zu einem der meistverkauften Fahrzeuge in der Automobilgeschichte entwickeln sollte.

Einige Jahre später als Fred seinen kleinen Sohn mit dem Auto mitnahm, kam ihm eine geniale Idee, während er damit kämpfte, seinen Sohn im Auto anzuschnallen: Der eingebaute Kindersitz. Er war der erste seiner Art und Magna entwickelte das innovative Produkt gemeinsam mit Chrysler, wo man die gleiche Foam-in-Place-Technologie benutzte. Ein paar Jahrzehnte später hatte Magna mehr als eine Million Einheiten weltweit verkauft. Unser eingebauter Kindersitz wurde sogar als eine der größten Erfindungen der Achtzigerjahre im Smithsonian Institute in Washington vorgestellt.

Die Achtzigerjahre waren eine wirkliche Erfolgsära für uns, aber es war auch zu dieser Zeit, als Magna einer ihrer ersten großen Herausforderungen ins Auge sehen musste – und diese kam ausgerechnet von dem Mann, der geholfen hatte, Magna aufzubauen, von meinem Freund Tony Czapka.

Tony war sehr eng mit seinem Sohn Peter, der wie sein Vater Werkzeugmacher war und auch den Abschluss als Diplomkaufmann von einer der besten Schulen des Landes hatte. Eines Tages wandte sich Tony an mich und sagte, er wolle, dass ich eine der Magna-Fabriken an ihn verkaufe, eine Fabrik, die dann er und sein Sohn gemeinsam führen könnten.

Das konnte ich nicht tun. Die Aktionäre wären nicht besonders glücklich gewesen, wenn ich eine der gut gehenden Fabriken verkauft hätte, die sogar zu einem Konkurrenten werden könnte. Das wäre ein schlechter Präzedenzfall gewesen. Möglicherweise wären auch andere Manager gekommen und hatten gesagt: »Frank, kann ich diese Fabrik kaufen?« Tony und ich hatten eine größere Auseinandersetzung deswegen und redeten eine geraume Zeit nicht mehr miteinander. Da er mein bester Freund war, hat mir das sehr weh getan. Seit ich ihn kannte, war er immer für mich da gewesen. Wer war auch am Sonntagabend immer zur Stelle, wenn wir einen Auftrag fertigstellen mussten? Immer Tony. Also dachte ich über mögliche Lösungen nach. Ich wollte meinen besten Freund nicht verlieren, aber ich konnte auch nicht die Magna-Kultur verraten, die ich geschaffen hatte.

Nach einiger Zeit fand ich eine Lösung: Ich schlug eine 50/50 Aufteilung vor, unter der Bedingung, dass die Fabrik nach der Magna-Führungsphilosophie und nach den Fair-Enterprise-Prinzipien geführt werden musste, so wie es auch in jeder anderen Magna-Fabrik der Fall war. Ich dachte vor allem an die Mitarbeiter-Charta und die Mitarbeiterbeteiligung. In dieser Weise wäre die Fabrik noch immer Teil der Magna-Familie und würde nach wie vor unter denselben Bedingungen geführt werden. Und der zusätzliche Vorteil war, dass die Aktionäre von Magna davon profitieren würden. Ich sagte zu Tony: »Ich denke, ich habe endlich eine Lösung gefunden, die ich beruhigt unseren Aktionären, dem Rest unserer Manager und unseren Mitarbeitern vorschlagen kann.« Tony stimmte mir zu.

Das Werk ist heute noch in Betrieb und obwohl Tony viel zu jung in den Neunzigerjahren gestorben ist, führt sein Sohn Peter das Werk noch immer unter dem Namen unserer ersten Fabrik: Multimatic.

Nach der Einigung mit Tony bezüglich unseres Joint Ventures machte ich dem Aufsichtsrat den Vorschlag, für Verhandlungen mit unseren erfolgreichsten Managern über Joint-Venture-Partnerschaften grundsätzlich offen zu sein. Auf diese Weise konnten wir die besten Manager als Geschäftsführer behalten.

Gegen Ende der Achtzigerjahre begannen wir in Europa zu wachsen. Wir bekamen unseren ersten großen Kundenauftrag von Volkswagen: Es war ein großer Stanzauftrag, für den wir neue Werke in Europa, Kanada und Mexiko eröffneten. In Nordamerika kontrollierten immer noch die »Big Three« einen Großteil des Automobilmarktes. Und obwohl GM, Ford und Chrysler unsere Hauptkunden waren, begann man die Präsenz der sogenannten Foreign Domestics, also europäischer und asiatischer Autobauer, in Nordamerika deutlich zu spüren. Honda war der erste japanische Automobilhersteller, der ab 1982 seine Fahrzeuge in den USA zusammenbauen ließ. Andere europäische und japanische Automobilhersteller folgten. Zur selben Zeit starteten wir auch in der damaligen Sowjetunion durch. Als im Jahr 1989 Michail Gorbatschow einige neue Reformen eingeführt hatte, war Magna der erste nordamerikanische Produzent, der ein Werk hinter dem Eisernen Vorhang eröffnete. Wir gründeten ein Joint-Venture-Unternehmen in der ukrainischen Stadt Saporischja, welches Formen fertigte, um Plastikkomponenten für die sowjetische Autoindustrie herzustellen.

Während einem meiner ersten Besuche lud mich der Industrieminister ein, ein paar sowjetische Automobilfabriken und Fertigungsstätten anzuschauen. Wir fuhren mit dem Zug und waren den ganzen Tag unterwegs. Die Züge waren ziemlich einfach. Mehrere ältere Damen kamen gelegentlich vorbei und brachten Schwarztee und Kekse. Wenn man aus dem Fenster sah, konnte man kaum Häuser oder Gebäude entdecken, nur unendliche öde Landschaft. Wir besuchten verschiedene Fabriken, die richtig antiquarisch ausgestattet waren, es schien, als hätte sich seit den Tagen Josef Stalins nichts geändert.

Einige Tage später traf ich den Industrieminister in Moskau, um über meine Eindrücke zu sprechen. Wir gingen gemeinsam Abendessen und tranken einige Gläser Wodka. Der ältere Apparatschik fragte mich, was ich von der sowjetischen Autoindustrie hielt. Ich antwortete: »Nicht viel.« Er war ein bisschen überrascht: »Was meinst du damit?« »Nun ja«, sagte ich, »so wie eure Industrie strukturiert ist, könnt ihr keine Qualitätsautos herstellen und ihr könnt auch nicht genug Autos erzeugen, um den Bedarf eurer Leute zu decken.« Er fragte mich, warum das so sei, und ich sagte: »Euer Problem ist, dass ihr nicht wettbewerbsfähig seid.« Er verstand nicht ganz, was ich meinte, und daher erklärte ich es ihm näher: »Weißt du, warum euer Land immer so gut bei den Olympischen Spielen abschneidet? Weil ihr viel Konkurrenz habt. Wenn nur ein Läufer auf der Bahn ist, spielt die Zeit keine Rolle.«

Ich holte dann einen Stift aus meiner Tasche und fing an, eine Skizze von den drei großen Wirtschaftssystemen der Welt zu zeichnen. Als ich die Pyramide mit der freien Marktwirtschaft zeichnete mit den Kapitalisten ganz oben und den Arbeitern ganz unten, fing er an zu schmunzeln, vor allem, da die Zeichnung von mir kam, von jemandem, den er als Kapitalisten betrachtete. Ich sagte ihm: »Lach nicht! Eure Pyramide schaut gleich aus nur umgekehrt, weil ihr alles planwirtschaftlich gestaltet!«

ÖKONOMISCHE SYSTEME

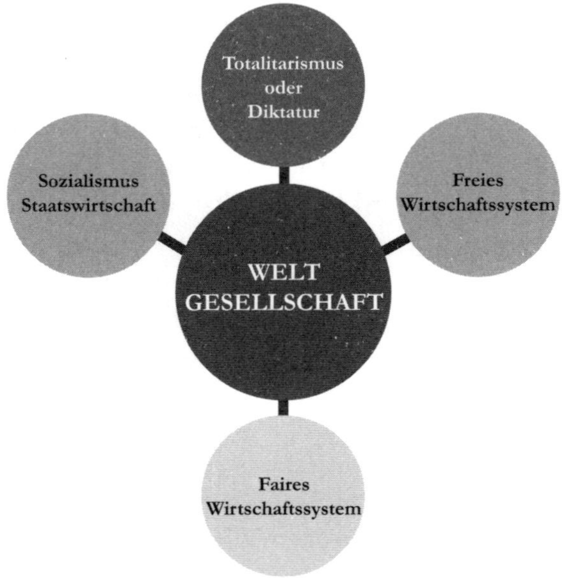

Das faire Wirtschaftssystem verhindert, dass das freie Wirtschaftssystem zu einem sozialistischen System wird.

STAATSWIRTSCHAFT

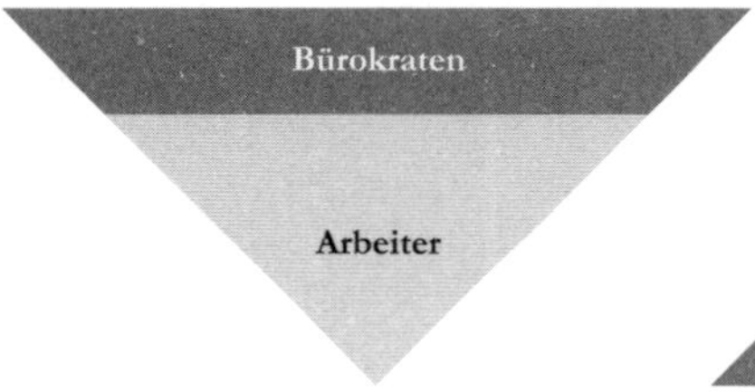

Staatswirtschaft führt zu Überverwaltung

FREIES WIRTSCHAFTSSYSTEM

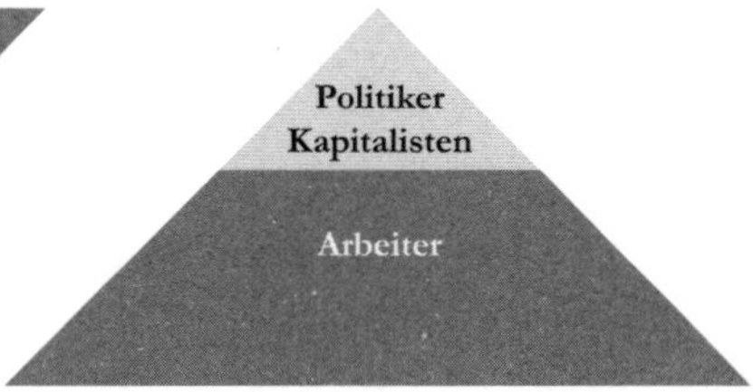

Immer mehr Kapital konzentriert sich bei immer weniger Menschen.

FAIRES WIRTSCHAFTSSYSTEM

Aus Mitarbeitern werden Mitunternehmer.

Ökonomische Rechtsverfassungsgesetze geben Arbeitern das Recht, am Vermögensaufbau teilzuhaben. Nur so können wir sicherstellen, Wohlstand zu schaffen und diesen gerecht zu verteilen.

Totalitarismus/ Diktatur

Menschenrechte und Freiheit werden unterdrückt

Im Laufe der letzten Jahrhunderte gab es viele Diktatoren, Könige, Generäle und autoritäre Regime wie unter Stalin und Hitler. Im Totalitarismus werden Menschenrechte nicht respektiert. Einige Wenige bereichern sich und beherrschen die Masse. Autoritäre Regime gehen über kurz oder lang unter, weil sie dem Grundcharakter und der Geisteshaltung der Menschen widersprechen, indem sie ihr Bedürfnis nach Freiheit, auch nach wirtschaftlicher Freiheit, unterdrücken.

Sozialismus/ Staatswirtschaft

Das Individuum wird dem Kollektiv und dem Staat untergeordnet

Das sozialistische System basiert auf der Philosophie der Umverteilung, damit es keine großen Vermögensunterschiede in der Gesellschaft gibt. Es gibt also keinen Anreiz, fleißig zu arbeiten und besonders innovativ zu sein. Das Vermögen, das geschaffen wird, wird durch Bürokraten verteilt und je mehr Bürokraten arbeiten, umso mehr Verwaltung entsteht. Letztendlich wird ein gewaltiger Verwaltungsapparat aufgebaut, der den innovativen und produktiven Geist einer Gesellschaft erstickt. Staatswirtschaft führt zu kollektivem Denken und im Laufe der Zeit werden mehr und mehr Menschen vom Staat abhängig. Die Geschichte hat gezeigt, dass Staatswirtschaft nicht funktioniert, sie führt zu einem niedrigen Lebensstandard in der Gesellschaft bis hin zur Armut.

Das freie Wirtschaftssystem

Das Fundament einer freien Gesellschaft

Das freie Wirtschaftssystem ist sehr effektiv im Schaffen von Wohlstand und Reichtum, aber der Fehler in diesem System ist, dass sich immer mehr Kapital bei immer weniger Menschen konzentriert. Das führt dazu, dass die Menschen Umverteilung fordern und der Staat folglich beginnt einzugreifen. Das freie Wirtschaftssystem basiert auf demokratischen Grundsätzen, das heißt, dass die Bürger das Recht haben zu wählen. Das System wird also durch die Wahlentscheidungen der Bürger geleitet und die Mehrheit wählt immer die Partei, von der sie sich am meisten verspricht. Aus diesem Grund machen die Politiker viele Versprechungen, um gewählt zu werden. Automatisch wird also aus dem freien Wirtschaftssystem langsam ein sozialistisches Wirtschaftssystem. Um das zu vermeiden, muss Wohlstand gerechter verteilt sein, das heißt, die Arbeiter müssen am Wachstum des Wohlstands teilhaben können. Die Unternehmer müssen aus den Arbeitern Mitunternehmer machen.

Das faire Wirtschaftssystem

Aus Mitarbeitern Mitunternehmer machen

Das Faire Wirtschaftssystem ist eine Alternative zur Staatswirtschaft und zum freien Wirtschaftssystem. Die Grundphilosophie ist darauf aufgebaut, dass Menschen sowohl wirtschaftliche als auch persönliche Freiheit anstreben. Durch Steueranreize können Unternehmer dazu bewogen werden, Wirtschaftsrechtsverfassungen einzuführen, die die Mitarbeiter an der Vermögensbildung teilhaben lassen. Wirtschaftsrechtsverfassungen führen zu wirtschaftlich orientierten Demokratien und diese sind die Basis für Demokratie an und für sich.

Als ich ihm meine Gedanken zum Thema Faires Wirtschaftssystem erklärt hatte, und dass man so statt einer großen Pyramide viele kleine miteinander verbundene Pyramiden erreichen kann, also den Wohlstand unter vielen freien Menschen einigermaßen verteilen kann, erhob er sein Glas und stieß auf mich und mein Fair Enterprise System an.

Das Ende der 1980er-Jahre war gekommen und wir produzierten praktisch alle Autoteile außer dem Motor, den Rädern und der Windschutzscheibe. Wir begannen auch damit, alles zusammenzubauen, und machten alles für unsere Kunden, von der Entwicklungsarbeit bis zum Prototypenbau. Es war ungefähr zu dieser Zeit, als wir den Torrero enthüllten, Magnas erstes Konzeptauto, ein atemberaubendes, luxuriöses Hochleistungsfahrzeug, für das wir zwei Jahre intensiver Arbeit benötigten. Das revolutionäre Design des Torrero ließ den Aufschwung der SUVs erahnen und das Styling war so modern, dass es heute, fast 30 Jahre später, noch futuristisch aussieht. Der Torrero sandte eine starke Botschaft an die automobile Welt: Magna konnte nicht nur jedes Autoteil bauen, sie konnte auch ganze Fahrzeuge für ihre Kunden entwickeln, designen und zusammenbauen.

Ich beschloss, dass es an der Zeit war, mich mit Roger Smith zu treffen, dem ehemaligen Chairman und CEO von General Motors. Ich fuhr nach Detroit, um ihn zum Mittagessen zu treffen. Mein gewagter Vorschlag: Er solle Magna grünes Licht geben, um Autos für GM zu bauen. Ich sagte: »Roger, in welchem Business bist du?« Er schaute mich ein bisschen komisch an und sagte: »Wir bauen Autos.« Und dann sagte ich: »Dein Hauptgeschäft ist, Autos zu verkaufen. Lass Magna die Autos bauen.«

Ich fuhr fort ihm zu erklären, wie Magna für GM Autos in besserer Qualität zu einem geringeren Preis bauen konnte. Zu dieser Zeit hatte GM unter Streitigkeiten in der Belegschaft und größeren Qualitätsproblemen zu leiden, sodass man befürchten musste, dass der einst so dominante Marktanteil schrumpfen würde. Smith hat meinen Vorschlag, für den damals größten Autohersteller

Autos zu produzieren, nicht komplett verworfen. Eigentlich glaube ich sogar, dass er einen großen Vorteil in meinem Vorschlag gesehen hat, aber er sagte, dass ihm diesbezüglich die Hände gebunden wären: Die mächtige Gewerkschaft der Automobilarbeiter würde eine Auslagerung der Produktion an eine andere Firma niemals erlauben.

Wir hatten uns vom Einzelteilproduzent zu einem hochmodernen Autozulieferer weiterentwickelt, der ganze Module fertigte und sogar Gesamtfahrzeuge herstellen konnte.

WAS WIR VON FRANK LERNEN KÖNNEN: KENNE DEN PREIS, DEN DU FÜR DIE GRÜNDUNG DEINES EIGENEN UNTERNEHMENS ZAHLEN MUSST!

Die meisten, die ein Unternehmen von Grund auf aufbauen, zahlen einen hohen Preis dafür. Es ist nicht immer so einfach, wie es aussehen mag. Die Leitung des eigenen Unternehmens bedeutet viele kurze Nächte und lange Arbeitsstunden. Wenn man sein eigenes Unternehmen führen möchte, sollte man die normalen Arbeitstage und die freien Wochenenden lieber vergessen. Es ist ein Opfer, das nicht viele bereit sind zu erbringen. Es gibt viele Wege zum Erfolg, aber keine Abkürzungen.

KAPITEL 10

SAG EINFACH FRANK ZU MIR

»Es gibt keine schlechten Arbeiter – es gibt nur schlechte Manager.«

In den Achtzigerjahren behauptete ein kanadisches Magazin, dass es eher schwierig wäre, für mich zu arbeiten. Ich weiß nicht, worauf diese Annahme basierte. Was schon stimmt: Ich erwarte von den Menschen immer, ihr Bestes zu geben. Und ich bestehe auf Qualität und Exzellenz, weil die Kunden das erwarten. Ich habe aber immer versucht, meine Mitarbeiter zu motivieren, ihr Bestes zu geben, und ich will immer solche Mitarbeiter gewinnen, die gerne mit mir arbeiten, die Teil von dem sein wollen, was wir gemeinsam erreichen können. Und ich glaube, dass jeder instinktiv sein Bestes gibt, wenn er am gemeinsamen Erfolg beteiligt ist.

Ich glaube außerdem, dass es in der Regel keine schlechten Arbeiter gibt – sondern nur schlechte Manager. Ich versuche immer, konstruktive Kritik zu üben, zu motivieren und zu inspirieren. Ich schreie nicht und schlage auch nicht mit der Faust auf den Tisch. Das ist einfach nicht meine Art. Ich habe stets nach dem Prinzip gehandelt, dass es für alles im Leben und im Beruf eine rationale Begründung gibt, und versuche immer, die Gründe für mein Verhalten offenzulegen.

Ich denke, ich bin ein ziemlich bodenständiger Typ. Ich trage keinen ausgefallenen Schmuck oder goldene Uhren. Wenn ich nicht regelmäßig Banker oder Manager von Automobilkonzernen treffen würde, würde ich wahrscheinlich in Jeans und einer Lederjacke in die Arbeit kommen anstatt mit einem Anzug. Ich glaube auch, dass der Wohlstand mich als Mensch gar nicht verändert hat. Ich bin noch immer der gleiche, der vor vielen Jahren mit nur ein paar hundert Dollar in der Tasche und ein paar Hosen, T-Shirts und einer Windjacke im Koffer in Quebec angekommen ist. Ich habe niemals auf offizielle Titel Wert gelegt und war nie Mitglied von irgendwelchen Elite-Klubs. Manchmal nennen mich Leute »Herr Stronach«. Und ich antworte dann: »Sag einfach Frank zu mir.«

Die Mitarbeiter wissen, dass ich einer von ihnen bin. Dass ich auch einmal ein Arbeiter war. Ich habe an denselben Maschinen gearbeitet und auch die meisten ihrer Aufgaben schon einmal selbst erledigt. Ich bin davon überzeugt, dass die Mitarbeiter sich von mir verstanden fühlen. Ich ermutige sie immer, mit mir so zu sprechen, wie sie es auch mit einem anderen Mitarbeiter oder einem Freund machen würden.

Die Erfahrungen, die ich in meinem Leben gemacht habe, machen mich zu dem Manager, der ich heute bin. Ich war arbeitslos und hatte an manchen Tagen nicht viel zu essen. Ich wurde diskriminiert und unfair behandelt. Ich habe diese Erfahrungen niemals vergessen und möglicherweise habe ich deshalb ein feineres Gespür für die Themen, die für die Mitarbeiter am wichtigsten sind. Das ist einer der Hauptgründe, warum ich mich während meiner Karriere immer darauf konzentriert habe, Wege zu finden, meine Mitarbeiter zu motivieren.

Wirtschaftshochschulen lehren ständig neue Theorien über Management und Unternehmensführung, immer wieder ist etwas anderes modern. Aber ich glaube, der Schlüssel ist, nach gewissen Grundsätzen und Prinzipien zu leben, die zeitlos sind.

Das wichtigste dieser Prinzipien ist Vertrauen. Als Manager muss man hart arbeiten, um das Vertrauen und den Respekt der Mitarbeiter zu bekommen. Und wenn es um Vertrauen geht, gibt es keine Abkürzungen und Umwege – wenn man das Vertrauen einmal verloren hat, bekommt man es nicht mehr zurück. Wenn ich als Manager etwas gesagt habe, dann habe ich immer versucht, dieses Versprechen einzuhalten – egal wie viel Zeit und Geld es gekostet hat, egal wie verlockend eine Abkürzung auch gewesen sein mag. So baut man Vertrauen auf.

Wenn mir jemand sagt: »Frank, ich bin dein Freund«, antworte ich: »Das ist schön zu hören, aber das brauchst du mir nicht zu sagen – beweis es mir.« Als Geschäftsführer muss man jeden Tag beweisen, dass man sich um das Wohlergehen der Mitarbeiter kümmert.

Ein Unternehmen oder auch jede andere Organisation funktioniert am besten, wenn alles transparent ist. Die Mitarbeiter haben ein gutes Gespür: Wenn sie merken, dass das Management nicht ehrlich ist oder etwas versteckt, dann wird es nie ihre Herzen gewinnen. Als ich meine erste Firma hatte, saß ich mit den Kollegen am Mittagstisch und habe ihnen den Kontoauszug gezeigt: »Schaut, das ist, was wir bis jetzt verdient haben.«

Es ist ganz entscheidend, offen zu sein, klar zu kommunizieren und ein Umfeld zu pflegen, in dem die Mitarbeiter über Probleme, die am Arbeitsplatz entstehen können, reden können. Nur so kann man diese aus der Welt schaffen. Einige unserer besten Magna-Manager hatten nicht einmal Büros – nur einen Tisch in der Werkshalle. So waren sie immer verfügbar, wenn es Probleme zu besprechen gab, die von Zeit zu Zeit auftauchten. Ich glaube, die meisten guten Manager kennen ihre Mitarbeiter, ihre Sorgen, aber auch ihre Hoffnungen und Zukunftspläne. Und die kennen sie, weil sie immer bei ihnen in der Werkshalle sind.

Meine Philosophie war immer, dass die Mitarbeiter nicht für mich arbeiten, sondern mit mir.

Ich kann mich erinnern, dass wir in den Anfangsjahren einmal eine Nacht durcharbeiten mussten, um einen Abgabetermin zu schaffen. Auch ich habe damals selbstverständlich meine Ärmel hochgekrempelt. Ein guter Manager geht mit gutem Beispiel voran.

Und was vielleicht am wichtigsten ist, Manager müssen nicht nur gute technische und analytische Fähigkeiten haben – sie müssen gut motivieren können. Sie müssen dafür sorgen, dass die Mitarbeiter mit ganzem Herzen bei der Sache sind. Letztendlich gewinnen jene Unternehmen, die das Herz und den Verstand der Mitarbeiter gewinnen können. Denn nur dann können sie auf Dauer die besten Produkte zum besten Preis produzieren.

WAS WIR VON FRANK LERNEN KÖNNEN: MACH MITARBEITER ZU MITUNTERNEHMERN!

Ich habe darüber nachgedacht: Wie können wir den größtmöglichen Wohlstand schaffen und diesen Wohlstand auf eine faire Weise verteilen? Ich nenne die Lösung das Faire Wirtschaftssystem. Das Faire Wirtschaftssystem erkennt an, dass es nichts zum Verteilen gibt, wenn nicht zuerst Wohlstand geschaffen wird. Weiters erkennt es an, dass die Menschen, die den Wohlstand schaffen, auch einen Teil dieses Wohlstandes bekommen sollen, sonst fehlt die Motivation und ohne Motivation kann es nicht funktionieren. Anders als das alte System – Arbeiter gegen Kapitalisten – schafft das Faire Wirtschaftssystem Partner, die an einem Strang ziehen.

KAPITEL 11

GEGEN DEN STROM SCHWIMMEN

»Nur wenn man gegen den Strom schwimmt, kommt man zur Quelle.«

Als Magna schließlich einen Umsatz von rund einer Milliarde Dollar und ein ziemlich solides Management-Team hatte, begann ich mich zunehmend in der Gesellschaft zu engagieren: Ich war etwa im Aufsichtsrat von verschiedenen Wohltätigkeitsvereinen, Spitälern und Universitäten und war außerdem Berater von verschiedenen Regierungskomitees und diversen politischen Ausschüssen.

Ich war frustriert über die Richtung, in die sich Kanada damals entwickelte, und davon überzeugt, dass ich einen Beitrag zu einer besseren Gesellschaft leisten könnte. Im Frühling 1988 trat ich daher als CEO der Magna zurück, um in meinem Wahlkreis für die Liberale Partei in Ontario zu kandidieren.

In den Monaten vor der Wahl äußerte ich mich sehr offen über das geplante Freihandelsabkommen zwischen den USA und Kanada. Ich war einer von ganz wenigen Geschäftsleuten, die sich gegen dieses Freihandelsabkommen ausgesprochen hatten. Vor allem glaubte ich nicht, dass es so etwas wie freien Handel zwischen so ungleichen Partnern gibt. Den gab es nie und den wird es niemals geben. Es wird immer Ausnahmen geben. Als Kind habe ich manchmal mit größeren Kindern Murmeln gespielt. Ich habe immer gewusst, dass ich – auch wenn ich gewonnen hatte – meine Murmeln hergeben musste. Wenn es um Handel, Tarifstreitigkeiten und den Zugang zum Markt geht, gewinnt eben immer der Stärkere.

Ich glaubte also an den fairen, nicht aber an den freien Handel. Letztendlich soll der Handel zwischen Ländern immer zu neuen Arbeitsplätzen führen. Ich war aber davon überzeugt, dass Kanada einen zu hohen Preis für das Freihandelsabkommen bezahlen würde, nämlich den Verlust von Arbeitsplätzen und Produktionsstätten. Und ich dachte mir, dass Kanada nicht darauf vorbereitet war, mit dem größeren und stärkeren Amerika in den Ring zu steigen.

Ich war nie für Parteipolitik – ich habe immer geglaubt, dass der Charakter eines Politikers viel wichtiger ist als seine Parteizugehörigkeit. Ich war in einigen Fragen sogar konservativer als die Konservativen. Aber die Freihandelsfrage trieb mich in die Richtung der Liberalen.

Ich erzählte Bill Davis, einem Mitglied des Magna-Aufsichtsrates und früheren langdienenden Premierminister von Ontario, dass ich vorhatte zu kandidieren. Bill, der gerne eine Tabakpfeife rauchte, war überall anerkannt als einer der weisesten und klügsten Politiker des Landes. Nachdem er sein Amt niedergelegt hatte, wurde er für viele Jahre Mitglied im Magna-Aufsichtsrat.

Als ich ihm mitteilte, dass ich kandidieren werde, sagte er: »Frank, du kandidierst für die falsche Partei, du kandidierst im falschen Wahlkreis und du kandidierst auf der falschen Seite des Freihandelsabkommens.« Ich antwortete: »Ich weiß, es ist einfacher, mit dem Strom zu schwimmen. Aber von Zeit zu Zeit musst du in den Spiegel schauen und sagen: Dafür stehe ich.«

Mein guter Freund Tony Czapka meinte immer, dass ich eine Art Weltverbesserer sei. Er sagte immer zu mir: »Frank, du wirst die Gesellschaft nicht ändern.« Als ich ankündigte, dass ich für das Amt kandidieren würde, schüttelte Tony nur den Kopf. Er sagte: »Frank, komm schon, wie kannst du nur so dumm sein? Die werden dich auseinandernehmen. Die werden dich durch den Schmutz ziehen. Wer braucht das?«

Tony hatte Recht. Ich konnte das so gut brauchen, wie einen Ziegel am Kopf. Aber wenn ich mich einmal für etwas entschieden habe, gibt es nicht viele Dinge, die mich davon abbringen oder mich meine Meinung ändern lassen können. Ich hatte mich entschieden – ich wollte versuchen, etwas Hausverstand und geschäftliches Denken ins Parlament zu bringen.

Ich legte einen Schnellstart hin. Unser Slogan war »Lasst uns offen sein«, und ich war offen – manchmal brutal offen. Ich sagte, dass wir mehr Politiker brauchen, die nicht bloß kandidieren, um den besten Gehaltscheck ihres Lebens zu bekommen, sondern solche, die dem Land dienen wollen und viel Erfahrung zu bieten haben.

Einen Satz, den ich in meinen Wahlreden immer verwendet habe, war, dass wir im Parlament mehr Ingenieure, Bauern, Doktoren, vielleicht ein paar Rechtsanwälte und vielleicht ein paar einfache Werkzeugmacher brauchen. Grundsätzlich würde ich sagen, dass wir ein paar gute Geschäftsleute brauchen, die ins Parlament gehen und die Dinge richten.

Die meisten Leute vertrauen den Politikern nicht wirklich, also dachte ich, dass es effizienter wäre, wenn ich mich einfach so präsentieren würde, wie ich war: ein Geschäftsmann, der wirtschaftlichen Hausverstand in die Politik bringen wollte. Und während mich viele Leute mit meiner direkten, geraden Art erfrischend fanden, meinten andere, ich wäre ein bisschen zu ungehobelt für ein öffentliches Amt.

Ich gab für eine Spendenaktion eines der größten Abendessen in der Geschichte der Liberalen Partei und wurde vom Geschäftsführer der Liberalen Partei, John Turner, enthusiastisch willkommen geheißen.

Die Medien begannen, mich auseinanderzunehmen: Die Jagd war eröffnet. Aus jeder Richtung schossen sowohl Politiker der Opposition als auch die Medien Giftpfeile auf mich. Sinclair Stevens, ein früherer Minister der Konservativen, wurde kurzerhand als Kandidat gestrichen, als ich kandidierte. In einem Abschiedsfoto kurz vor der Wahl nannte er mich »Turners kleiner Unteroffizier«. Es war einer der ersten von vielen Tiefschlägen, die ich in den kommenden Wochen und Monaten einstecken musste.

Ich verbiss mich in der Aufgabe. Ich klopfte an Türen. Ich versuchte, wirklich ein Gefühl für die Stimmung der Wähler zu bekommen und tauchte zur Gänze in die Kampagne ein. Ich habe mich sogar um das Design der Holzstöcke, die die Plakate für meine Kampagne trugen, gekümmert. Es waren vielleicht nicht die coolsten Plakate, aber eines weiß ich: Sie waren sicher die am besten gebauten.

Es lag mir eigentlich nicht sehr, die Menschen um ihre Stimme zu bitten, was jeder Möchtegern-Politiker tun muss. Diesen Aspekt des Kandidierens mochte ich wirklich am allerwenigsten. Als ich im kalten November im Finstern an Haustüren klopfte, während ein eisiger Wind blies und Schneeregen vom Himmel fiel, und mich manche Leute für dies und das beschimpften, blieb ich manchmal stehen und fragte mich: »Warum tue ich das?« Aber ich kämpfte weiter, meistens bis spät in die Nacht hinein. Ich arbeitete länger und härter als in den letzten paar Jahren zuvor.

Es war wie immer im Leben, je mehr man tut, je weiter man sich hinauslehnt, desto eher setzt man sich der Kritik anderer aus. Wir hatten eine Fabrik in der Stadt, in der wir lebten, die zu einem Thema in der lokalen Presse wurde. Einige Anwohner behaupteten nämlich, dass fauliger Gestank aus unseren Rauchfängen kam. Meine politischen Kontrahenten stürzten sich auf diese Kontroverse, um mir zu schaden. Mein Sohn kam von der Schule nach Hause und erzählte mir, dass die anderen Kinder sagten: »Dein Vater verstinkt die ganze Stadt.«

Ich war eigentlich nie ein ruhiger Strebertyp. Im Gegenteil, ich war immer sehr extrovertiert. Ich habe die Dinge beim Namen genannt, eben so, wie ich sie gesehen habe. Während der öffentlichen Debatten wies ich meist darauf hin, dass die Regierung mit der Schuldenmacherei nur Probleme für die nächsten Generationen schafft. Außerdem waren die Verwaltungskosten explodiert. Anstatt neue Fabriken zu bauen, sah man, dass immer neue Bürogebäude gebaut wurden, um die Bürokraten der unzähligen Einrichtungen der Regierung unterzubringen. Während einer dieser Debatten wurde ich von meinem konservativen Kontrahenten, einem Augenoptiker, unterbrochen. Er sagte: »Frank, du sprichst ständig über diese Regierungsbüros, aber ich kann keine sehen.«

»Naja«, sagte ich, »dann suchst du dir besser einen neuen Augenarzt.«

Ich traf aber auch einige Politiker, die es ehrlich meinten. Mein früherer Kontrahent John Cole zum Beispiel. Er war ein guter und ordentlicher Mann. Viele Jahre später arbeitete er an der Seite meiner Tochter Belinda an ihrer Wahlkampagne im selben Wahlkreis, in dem ich kandidiert hatte.

Die konservative Partei in Kanada gewann mit Abstand, es war einer der eindeutigsten Siege in der politischen Geschichte Kanadas und es würde eine lange Zeit vergehen, bis die Liberalen wieder an die Macht des Landes kommen sollten. In meinem Wahlkreis hatte ich allerdings verloren. Es war nun einmal ein erzkonservativer Wahlkreis und ich war zugegebenermaßen enttäuscht, dass es mir nicht gelungen war, die Mehrheit der Wähler zu überzeugen.

Jedenfalls war die konservative Partei sehr erstarkt, während die liberale Partei sowohl auf Bundes- als auch auf Landesebene litt. Fünf Jahre später spaltete sich die konservative Bundespartei sogar an regionalen und ideologischen Linien auf zwei Gruppen auf und wurde von einer verärgerten Wählerschaft aus dem Amt geworfen.

Ich hätte niemals gedacht, dass es ausgerechnet meine Tochter Belinda sein würde, die eine Schlüsselrolle in der Wiedervereinigung der beiden verfeindeten Fraktionen der alten progressiven Konservativen spielen würde. Sie hat mitgeholfen, die Partei wieder vereint unter einem neuen Namen auferstehen zu lassen, und dann als Spitzenkandidatin für die neu belebte Partei kandidiert. Wenn ich jetzt so zurückschaue, wünsche ich mir, ich hätte sie davon abgehalten zu kandidieren. Sie hat das Land im Sturm erobert, eine neue, frische Stimme. Die Menschen konnten ihren angeborenen guten Willen und ihre Leidenschaft für Veränderung sehen. Aber obwohl sie schnell lernte und eine bewährte Unternehmensleiterin war, war sie nicht ausreichend auf die schmutzige, mörderische Welt der Politik vorbereitet gewesen.

Ich bin wie jeder andere Vater: Auch wenn man Bedenken hat, möchte doch jeder, dass die Kinder ihre Träume verwirklichen. Ich war stolz auf meine Tochter und darauf, dass sie ihrem Land dienen wollte, ich war stolz, dass die Leute, die in dem Wahlkreis lebten, in dem sie aufgewachsen war und ihre Familie gegründet hatte, sie zu ihrer Abgeordneten wählten. Aber es war schmerzhaft für mich als Vater zu sehen, welche verbalen Angriffe und persönlichen Bedrohungen sie ertragen musste, nur weil sie aufstand, um zu sagen, was ihrer Meinung nach das Beste für ihr Land war.

In der Nacht, in der ich die Wahl verloren hatte, sprach ich zu den Mitarbeitern der Kampagne in demselben Raum, in dem ich meine Kandidatur knapp ein Jahr zuvor angekündigt hatte. Einige meiner Mitarbeiter weinten. Ich sagte: »Lassen wir es sein. Die Wähler haben gesprochen. Das Leben geht weiter.« Nach den Wahlen kam Tony Czapka zu mir und sagte: »Siehst du Frank? Du hast versucht, etwas Gutes zu tun, und sie haben dir in den Hintern getreten.«

Im Nachhinein gibt es einige Dinge, die ich anders gemacht hätte. Zunächst einmal hätte ich besser aufpassen sollen, nicht in die traditionellen Debatten hineingezogen zu werden. Da wird nur undiszipliniert durcheinandergesprochen und die Zuseher können sich kein wirkliches Bild machen. Außerdem hätte ich nicht so am Parteibuch festhalten sollen. Ich hätte mich mehr darauf konzentrieren sollen, was ich wirklich zu sagen hatte, denn ich glaube, dass die Leute das wirklich hören wollten. Ich hätte vielleicht nicht so unverblümt sein sollen. Manchmal kam ich wohl ein wenig schroff rüber.

Ich habe viel von meiner Kandidatur für ein öffentliches Amt gelernt. Ich verstehe besser, wie verwoben und verstrickt bestimmte Aspekte der Gesellschaft wirklich sind, wie komplex und manchmal widersprüchlich die Demokratie sein kann. Ich habe einige Ungerechtigkeiten einstecken müssen, aber ich wurde dadurch bescheidener und letztendlich hat es mich zu einem klügeren Mann gemacht.

Ich denke, ich hätte einen wesentlichen Beitrag zu der Entwicklung unseres Landes leisten können. Aber es war mir nicht bestimmt.

Ich habe es niemals bereut, kandidiert zu haben – es war etwas, dass ich einfach tun musste. Ich glaube, dass jeder von uns von Zeit zu Zeit in den Spiegel schauen und entscheiden muss, was das Richtige ist – auch wenn das manchmal heißt, dass man gegen den Strom schwimmen muss.

WAS WIR VON FRANK LERNEN KÖNNEN: ZWEIFLE NIEMALS!

Wenn ich im Laufe meiner Karriere zu einem Entschluss gekommen bin, wenn ich einmal etwas analysiert und das Für und Wider abgewogen hatte, traf ich eine Entscheidung und habe mich niemals umgedreht. Zu viele Menschen beginnen zu zweifeln und zu wanken, nachdem sie einmal eine Entscheidung getroffen haben. Man muss genau analysieren, aber wenn man einmal eine Entscheidung getroffen hat und man eine Verpflichtung eingegangen ist, dann muss man vorangehen und darf nicht abweichen. Anders kann man niemals etwas erreichen.

KAPITEL 12

MAGNA AM RANDE DES ABGRUNDS

»Ich habe noch nie ein Unternehmen gesehen, das pleite gegangen ist, wenn es schuldenfrei war und etwas Geld auf der Bank hatte.«

Ich hätte es kommen sehen sollen. Während des Wahlkampfes hatte ich das Geschäft vernachlässigt und als ich erkannte, wie schlecht die Dinge standen, war es fast schon zu spät: Magna war auf dem Weg zur Selbstzerstörung.

Am Tag nach meiner Wahlniederlage wachte ich sehr früh auf und ging ins Büro. Ich hatte die ganze Nacht über nicht gut geschlafen. Es gingen mir so viele Gedanken durch den Kopf. Ich war enttäuscht – gar keine Frage. Ich hatte wirklich geglaubt, dass ich einen großen Beitrag für das Land leisten konnte. Ich war eher perplex als verbittert. Warum hatten die Wähler nicht für mich, den erfahreneren Kandidaten gestimmt? Es tat mir schon weh, aber ich versuchte, es dennoch gelassen zu sehen.

Manchmal passieren Dinge aus einem bestimmten Grund, auch wenn man ihn zu dem Zeitpunkt noch nicht erkennen kann. Und wie sich in den nächsten Tagen herausstellte, brauchte mich Magna um einiges mehr als die kanadische Politik.

Magna hatte gerade einen wahren Boom erlebt – ein unglaubliches Wachstums, in dem wir fast alle zwei Monate eine neue Fabrik eröffneten. Im Jahr 1986 hatten wir die Milliarden-Marke beim Umsatz geknackt und waren das Vorzeigekind in der Automobilbranche. Durch die Entwicklung neuer, innovativer Produkte hatten wir unseren Kunden geholfen, ihre Kosten zu reduzieren und gleichzeitig ihren Umsatz zu steigern.

Am Ende des Jahrzehnts produzierte Magna ungefähr 5.000 verschiedene Komponenten in mehr als 100 Fabriken und der Umsatz lag bei beinahe zwei Milliarden. Das waren wahrlich berauschende Zeiten.

Es begannen aber schon Sturmwolken am Horizont aufzuziehen, und zwar schon bevor ich für das öffentliche Amt kandidierte. Um das explosive Wachstum des Unternehmens zu fördern, hatten wir in den Jahren zuvor ungefähr 1,3 Milliarden in neue Maschinen und Technologien investiert. Und dann schlug der Schwarze Montag zu: der 19. Oktober 1987, als die Börsen in der ganzen Welt krachten und Milliarden an öffentlich gehandelten Aktien über Nacht nahezu wertlos wurden.

Die Automobilproduktion begann dramatisch zu sinken. Gleichzeitig waren wir aber in einem aggressiven Investitionsprogramm gefangen, um mit den Anforderungen der Kunden für immer neuere und bessere Produkte mithalten zu können. Wir hatten hohe Kredite aufgenommen, um unser Wachstum zu finanzieren. Unsere Schulden stiegen und stiegen bis auf 1,2 Milliarden. Ich rief meine wichtigsten Manager zusammen und stellte ihnen jede Menge Fragen. Ich hatte kein gutes Gefühl und ich machte mir aus gutem Grund Sorgen: Die meisten der neuen Fabriken brauchten kontinuierlich viel Geld, während aber noch lange keine Gewinne in Sicht waren. Die Bücher zeigten es ganz klar: Wir bluteten finanziell aus.

Rasch stellte ich ein Team zusammen – bestens qualifizierte Leute, denen ich vertrauen konnte, dass sie die Dinge wieder in Ordnung bringen könnten. Es war klar, dass wir viele Einsparungen realisieren mussten, aber das letzte, was ich wollte, war, brutal die Axt zu schwingen. Vielmehr wollte ich das überschüssige Fett mit der Präzision eines Chirurgen herausschneiden.

Wir hatten eine enorme Wachstumsphase erlebt. Und wenn man so schnell wächst, wird man, glaube ich, ein bisschen nachlässig. Es entstehen Lücken. Im Nachhinein gesehen war unser Management-Team ziemlich jung und ich habe ihm wohl zu viel Verantwortung überlassen.

Wir waren finanziell undiszipliniert geworden. Wir hatten über 100 Fabriken und viele unserer Geschäftsführer wirtschafteten nicht ausreichend solide. Sie dachten sich: »Magna ist eine große

Firma, was macht da schon eine Million Dollar Schulden aus?« Aber wenn das der Manager jeder Fabrik denkt, hat man schon 100 Millionen Dollar Schulden. Und jedes Mal, wenn ich in ein Vorstandsmeeting ging, war unser Gesamtbudget wieder um 100 Millionen Dollar weiter ins Minus gerutscht, während neu lukrierte Aufträge noch immer nicht in Produktion gegangen waren. Bevor es uns wirklich aufgefallen war, waren unsere Schulden auf mehr als eine Milliarde Dollar gestiegen.

Und unsere Schulden waren nicht das einzige, das aufgeblasen war. Auch unsere Verwaltungskosten waren aufgebläht. Ich kündigte an, unsere neuen Firmenzentralen zu besuchen und war fassungslos, als ich einige der Gebäude betrat: glatte Marmorböden, teure Kunst an den Wänden, extravagante Steinwasserfälle in den Lobbys und luxuriöse Tische aus Rosenholz in den Besprechungsräumen, die 200.000 Dollar gekostet hatten. Das entsprach meinem Basis-Jahresgehalt. Das eigentliche Magna-Hauptquartier sah im Vergleich zu manch anderen Gebäuden wie ein Mickey-Mouse-Büro aus.

Ich hatte mir bald ein genaueres Bild von unserer Situation gemacht: Das Unternehmen sah aus wie ein Schlachtfeld, überall brannten die Feuer. Ich rief die Präsidenten der einzelnen Gruppen zusammen und implementierte einen Notfallplan; ich sagte ihnen, dass ich übergangsweise wieder die Geschäfte führen würde. Sie begannen sofort zu murren und waren nicht glücklich darüber. Es entsprach nicht ihrer Natur, einfach auszuführen, was man ihnen sagte, sie waren selbstbewusste Unternehmer mit einem eisernen Willen, Typen, die immer das Sagen hatten. Vor der Krise waren sie an der langen Leine und sie hatten sehr viel Macht – und auf einmal nahm ich ihnen das alles weg. Natürlich kämpften einige von ihnen dagegen an.

Ich rief einen meiner besten Manager in mein Büro. Ich wollte ihn in die Werke schicken, um die Feuer zu löschen, die überall wüteten. Aber er verweigerte: Der ehemalige Werkzeugmacher hatte sich aus unseren eigenen Reihen nach oben gearbeitet und sich an die Macht und die Vorteile, die mit der Präsidentschaft über eine Gruppe einhergehen, gewöhnt. Zurück in die Fabriken zu gehen und Lösungen für Produktionsprobleme zu finden, war das allerletzte, was ihn interessierte, also kündigte er.

Es gab einige Schwierigkeiten mit den Präsidenten der einzelnen Gruppen, aber die Werksleiter standen felsenfest hinter uns. Sie hatten es satt, zuzusehen wie ihre Gewinne von den aufwendigen Betriebskosten der Gruppenhauptquartiere aufgefressen wurden. Sie waren auch Magna-Aktionäre und sie wollten, dass ihre Anteile wieder mehr wert wurden. Ich glaube, eigentlich hatten sie eine Riesenfreude, zu sehen, dass ich endlich den Prunk abstellte und wir uns wieder auf das Geschäft konzentrierten.

Nicht nur die aufgeblasenen Betriebskosten waren ein Problem geworden. Wir begannen uns von den Prinzipien zu entfernen, die Magna so groß gemacht hatten – Prinzipien wie unsere dezentralisierte Unternehmensstruktur, die alle Fabriken nahe am Kunden gehalten hatten.

Früher hatten uns die Kunden einen Entwurf geschickt und wir produzierten das beauftragte Teil. Als die großen amerikanischen Autoproduzenten aber durch die japanische Konkurrenz unter Druck gerieten, begannen sie viele Design- und Prototypenkosten zu streichen – Kosten, die sie einfach auf uns abwälzten. Unsere kleinen Werke waren dazu meist nicht in der Lage und unsere Gruppenbüros halfen mit.

Der Druck vom Kunden, ein Zulieferer mit vollständiger Kompetenz in Design, Entwicklung und Prototypenbau zu werden, hatte dazu geführt, dass die Gruppenbüros sehr zentralisiert geführt wurden – genau das Gegenteil von der dezentralen Politik, die eigentlich unser Erfolgsrezept gewesen war. Binnen kurzer Zeit sahen wir so aus wie ein typisch zentralistisch geführtes Unternehmen. Genau so, wie wir uns geschworen hatten, niemals zu werden.

Und dann passierte es. Anfang der Neunzigerjahre inmitten des schlimmsten Geschäftsrückgangs in der Automobilindustrie war unser Unternehmen total überfordert, die Aktienpreise fielen und der Umsatz stagnierte. Wir unterschritten einen bestimmten Eigenkapitalwert, der als Bedingung einer Bank festgelegt worden war, von der wir uns Geld geborgt hatten.

Meine größte Sorge war, dass uns die Bank den Geldhahn abdrehen und uns schließen würde. Viele finanzielle Aasgeier begannen das Unternehmen zu umkreisen. Sie hofften darauf, Magna zu filetieren und die besten Stücke herauszuschneiden, während der Rest geschlossen werden sollte. Die Banken schickten bereits einen Spezialisten für Unternehmenskonkurse von Clarkson Gordon, einem der größten Buchhaltungsunternehmen zu dieser Zeit. Es war an einem kalten Tag im März 1990, als wir zu einer wichtigen Besprechung in die Büros in Toronto gerufen wurden. Zu diesem Zeitpunkt war es mir noch nicht ganz bewusst, aber in dieser drohenden Auseinandersetzung mit den Banken schlug es High Noon.

Der Konkursspezialist schoss zuerst: Er wollte, dass ich meinen Aktienkontrollblock übergebe. Es war ein klarer Griff nach der Macht. Ich sagte zu ihm: »Mit wem glauben Sie, dass Sie reden? Sind Sie verrückt? Haben Sie den Verstand verloren?« Ich fluche selten und schon gar nicht in einer geschäftlichen Besprechung, aber an diesem Tag konnte ich nicht anders. Ich habe gesagt, dass er meine Stimmrechte nur über meine Leiche bekommen würde. Ich sagte, eher würden wir vorher alle untergehen, bevor ich die Kontrolle über das Unternehmen übergeben würde.

Und ich habe nicht geblufft. Vielleicht unterschätzten sie, wie viel mir das Unternehmen bedeutete. Ich sagte: »Ich werde es niemals zulassen, dass ihr das Unternehmen führt.« Dann hätten wir Magna gleich begraben können. Das wäre das Ende gewesen und das machte ich unmissverständlich klar. Wenn Magna in die Hände der Finanzhaie fallen würde, würde alles den Bach hinuntergehen. Diese waghalsige Politik habe ich nicht genossen. Ich weiß, es gibt einige Geschäftsleute, die so arbeiten, die hoch pokern und drohen. Das war nicht mein Stil. In diesem Fall konnte ich aber nicht

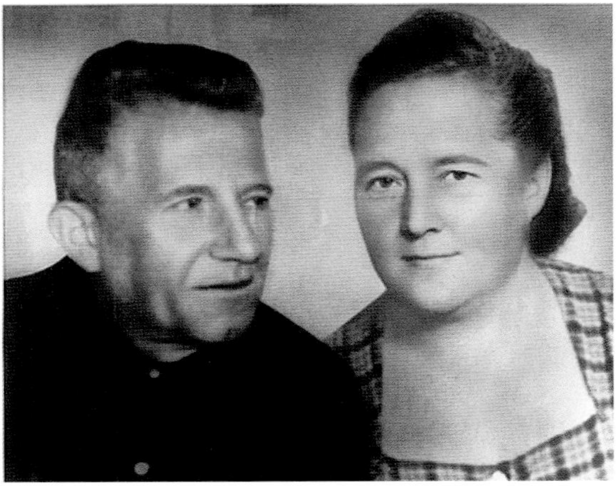

Franks Eltern: sein Vater, Anton Adelmann, ein Arbeiteraktivist, und seine Mutter, Elisabeth Strohsack, eine Fabrikarbeiterin.

Das Fußballteam, in dem Frank als Teenager in Weiz, Österreich, spielte. Frank kniend in der Mitte, zweite Reihe.

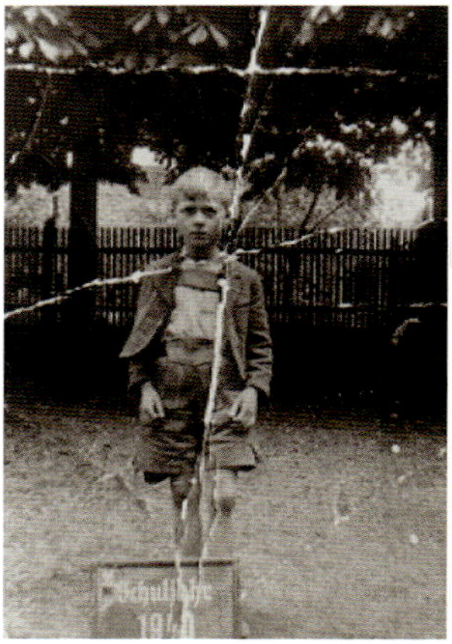

Ein Schulfoto von Frank im Alter von 8 Jahren in Weiz.

Als talentierter Sportler spielte Frank Halbprofi-Fußball in der Schweiz, bevor er nach Kanada auswanderte.

Frank Stronach kurz nach seiner Ankunft in Kanada im Jahr 1954.

Im Inneren der ursprünglichen Werkzeugmacherei, die Frank Stronach 1957 gründete.

Ein Schreibtisch und ein Reißbrett in der Ecke der Garage.

Die Fabrik Dieomatic in Richmond Hill, Ontario,
eine der ersten Fabriken von Frank.

Elfriede und Frank Stronach nehmen im Jahr 1997 von Königin Elisabeth II. die Queen's Plate entgegen, nachdem ihr Pferd Awesome Again den Sieg errungen hat.

Besuch einer von Magnas Fabriken in Ontario in den späten Neunzigerjahren mit einer Baseballkappe, die ein Mitarbeiter ihm geschenkt hatte.

Burt Pabst spielte eine entscheidende Rolle in den frühen Jahren von Magna und war ein wichtiger Motor hinter Magnas Erschließung des Automobilmarktes.

Tony Czapka, Franks erster Geschäftspartner und sein lebenslanger Freund, war einer der größten Mitschöpfer von Magna.

Frank hat im Laufe der Jahre eine Reihe von Wohltätigkeitseinrichtungen für Kinder unterstützt, darunter die Organisation Easter Seals, die Geld für Kinder und Jugendliche sammelt, die körperliche Behinderungen, wie zum Beispiel Kinderlähmung, haben.

Frank bei der offiziellen Eröffnung des Magna Baltimore Technical Training Center für junge afroamerikanische Frauen und Männer aus der Innenstadt Baltimores, die eine Karriere in der Fertigungsindustrie anstreben. Paul Myles (Mitte rechts), Geschäftsführer der Einrichtung, wuchs selbst in der Nachbarschaft des Ausbildungszentrum auf.

To Frank Stronach
Best Wishes

Der frühere US-Präsident George H. W. Bush zusammen mit Frank und Jeb Bush, dem früheren Gouverneur von Florida.

Frank und der frühere US-Präsident Bill Clinton beim Pimlico Race Course, um das jährliche Preakness-Stakes-Pferderennen zu verfolgen.

Frank zusammen mit Magna-Mitarbeitern aus ganz Nordamerika bei einer jährlichen Aktionärsversammlung.

Frank und US-Außenministerin Hillary Clinton besichtigen ein Magna-Werk in New York.

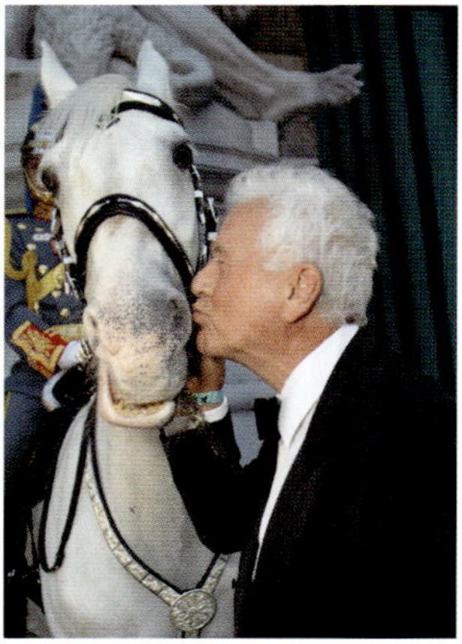

»Die Pferde sind für mich ein Geschäft der Liebe«

Frank und Elfriede nach dem Sieg ihres Pferdes »Ghostzapper« 2004 beim Breeders' Cup

Auf seiner Familienfarm in Aurora, Ontario

Frank und der frühere Vorsitzende der Gewerkschaft Canadian Auto Workers (CAW), Buzz Hargrove unterzeichnen das berühmte Abkommen Framework of Fairness, das das Management und die CAW zu Partnern bei der Gewährleistung von Produktivität und Fairness am Arbeitsplatz macht.

Mit seinem Sohn Andy Stronach bei den Stallungen der Familie

Jedes Jahr traf sich Frank mit zufällig ausgewählten Mitarbeitern von Magna-Abteilungen aus ganz Kanada und den USA, um über Probleme zu sprechen, die den Mitarbeitern am Herzen lagen. Diese jährlichen Treffen unter dem Motto »Face to Face with the Chairman« waren mehr als zwei Jahrzehnte lang eine Magna-Tradition.

Andy, Elfriede und Frank Stronach nehmen 2005 den Eclipse Award für den erfolgreichsten Pferdezüchter von dem Talkshowmoderator und Rennliebhaber Larry King entgegen.

Der Torrero, Magnas erstes Kozeptauto, wurde 1989 enthüllt und sieht heute, mehr als zwanzig Jahre später, noch futuristisch aus.

Frank feiert die erfolgreiche Markteinführung des Saab 9-3 Cabriolet im Montagewerk von Magna in Graz im Jahr 2003.

Magna-Mitarbeiter montieren im Jahr 2010 den Aston Martin Rapide, den Luxussportwagen, der in einer Reihe von James-Bond-Filmen zu sehen ist.

Frank auf der Bühne mit Alex Trebek (links) bei einer Aufnahme von Canada's Next Great Prime Minister, einer Sendung, die er 1995 ins Leben rief, um junge Kanadier dazu zu inspirieren, die Zukunft ihres Landes mitzugestalten.

Frank und Belinda Stronach begegnen den Fragen der Mitarbeiter bei einem jährlichen »Face to Face with the Chairman« zusammen mit Marc Nebb, leitender Vizepräsident der Abteilung Global Human Resources (rechts von Frank) und Don Walker, Vorstandvorsitzender von Magna (ganz rechts).

Mit dem Stronach Institut für sozialökonomische Gerechtigkeit unterstützt er seit vielen Jahren Universitäten in Forschung und Entwicklung

Nachdem der Hurrikan Katrina 2005 einen gro-0en Teil von New Orleans verwüstet hat, unterstützte Frank Stronach die Ärmsten der Armen, die ihr Hab und Gut verloren hatten.

Der Magna Hoedown ist der größte regionale Fundraiser in ganz Ontario.

Er kommt aus einer Arbeiterfamilie und versteht die Wünsche und Sorgen der Arbeiter.

Meistertitel mit Magna Wr. Neustadt 2009/2010

Mit der Wiener Austria war Frank zweimal Meister und viermal Cup-Sieger.

Rede anlässlich der Parteigründung

Gründungsfeier des Team Stronach, September 2012

Autogrammstunde

Reges Medieninteresse anlässlich Parteigründung

Gründungsfeier des Team Stronach im Magna Racino,
27. September 2013

Wahlkampf im Bundesland Tirol

Zuspruch im Wahlkampf

Auf Wahlkampf-veranstaltungen hat er Zuspruch von Jung und Alt.

Bei der Pressekonferenz zur Parteigründung mit seiner rechten Hand Kathrin Nachbaur

Reger Zuspruch bei öffentlichen Auftritten

»Team Frank« - die Jugendorganisation in der jungen Partei

Wahlkampf in Niederösterreich, Frühling 2013

anders und es war mir todernst. Wenn ich jetzt zurückschaue, viele Jahre später, denke ich mit einer Gänsehaut daran, wie nahe wir daran waren, alles zu verlieren.

Letztendlich setzte ich mich durch. Die Banken rechneten alles durch und wussten, dass die Wahrscheinlichkeit, dass wir die Schulden zurückzahlen würden, ziemlich hoch war. Also entschieden sie sich, dass es besser wäre, die Restrukturierung unter meiner Führung durchzuführen. Trotzdem zeigten sie keine Gnade. Wir zahlten enorme Pönalen im zweistelligen Millionenbereich. Wir wurden praktisch ausgequetscht wie eine Zitrone. Die Banker kamen regelmäßig in unser Hauptquartier und wanderten selbstbewusst durch unsere Hallen, als wären sie schon die neuen Eigentümer. Wir waren ihnen ausgeliefert und mussten ihnen wöchentliche Updates über unseren Cashflow und über unsere Schuldenposition geben.

Die Banken hätten die Kredite fällig stellen können. Sie hätten uns in den Konkurs treiben können. Wären wir untergegangen, wäre das ein großer Einschnitt in die gesamte kanadische Wirtschaft und in die nordamerikanische Autoindustrie gewesen. Zu diesem Zeitpunkt waren wir ein derart wichtiger Teil der Industrie geworden, dass ich davon überzeugt bin, dass die »Big Three« eingeschritten wären und gesagt hätten: »Wartet mal – ihr könnt Magna nicht untergehen lassen.«

Und tatsächlich waren unsere Kunden die ersten, die uns zur Hilfe eilten. Sie beschleunigten ihre Zahlungen an uns – sie bezahlten uns praktisch am Tag, an dem wir die Produkte versandten, obwohl üblicherweise ein Zahlungszeitrahmen von 30 bis 60 Tagen als vereinbart gilt. Unser Cashflow verbesserte sich damit sofort. Während der Krise war Fred Gingl, Magnas CEO, der Schlüsselmann im Kontakt mit unseren Kunden. Die Banken wollten die Schuld auf Fred schieben. Sie glaubten auch, dass er nicht der richtige Mann wäre, um zu sparen und zu sanieren. Er war schließlich der operative Chef in unserer größten Wachstumsphase gewesen. Ich erzählte ihm, dass mir die Banken

Druck machten, ihn rauszuwerfen, und er sagte: »Frank, tu alles, was du tun musst, um das Unternehmen zu retten. Und wenn das heißt, dass ich gehen muss, dann soll es so sein.«

Ich entschied jedenfalls, dass Fred bleibt. Während wir unsere Kunden überzeugen konnten, schneller zu zahlen, versuchten wir bei unseren Lieferanten das Gegenteil – wir baten sie, uns einen Zahlungsaufschub von 60 Tagen, in vielen Fällen sogar von 90 Tagen zu gewähren. Mit den Lieferanten, die das ablehnten, beendeten wir unsere Geschäftsbeziehungen.

Der Chef unserer Personalabteilung traf sich mit einem Vertreter unserer Mitarbeiterversicherung. »Könnt ihr uns helfen? Könnt ihr unsere Beiträge ein wenig kürzen, bis wir wieder auf den Beinen sind?« Der Vertreter überraschte mit der Antwort, dass die Versicherung aufgrund der Unsicherheit unsere Beiträge erhöhen müsse. Und so nahm der Chef unserer Personalabteilung die Visitenkarte des Versicherungsvertreters, zerriss sie in kleine Stücke und warf sie ihm über den Besprechungstisch zu. Wir kämpften eben ums Überleben – und entweder war da jemand für oder gegen uns.

Ich hatte meine gesamte Lebensenergie für über 30 Jahre in das Unternehmen gesteckt und nun musste ich zusehen, wie alles dabei war den Bach runterzugehen. Ich konnte die Aussicht nicht ertragen, dass tausende Mitarbeiter ihren Job verlieren würden. Und was mich besonders antrieb, wieder auf die Beine zu kommen, war, dass ich nicht akzeptieren könnte, dass man sagen würde: »Die Magna-Kultur, die Stronach erschaffen hat, funktioniert nicht.« Ich glaubte und glaube mit jeder Faser meines Körpers an diese Kultur. Weil ich weiß, dass es funktioniert.

Als einer unserer Vorstände gekündigt hatte, begannen die Banken richtig nervös zu werden. Sie drängten darauf, so viel wie möglich zu verkaufen. Die Banken verlangten, dass ich die besten Werke herauspicke und für einen schnellen Gewinn verkaufe. Ich sagte zu ihnen: »Wenn ich unsere besten Werke verkaufe, wie sollen wir dann Gewinn machen? Nur die unterdurchschnittlich abschneidenden und veralteten Werke würden übrig bleiben, so kann sich das Unternehmen nie fangen.« Es schien so, als hätten die Banken Scheuklappen auf. Sie wollten natürlich ihr Geld so schnell wie möglich zurückbekommen, aber die Magna-Aktionäre würden durch die Finger schauen und noch viel schlimmer: Tausende Mitarbeiter würden ihre Arbeit verlieren. Ich musste Zeit schinden und habe daher auf stur geschaltet und Tag und Nacht an der Restrukturierung gearbeitet. Und ununterbrochen machten mir die Banken die Hölle heiß: »Frank, wann verkaufst du? Was braucht so lange?«

Ich habe nicht direkt mit dem Chef der Bank verhandelt, sondern immer mit den Mittelmännern, die gedacht haben: »Jetzt haben wir den großen Geschäftsmann bei den Eiern. Endlich ist er am Boden.« Und während der regelmäßigen Pflichttermine bei den Bankern musste ich dort sitzen und mir ihre Kritik und teils herabwürdigenden Aussagen anhören. »Das ist nicht länger dein Geschäft, Frank. Das ist jetzt unser Geschäft. Du hast es vermasselt.«

Warum war ich so ein Feindbild geworden? Ich habe lange darüber nachgedacht und glaube, dass es damit zusammenhängen muss, dass ich immer so extrovertiert gewesen war. Ich hatte viele Reden gehalten und Interviews gegeben, in denen ich erklärte, wie man ein erfolgreicher Geschäftsmann werden kann und wie durch die Faire Wirtschaftskultur alles noch viel besser funktionieren kann.

Ich bin mir sicher, einige dieser Finanzbürokraten wären froh gewesen, mich auf die Nase fallen zu sehen. Die dachten bestimmt: »Schaut euch diesen zugereisten Klugscheißer an. Wir werden es ihm schon zeigen.« Im Nachhinein betrachtet war ich vielleicht ein bisschen zu offen und direkt. Ich kam wohl ein bisschen eingebildet rüber, ein bisschen neunmalklug. Das war nicht die kanadische Art.

Es hätte aber keinen Sinn gemacht, böse zu werden oder sich zu ärgern. Ich hatte nur eine Möglichkeit: Ich musste die Löcher im sinkenden Schiff stopfen und es wieder auf den richtigen Kurs bringen. Und in der Zwischenzeit war ich durch den Gedanken motiviert, dass uns die Bank niemals den Hahn zudrehen kann, solange wir Geld machten und unsere Schulden zurückzahlten. Aber ich brauchte ein bisschen Zeit, bis unsere neuen Werke Geld machen konnten.

Wir hatten zwei Werke, die hoffnungslos rote Zahlen schrieben, und wir beeilten uns, diese so schnell wie möglich zu schließen. Eines davon war ein gerade in Betrieb gegangenes Joint-Venture-Unternehmen, das Aluminiumfelgen produzierte, eine Produktlinie, für die wir keine Expertise hatten. Wir verloren in einem Jahr mehr als 20 Millionen – das war ungefähr ein Drittel unseres gesamten Verlustes. Das andere Werk war ein Joint-Venture-Unternehmen mit einer japanischen Firma, das Plastikstoßstangen herstellte. Es war ein Desaster und verlor ungefähr dieselbe Summe Geld.

Wir verkauften unsere Anteile an den Joint Ventures praktisch um einen Dollar, einfach nur, um sie aus unserer Bilanz streichen zu können.

Die Situation war mittlerweile nicht mehr so schlimm, wie es von außen vielleicht aussah. Wir hatten hocheffiziente Fabriken, meist auf dem neuesten Stand der Technik. Wir hatten viele loyale Kunden, die uns beistanden. Und wir hatten hochengagierte Mitarbeiter. Außerdem hatte das Unternehmen noch immer einen starken Cashflow und auch viele Grundstücke in bester Lage, die wir verkauften, um die Kredite zurückzuzahlen. Während der Siebziger- und Achtzigerjahre hatten wir tausende Hektar an Ackerland im Norden von Toronto gekauft, wo sich nun die aufstrebenden Vorstadtgemeinden entwickelten. Wir begannen, die Grundstücke zu verkaufen und erzielten allein damit rund 250 Millionen Dollar. Damit haben wir begonnen, die Schulden zurückzuzahlen.

Die Medien ließen es in der Zwischenzeit so aussehen, als würde Magna in Kürze wie ein Kartenhaus zusammenfallen. Natürlich war die Situation sehr angespannt, aber die Medien dramatisierten alles noch mehr. Sie schrieben, dass Magna übermütig geworden war, dass wir in eine Vielzahl von unsinnigen Verlustgeschäften außerhalb der Automobilbranche investiert hatten, und dass das der Grund für unseren Absturz gewesen wäre. Aber die Wahrheit war, dass diese Investitionen außerhalb der Automobilbranche – alles angefangen vom Business Magazine bis hin zum Restaurant – nur einen Bruchteil unseres gesamten Vermögens ausmachten. Trotzdem stürzte sich die Presse darauf und beschrieb alles viel schlimmer, als es tatsächlich war.

Mehrere Analysten aus der Industrie stellten schon in Frage, ob Magna überhaupt überleben würde. Ich arbeitete Tag und Nacht mit einem sehr guten Management-Team daran, das Unternehmen zu restrukturieren und seine finanzielle Gesundheit wiederherzustellen. Während der gesamten Krise waren Magnas Direktor Bill Davis und die Vorstandsmitglieder Ed Lumley und Don Resnick als vertrauensvolle Berater immer für mich da. Sie waren mein Fels in der Brandung.

Wir hatten einen vorläufigen Schuldenrestrukturierungsplan, an den wir uns strengstens hielten. Im ersten Quartal 1991 konnten wir einen kleinen Gewinn ausweisen. Einige Wall-Street-Analysten bezeichneten das als nur kurzfristig. Als einen Teil des Schuldenrestrukturierungsplans hatten wir uns auch einen Überbrückungskredit gesichert, um uns mit unserem Cashflow zu helfen. Die Banker verlangten, dass ich persönlich einen Beitrag leistete und so gab ich mein privates Haus als Sicherheit für den Kredit. Schon am Ende des Jahres ging es uns wesentlich besser und ich gab in der Öffentlichkeit bekannt, dass Magna sich wieder auf ihre Grundprinzipien und die Führungsphilosophie des Unternehmens konzentrieren würde, die es erfolgreich gemacht hatten. Ich versprach, dass wir nie wieder solche Schulden machen würden.

Das war der Anfang der bemerkenswerten Erholung und Wiederauferstehung von Magna. Aktienpreise, Umsatz und Profit begannen in den folgenden Jahren, wieder auf neue Rekordwerte zu steigen.

Ich war besonders stolz darauf, dass der Wiederaufbau nicht auf Kosten unserer Mitarbeiter gelungen war. Während der gesamten finanziellen Krise waren nur sehr wenige Mitarbeiter gekündigt worden. Außerdem stellte ich sicher, dass die Magna-Mitarbeiter, die während dieser Krisenzeit in Pension gingen, nicht unter dem Kollaps der Aktienkurse leiden mussten. Mitarbeiter bekamen nämlich unter anderem Aktien für ihre Pension. Als der Wert der Magna-Aktie unter drei Dollar fiel, sahen viele Mitarbeiter, die knapp vor der Pensionierung standen, ihre Anteile und ihr Erspartes verschwinden. Mir war klar, das war nicht fair, vor allem für unsere älteren Mitarbeiter. Wir hatten ihnen gegenüber eine Verantwortung, vor allem, da sie so viele Jahre mit uns gearbeitet hatten und dann ohne ihre Schuld von dem furchtbaren Geschäftsrückgang praktisch enteignet werden sollten. Also erhöhten wir den Aktienwert für die Mitarbeiter, die während der Krise in Pension gegangen waren.

Im Jahr 1992 war Magna finanziell wieder auf den Beinen. Magnas gesamter Schuldenstand fiel auf unter 30 Millionen Dollar. Die Unternehmensaktien waren an der New York Stock Exchange notiert, und deren Kurs stieg wieder auf einen Wert von ungefähr 35 Dollar. Die Öffentlichket nannte es eine der größten geschäftlichen Wiederauferstehungen in der Geschichte kanadischer Unternehmen.

Für eine Weile waren wir auf einem schmalen Grat zwischen Ruin und Erfolg gewandelt. Ich war wirklich nahe dran gewesen, das gesamte Geschäft zu verlieren. Das Unternehmen am Leben zu halten, während wir die Schulden zurückzahlten, war, als ob man mit Betonschuhen schwimmen muss. Aber wir überlebten und zahlten die Schulden schneller zurück, als es irgendjemand für möglich gehalten hatte. Es war eine traumatische Erfahrung, aber auch eine, die ich niemals vergessen werde. Ich schwor, dass Magna niemals wieder solche Schulden machen dürfte. Ich habe diesen Schwur auch gehalten. Wir führten das Unternehmen sehr straff und bauten stufenweise unsere Geldreserven auf, welche bei fast zwei Milliarden Dollar lagen, als ich 2011 als Chairman zurücktrat. Während des letzten Jahrzehnts wurden wir von einigen Aktionären und Aktienanalysten immer wieder dazu gedrängt, aggressiver zu expandieren und dafür Geld zu borgen oder unsere Cash-Reserven aufzubrauchen. Aber dem haben wir immer felsenfest widerstanden. Zu tief sitzen die Wunden aus den Neunzigerjahren, als wir den Konkurs gestreift hatten.

Als die wirtschaftliche Krise im Jahr 2008 die Autoindustrie ins Trudeln brachte, tauchten wir durch, während viele unserer hochverschuldeten Konkurrenten untergingen, hinuntergezogen von der Last der Schulden. 20 Jahre zuvor hatte ich eine harte Lektion gelernt – und diese rettete unser Unternehmen vor dem finanziellen Hurrikan, welcher hunderte Unternehmen in der Automobilbranche in aller Welt auslöschte.

WAS WIR VON FRANK LERNEN KÖNNEN: VERMEIDE SCHULDEN!

Wenn man sich Geld borgt, muss man sich sicher sein, dass man es zurückzahlen kann, damit man nicht alles verliert, sollte das Geschäft sich nicht rentieren. Wenn das Unternehmen einmal zu laufen beginnt, sollte man nicht mehr Geld ausgeben als herein kommt, und man sollte für die schlechten Tage immer ein wenig Geld zur Seite legen.

KAPITEL 13

DER AUFBAU EINER ZWEITEN MAGNA IN DER HEIMAT

»Ob es einer Gesellschaft gut geht, hängt zu einem großen Teil von der Stärke des wirtschaftlichen Gefüges ab.«

Der kleine Seidenwurm, welcher über tausende von Jahren gezüchtet wurde, ist eine der fleißigsten Kreaturen in der Natur. Auf meiner ersten Geschäftsreise nach Japan in den späten 1970er-Jahren habe ich eine traditionelle japanische Seidenfarm besucht und Seidenwürmer aus den Nähe gesehen. Ich war fasziniert, zu sehen, wie die Seidenwürmer auf den Maulbeersträuchern fraßen und die spektakulären Seidenfäden sponnen, die benutzt werden, um edle Kleidung und andere Materialien zu fertigen.

Der Fremdenführer, der mich begleitete, erzählte, dass sie die Fabrik schließen müssten, weil sie nicht mehr mit den synthetischen Seidenproduzenten konkurrieren konnten, die einen immer größeren Marktanteil bekamen. Menschlicher Einfallsreichtum führte also dazu, dass jemand einen Weg gefunden hatte, ein Produkt so gut wie oder sogar besser als Mutter Natur zu produzieren und das zu geringeren Kosten. Die Erkenntnis, dass ganze Industriezweige von technischen Fortschritten über Nacht ausgelöscht werden können, löste Gänsehaut bei mir aus. Ich hatte es mit eigenen Augen gesehen: Unternehmen müssen sich ständig an die sich ändernden wirtschaftlichen Bedingungen anpassen, egal ob die Änderungen durch technische Innovationen oder durch Kräfte wie Deregulierung und Globalisierung herbeigeführt werden.

In den frühen 1990er-Jahren erkannte ich die ersten Anzeichen der Globalisierung. Es war wie ein Tsunami, der jeden Industriezweig in seinen Grundfesten erschütterte, und die Autowelt war keine Ausnahme. Zu dieser Zeit war Magna noch ein hauptsächlich nordamerikanisches Unternehmen. Wir hatten nur fünf Werke in Europa und der jährliche Umsatz betrug nur knapp über 100 Millionen. Aber für mich war es ganz klar: Wenn wir den bevorstehenden Tsunami überleben wollten, hatten wir keine andere Wahl als global zu wachsen und unseren Kundenstamm außerhalb Nordamerikas zu vergrößern.

Also stellte ich im Jahr 1993 meine Pläne für den Start einer großen Expansion nach Europa vor. Der große europäische Markt war Heimat der weltweit führenden Automobilhersteller: Unternehmen wie Volkswagen, Mercedes-Benz, BMW, Renault, Fiat und Volvo. Mein Erbe – und das Erbe vieler unserer Topmanager – war österreichisch und deutsch. Wir kannten die Sprache, die Kunden, die Kultur. Unser altes Revier war bekanntes Terrain, was uns einen Vorteil gegenüber den anderen nordamerikanischen Unternehmen verschaffte, die ebenfalls in diesem Teil der Welt Fuß fassen wollten.

Ich verbrachte die Hälfte des Jahres in Europa, anfänglich in der Stadt Zug in der Schweiz und bald darauf im neuen Magna-Europe-Hauptquartier in Österreich. Ich hisste die Magna-Unternehmensflagge auf einem 400 Jahre alten Schloss im Ort Oberwaltersdorf am Stadtrand von Wien. Es sollte der Ausgangspunkt werden, das Nervenzentrum für unsere Expansion nach Europa.

Kurz nachdem wir das Hauptquartier eröffnet hatten, luden wir die Anwohner des Ortes auf den Grund des Schlosses zu einer offiziellen Eröffnung ein. Sie kamen, um die Liveband zu hören und um das frische Bier und die gegrillten Würstchen zu probieren. Und sie kamen auch, um ihren bekannten Landsmann zu sehen, einen Werkzeugmacher aus Weiz, der in der Neuen Welt groß geworden und nun zurück nach Hause gekommen war.

Wir kamen mit dem Versprechen, Arbeitsplätze zu schaffen und wir predigten die Vorteile des Fairen Wirtschaftssystems, der Erfolgsformel, die Magna zu einem der größten Namen in der nordamerikanischen Automobilindustrie gemacht hatte.

Zur Mitte des Jahrzehntes expandierte Magna in ganz Europa. Aber anders als im vorigen Jahrzehnt als wir wuchsen, indem wir von Grund auf neue Fabriken aufbauten, expandierten wir in Europa hauptsächlich durch den Ankauf von existierenden Firmen. Wir kauften Unternehmen, die uns die Türen zu neuen Kunden öffnen konnten, oder die über besondere Technologien verfügten oder Teile produzierten, die wir in Nordamerika nicht machten. Wir wollten eigentlich Magna in Europa duplizieren – aber anstatt es über drei Jahrzehnte zu tun, vollbrachten wir es in einer Zeitspanne von gerade einmal zehn Jahren.

Ein Werkzeugmacher aus der Steiermark half mir bei der Expansion in Europa. Sein Name war Siegfried Wolf. Sigi, wie jeder ihn nannte, wurde meine rechte Hand. Ich traf ihn das erste Mal 1994, als ich an einem späten Freitagnachmittag eine Fabrik besuchte. Sigi, der Werksvorstand, hinterließ einen starken Eindruck bei mir. Er war nicht sehr gesprächig und ich wusste nicht wirklich viel über ihn, aber mein Bauchgefühl sagte mir, dass er ein guter Mann wäre, um unser Team zu unterstützen. Bevor ich die Fabrik verließ, sagte ich ihm, dass er Montagfrüh in mein Büro kommen solle. Als ich ihn in meinem Büro traf, sagte ich: »Wie viel verdienst du?« Nachdem er es mir gesagt hatte, sagte ich: »Ich verdopple dein Gehalt und mit der Gewinnbeteiligung kannst du noch mehr verdienen. Wann kannst du für uns anfangen?« Sigi hatte jede Menge Feuer und Vitalität und war ein schneller Lerner. Er war für viele Jahre der Geschäftsführer unserer europäischen Geschäfte und wurde sogar Co-CEO von Magna.

Ein besonderer Meilensten in unserer Europa-Expansion war der Vertragsabschluss für die Fertigung der Rohkarosserie des Smart, ein cooler, kompakter Zweisitzer, der aus einem Joint Venture von Mercedes-Benz und der Swatch Group hervorgegangen war.

Wir begannen, immer mehr Teile in Europa zu produzieren und stärkten unsere Beziehungen zu den wichtigsten europäischen Automobilproduzenten.

Das gilt wohl für jedes Geschäft: Entweder man entwickelt sich ständig weiter oder man bleibt zurück. Bei Magna war es immer schon Teil unserer Firmenkultur, ständig innovativ zu sein und bessere Produkte zu einem besseren Preis herzustellen.

Unser größter technologischer Durchbruch des Jahrzehnts war eine Technologie zum Formen von Stahl, die man Hydroformverfahren nennt. Wir haben diese Technologie in Europa entdeckt und übernahmen sie im Jahr 1994 für einen Prozess, der bekannt war als internes Hochdruck-Hydroformverfahren. Beim Hydroformverfahren wurde extrem hoher Wasserdruck benutzt, um komplexe Formen aus Stahlrohren zu schaffen, und das umfasste eigentlich alle Teile, die das Stahlskelett eines Fahrzeugs ausmachen. Das Hydroformverfahren war ein völlig neuer Prozess um Metall zu formen, der den Industriezweig im Sturm eroberte und Magna praktisch über Nacht zum Anbieter Nummer eins bei Metallformen machte.

Unsere Hydroformtechnologie reduzierte das Gewicht und die Herstellungskosten deutlich und verbesserte die Festigkeit. Es war typisch Magna: ein besseres Produkt zu einem besseren Preis – eine Kombination, die kaum zu schlagen war.

Während ich die meiste Zeit in Europa mit der Expansion beschäftigt war, blieb Don Walker die ruhige Hand am Lenkrad von Magnas Hauptquartier. Als ich Don das erste Mal in den Achtzigerjahren traf, war er ein junger leitender Angestellter bei General Motors in Kanada, der gerade eine Schlüsselrolle bei der Markteinführung einer neuen Fertigungshalle gespielt hatte. Ich bewunderte seinen unternehmerischen Eifer und bot ihm einen Job bei Magna an mit der Aussicht, dass er es mit der Magna-Kultur weit bringen konnte. 1992 wurde er Präsident von Magna und ein paar Jahre später dann CEO. Don überwachte als CEO eine der dynamischsten Perioden im Wachstum von Magna – die Zeit, in der wir wahrlich ein globaler Konzern wurden.

Wir schlossen das Jahrzehnt und auch unsere Expansion in Europa erfolgreich ab, indem wir eines der ältesten und größten automotiven Ingenieurs- und Fertigungsunternehmen übernahmen. Magna kaufte Steyr-Daimler-Puch, ein Unternehmen mit einer Erfolgsgeschichte, die sich bis in das späte 18. Jahrhundert zurückerstreckte und das außerdem über eine der größten Entwicklungsexpertisen in der Automobilindustrie verfügte. Tatsächlich produzierte und verkaufte Steyr-Daimler-Puch schon im Jahr 1899 Autos, vier Jahre bevor das Unternehmen Ford Motors überhaupt gegründet wurde. Steyr-Daimler-Puch wurde das Kronjuwel der europäischen Magna-Geschäfte.

Mit der Übernahme von Steyr-Daimler-Puch verfügten wir nun über die Erfahrung in der Entwicklung und der Fertigstellung von ganzen Fahrzeugen. Damit hatten wir eine Kompetenz, über die kein anderer Automobilzulieferer auf der ganzen Welt vefügte. Steyr-Daimler-Puch entwickelte und fertigte nicht nur Fahrzeuge in den Grazer Werkshallen, sondern produzierte auch eine Vielzahl von fortgeschrittenen Getriebe- und Motorkomponenten, einschließlich des Allradantriebs.

Zur Zeit der Übernahme fertigte Steyr-Daimler-Puch mehr als 80.000 Fahrzeuge im Jahr und hatte ungefähr 6.000 Mitarbeiter – ungefähr gleich viele wie die gesamte europäische Belegschaft von Magna. Sigi Wolf spielte eine Schlüsselrolle im Erwerb von Steyr-Daimler-Puch und war sehr hilfreich bei der Modernisierung, um das Geschäft noch konkurrenzfähiger zu machen. Natürlich war die Kultur des Fairen Wirtschaftssystems dabei ein wichtiger Baustein.

Am Ende des Jahrzehnts hatten wir erreicht, was ich mir vorgenommen hatte: eine zweite wirtschaftliche Basis am größten Markt der Welt zu schaffen, dort, wo ich geboren wurde und das Werkzeugmachergeschäft gelernt hatte. Ich habe immer schon gesagt: Wenn man nicht wächst, dann stirbt man. Das Unternehmen, das ich gegründet hatte, wuchs immer weiter. Im Jahr 1998 hatten wir weltweit beinahe 50.000 Angestellte und im Forbes Magazine wurden wir »das beste Unternehmen in der Autozulieferindustrie« genannt.

Viele Jahre später wurde meine Tochter Belinda, nachdem sie verschiedene leitende Stellen bei Magna bekleidet hatte, für mehrere Jahre CEO von Magna. Ihre große Stärke war, dass sie Leute zusammenbringen und motivieren konnte, um das gemeinsame Ziel zu erreichen. Das andere Ass in ihrem Ärmel war, dass sie die Magna-Kultur in- und auswendig kannte, sie wurde ihr ja auch praktisch am Küchentisch der Familie eingeflößt. Es waren die goldenen Jahre: Während Belindas Amtszeit als Kopf des Magna-Management-Teams machte das Unternehmen Rekordumsätze und –gewinne.

Wir waren also auf einer absoluten Erfolgsschiene und für die globale Konkurrenz und die damit einhergehenden Herausforderungen richtig positioniert. Herausforderung ist aber vielleicht gar nicht das richtige Wort. Die globale Herausforderung fühlte sich vielmehr an wie ein Sturm, der rütteln und alle kleinen, schwachen und regional positionierten Anbieter rund um die Welt wegblasen würde. Ökonomen, Akademiker und Journalisten nannten es Globalisierung. Von unserer Position aus, in erster Reihe in einem der brutalsten Geschäfte mit der größten Konkurrenz auf der Welt, sah es eher nach einem wirtschaftlichen Krieg aus.

WAS WIR VON FRANK LERNEN KÖNNEN: INVESTIERE IN DIE ZUKUNFT!

Als verantwortungsbewusster Geschäftsmann muss man ständig vorausschauend denken, am besten denkt man gleich an die nächsten 20 Jahre. Das bedeutet, man muss kurzfristige Bedürfnisse und Investitionen in die Zukunft im Gleichgewicht halten. Wenn man nicht in die Zukunft investiert, ist man zum Scheitern verurteilt. Es gibt keine Chance, dass man mit obsoleten Technologien und veralteten Produkten konkurrenzfähig bleiben kann. Letztendlich muss ein erfolgreiches Unternehmen eine Balance zwischen kurzfristigen Bedürfnissen und langfristigen Geschäftsentwicklungen und Investitionen finden.

KAPITEL 14

GELD HAT KEIN ZUHAUSE

»Gute Arbeitsplätze sind das Allerwichtigste in einer Gesellschaft.«

Geld hat kein Herz, keine Seele und keine Heimat – es wird immer den Weg des geringsten Widerstandes nehmen.

Das erklärte ich vor vielen Jahren bei einem Handelskammertreffen in einem großen Saal voller Geschäftsleute und führender Angestellter. Es ist ein Satz, der auch heute noch seine Gültigkeit hat, weil er für mich das Wesen der Globalisierung einfängt, die Kernphilosophie der unerbittlichen Kraft, die ganze Länder und Volkswirtschaften formt.

Die Globalisierung ermöglicht es Unternehmen, in Billiglohnländern zu produzieren und die Produkte in reicheren, höher entwickelten Märkten zu verkaufen. Fakt ist, dass man sich in den meisten dieser Billiglohnländer weniger Gedanken um soziale Fragen und Umweltfragen macht als in den westlichen Ländern. Daher ist es natürlich billiger, dort zu produzieren, und auf kurze Sicht ist das ein Vorteil für westliche Firmen.

Aber auf lange Sicht gesehen wird der Lebensstandard im Westen sinken, wenn wir alles im billigen Ausland produzieren und die Güter dann teuer importieren müssen. Ich mache mir Sorgen über das schnelle Verschwinden der Produktionsstätten im Westen. Mir kommt vor, jedes Mal, wenn ich in Westeuropa und Nordamerika reise, sehe ich weniger Fabriken, dafür aber mehr Warenhäuser. Und man muss kein großartiger Wirtschaftswissenschaftler sein, um zu wissen, warum das so ist: Wir produzieren und exportieren immer weniger, stattdessen importieren wir Unmengen ausländischer Waren aus Billiglohnländern – angefangen bei Kinderspielzeug und Fernsehern bis hin zu Mobiltelefonen und Computern. Man muss nur in einem großen Kaufhaus nachschauen, was eigentlich noch am heimischen Markt hergestellt wird.

Sogar das Obst und Gemüse kommt immer öfter aus anderen Ländern.

Wenn ein Land immer mehr importiert und immer weniger exportiert, ist es nur eine Frage der Zeit, bis sich das wirtschaftliche Geflecht eines Landes auftrennt und der Lebensstandard zu sinken beginnt.

Um unsere Arbeitsplätze zu erhalten und auch neue zu schaffen, muss die Politik Rahmenbedingungen schaffen, die die Wirtschaft ankurbeln. Wir müssen die heimische Produktion anregen, damit wir wieder mehr exportieren können.

Einer der Hauptgründe für den Rückgang der Produktion in Nordamerika und Europa ist das derzeitige Steuersystem, welches in den meisten Ländern keine finanziellen Anreize für Unternehmen liefert im Heimatland, zu investieren. Im Gegenteil – westliche Unternehmen haben finanzielle Vorteile, wenn sie im Ausland investieren. Natürlich lagern sie, um wettbewerbsfähig zu sein, ihre Produktionen in andere Länder aus, die oft niedrigere Sozial-, Umwelt- und Sicherheitsstandards haben. Im Grunde belohnen wir mit unserem Steuersystem Unternehmen, die heimische Arbeitsplätze vernichten.

Das muss sich ändern: Wir brauchen Steueranreize für Unternehmen, im Inland zu investieren. Gleichermaßen sollen Verluste aus Investitionen im Ausland nicht von der heimischen Steuer abgesetzt werden können. Das würde einen gewaltigen wirtschaftlichen Boom auslösen und nur so können wir mit der Konkurrenz, insbesondere aus Asien, mithalten.

Ein anderer Hauptgrund der Deindustrialisierung ist, dass unsere Verwaltungskosten zu hoch sind, das trifft insbesondere auf Europa zu.

Durch die zentralistische Verwaltung der EU, die gemeinsame Währung, die nicht funktionieren kann, und die vielen Vorschriften, die Ungleiches gleich machen wollen, sind die Länder Europas nicht mehr wettbewerbsfähig. Die Verwaltungskosten sind einfach zu hoch. Effizient organisierte, unabhängige Staaten werden immer erfolgreicher sein als jene, die in einem Zwangsverbund von anderen Staaten hinuntergezogen werden. Jedes Jahr dreht sich die Weltwirtschaft schneller und westliche Länder müssen neue und bessere Wege finden, weltweit erfolgreich zu sein. Gute Arbeitsplätze sind das Allerwichtigste in einer Gesellschaft. Und es werden immer die effizientesten Länder mit den geringsten Verwaltungskosten und niedrigsten Steuern sein, die den Löwenanteil der Arbeitsplätze in diesem Jahrhundert bekommen werden.

Ich bin davon überzeugt, dass wir das Wirtschaftswachstum in den westlichen Ländern wieder ankurbeln können, wenn wir die richtigen Rahmenbedingungen schaffen und uns auf die Realwirtschaft konzentrieren. Wir müssen zu unserer Produktionstradition zurückgehen, auf die wir einst so stolz waren. Unsere Wirtschaft wuchs stark, indem wir Produkte herstellten, die man auf der ganzen Welt kaufen wollte. Wir werden nur in der Lage sein, neue Arbeitsplätze für die Zukunft zu schaffen, wenn wir uns wieder auf auf das Herstellen von Produkten konzentrieren – innovative Produkte, die unser Wissen über neue Materialien und Technologien mit unseren hochentwickelten Fähigkeiten im Entwickeln und Designen kombinieren. Ich glaube auch, dass wir bald eine Trendwende und eine neue Ära erreichen, in der Arbeiter – also Menschen, die Dinge bauen und reparieren können – mehr verdienen können als Büroangestellte, die sich mit Papierkram beschäftigen.

Ich kann mich noch gut an die Wirtschafts- und Finanzkrise 2008 erinnern, die die nordamerikanische Automobilindustrie in eine Talfahrt schickte und Chrysler und General Motors dazu zwang, Konkurs anzumelden. Der Umsatz von Magna fiel um 30 Prozent, aber das war nicht die Schuld des Magna-Managements. Wir hatten gesunde Gewinnspannen, starke Umsätze, ungefähr eine Milliarde Dollar auf der Bank – und dann traf uns der wirtschaftliche Tsunami. Es war der schlimmste industrielle Rückgang, den ich je gesehen hatte.

Ich fand es nicht fair, dass unser Management -Team große Einbußen beim Gehalt hinnehmen musste, obwohl es unser Unternehmen so gut geführt hatte. Also verzichtete ich auf meine Gehaltszahlung und meine Bonifikation, sprach aber eine Empfehlung aus, unsere führenden Manager trotz der Krise und der schlechten Zahlen gut zu entlohnen. Ich hatte mir keine Anerkennung oder gar eine Medaille erwartet, als ich in diesem Jahr auf mein Gehalt verzichtete, aber im Jahr zuvor, als die Autoindustrie am Höhepunkt war, hatte ich mehr als 50 Millionen Dollar in Gewinnanteilen bekommen, und die Medien hatten mich dafür hart kritisiert. Nun, im Jahr 2009, als dieselben Wall Street Banker, die die Krise ausgelöst hatten, Bonuszahlungen kassierten, die beinahe eine Milliarde Dollar betrugen, erwähnte keine einzige Zeitung, dass ich auf mein Gehalt verzichtet hatte.

Finanzinstitutionen hatten sich verspielt, als wären sie Casino-Besucher und keine Banken. Bei unserer Jahreshauptversammlung stellte ich die Frage: Wie kann es sein, dass Wall Street mehr Geld pro Jahr verdient, als die Einnahmen der gesamten Fertigungs- und Landwirtschaftsindustrie zusammen ausmachen? Das kann nicht richtig sein.

Die Lebensersparnisse vieler Einzelner lösten sich damals auf, kaum einer konnte die exotischen Finanzinstrumente durchschauen, die die Wall Street in der Hoffnung entwickelt hatte, diese nicht regulierten Produkte würden den Banken noch höhere Gewinne bringen. Die Finanzindustrie der USA war wie das Sesseltanz-Spiel: Als die Musik stoppte, blieben einige Leute stehen und hielten wertlose Papiere in der Hand.

Einer der Gründe für die Krise war die Tatsache, dass wir uns von der Realwirtschaft, wo Produkte hergestellt werden, zu einer Finanzwirtschaft entwickelt hatten – einer Wirtschaft, in der immer mehr Menschen Finanzinstrumente manipulieren und Papiere hin und her schieben. Aber man kann keine Häuser oder Maschinen mit Papier bauen und man kann Papier auch nicht essen.

Wir müssen aufpassen, dass wir unsere Farmen und Fabriken nicht ganz abreißen und am Ende total importabhängig sind. Ein Rückgang unserer Produktionsfähigkeit würde zu einem Rückgang unseres technischen Wissens und unserer Erfahrung führen. Ein starker Produktionssektor ist notwendig für die strategischen Langzeitinteressen der westlichen Länder. Wenn wir das nicht ändern, werden wir eine Reihe von gut bezahlten Jobs verlieren – Jobs die niemals wieder zurückkommen werden. Wir werden einen Rückgang im Export erleiden und damit verbunden wird auch unser Lebensstandard sinken.

Anstatt uns damit zu beschäftigen, wie wir Wohlstand schaffen können, konzentriert sich die Gesellschaft – natürlich gelenkt von der Politik – immer mehr auf die Frage, wie man den ohnehin schwindenden Wohlstand umverteilen könnte. Viele Politiker finden in den Reichen einen willkommenen Sündenbock, schreien nach Reichensteuern und proklamieren die Umverteilung. Was sie aber übersehen, ist, dass es einer Gesellschaft ohne Leistungsträger und ohne die sogenannten Reichen schlechter gehen wird, denn die können einfach auswandern. Wir sollten es umgekehrt machen: Wir brauchen Anreize, um möglichst viele tüchtige Unternehmer und Investoren in unser Land zu locken, damit sie hier gute Arbeitsplätze schaffen. Nur so können wir wieder erfolgreich sein und den Wohlstand in unserer Gesellschaft dauerhaft sichern, vielleicht sogar erhöhen.

Leider verstehen das die meisten Politiker nicht, weil sie zum einen keine Ahnung von der Wirtschaft haben und zum anderen bloß am eigenen Machterhalt interessiert sind. Sie tun alles, um gewählt und wiedergewählt zu werden. Um das zu erreichen, ist es ihnen lieber, anstatt zu sparen notfalls viel Geld zu drucken, um sich Wählerstimmen zu kaufen.

Die Regierungen in der ganzen westlichen Welt drucken also Billionen an Geldscheinen und pumpen diese in die Wirtschaft, um sie über Wasser zu halten. Das Drucken von Geld und Aufbauen von massiven Schulden maskiert freilich nur den wirklichen wirtschaftlichen Niedergang der westlichen Welt. Unsere Kühlschränke sind noch voll, aber unser Lebensstandard, der so hoch erscheint, ist immer mehr auf Schulden aufgebaut.

Bei Magna habe ich vor 20 Jahren am eigenen Leib erfahren, wie destruktiv Schulden sein können. Sie sind eine schleichende Krankheit, die zunächst schmerzlos und sogar lange unsichtbar ist. Aber wenn man die wahre Lage erkennt, ist es meist schon zu spät.

Eine traurige Wahrheit, die uns die Geschichte lehrt, ist, dass Hochkulturen kommen und gehen. Die Welt steht niemals still und Gesellschaften und Kulturen – egal wie großartig oder mächtig – folgen immer der gleichen unaufhaltbaren evolutionären Entwicklung. Wenn sich einmal die wirtschaftlichen Strukturen auflösen, ist der Niedergang der Kultur absehbar.

Ich befürchte, dass wir, wenn wir die Probleme, die zur letzten Krise geführt haben, nicht sofort korrigieren, und, wenn wir unsere kreditfinanzierten Ausgaben nicht radikal kürzen, möglicherweise einem größeren finanziellen Inferno ins Auge sehen müssen.

Es ist, als würden wir eine wilde Party auf einem Boot feiern, die Musik dröhnt und wir tanzen, trinken und lachen an Bord, während wir langsam aber sicher auf den tosenden Wasserfall zutreiben. Wir haben schon aus Erzählungen von dem Wasserfall gehört, aber wir setzen keinen Anker, sondern feiern weiter.

WAS WIR VON FRANK LERNEN KÖNNEN: WOHLSTAND SCHAFFEN!

Man soll nicht mehr ausgeben, als man einnimmt, und man soll seinen Erfolg mit den Mitarbeitern teilen. Wir sollten uns darauf konzentrieren, Wohlstand zu schaffen, anstatt den schwindenden Wohlstand umzuverteilen. Es ist entscheidend, dass wir keine Gesetze einführen, die die kreativen Köpfe des Marktes – nämlich die innovativen Manager, die Unternehmer und Erfinder, die die Motoren des Wohlstands sind – behindern. Wir wollen die besten Manager, Wissenschaftler, Ingenieure und andere kreative Menschen anziehen und damit wettbewerbsfähig bleiben.

KAPITEL 15

WAS IST DAS PROBLEM DER WESTLICHEN INDUSTRIE?

»Man muss seine Mitarbeiter motivieren, damit sie nicht nur hart arbeiten, sondern auch mitdenken und sie denken nur mit, wenn sie mit ganzem Herzen bei der Sache sind. Wenn man die Herzen der Mitarbeiter nicht gewinnen kann, kann man nicht erfolgreich sein.«

Der wirtschaftliche Zusammenbruch begann im Jahr 2008 in den USA, breitete sich über die gesamte Welt aus und traf die Automobilindustrie besonders hart. Der Absturz legte eine Menge Risse frei, die im Verborgenen geblieben waren, als die Zeiten rosig waren und die Autofirmen einen Gewinnrekord nach dem anderen feierten. Meine Analyse in diesem Kapitel bezieht sich auf die Autoindustrie, hat aber selbstverständlich grundsätzliche Gültigkeit für die gesamte westliche Fertigungsindustrie.

Die großen Autofabriken aus dem vorigen Jahrhundert sind richtige Dinosaurier und je früher sich die Industrie von diesem Modell löst, desto besser ist es. Wir müssen damit aufhören, zehntausende Mitarbeiter in große, unpersönliche Fertigungswerke zu stopfen, die zu einem Nährboden für Unzufriedenheit werden. Jeder Mitarbeiter sieht die Welt aus seiner persönlichen Sicht. Aber wenn tausende unter einem Dach arbeiten, ist es schwer, zu kommunizieren und praktisch unmöglich, auf den einzelnen einzugehen. Die Manager und Vorarbeiter können ihre Mitarbeiter kaum kennen. Menschen werden zu Nummern.

Wir müssen kleinere, schlankere, flexiblere Einheiten schaffen mit höchstens einigen hundert Mitarbeitern. Es gibt keinen Grund, warum nicht alle Module eines Autos in kleineren Zubringereinheiten produziert werden können, um dann endgefertigt zu werden. Diese Module – ganze Getriebe und Antriebsstränge, Armaturenbretter und Cockpits – sollten so produziert werden, dass man sie zusammenstecken kann wie Legoteile. Die Autounternehmen entwickeln sich ohnehin in diese Richtung, aber sie müssen das wesentlich schneller machen.

Zweitens müssen wir ein neues Modell der Zusammenarbeit zwischen Management und Belegschaft entwickeln, damit die Wettbewerbsfähigkeit der Industrie verbessert wird. Wir müssen erkennen, dass wir zusammenarbeiten müssen und nicht gegeneinander.

Des Weiteren brauchen wir ein besseres Modell, um Mitarbeiter gerecht zu entlohnen. Was bei Magna funktionierte – den Mitarbeitern einen Teil des Gewinns zu geben – könnte für unsere gesamte Wirtschaft Wunder wirken.

Im Jahr 2009, als man noch den Schock der wirtschaftlichen Krise rund um die Welt spüren konnte, war Magna ganz nahe daran, Opel zu kaufen. Der Kauf hätte uns eine Möglichkeit gegeben, unsere Prinzipien des Fairen Wirtschaftssystems an die Fließbänder der Autoherstellung zu bringen und größeren Einfluss auf den Prozess zu bekommen, wie Autos gemacht werden. Als GM in Richtung Konkurs wankte, sah es beinahe danach aus, als müsste deren europäisches Tochterwerk, die Adam Opel AG, nach mehr als einem Jahrhundert Automobilproduktion seine Tore schließen. 30.000 Arbeitsplätze standen auf dem Spiel. Wir wurden sowohl vom Chef der Gewerkschaft der Automobilindustrie als auch von General Motors und der deutschen Regierung an den Verhandlungstisch gebeten. Aber Magna hatte kein Interesse, Opel vollständig zu übernehmen. Wir suchten nur nach einem Weg, einen unserer europäischen Kunden über Wasser zu halten und vielleicht sogar seine Marktanteile außerhalb der Grenzen der Europäischen Union zu vergrößern.

Ich glaubte, eine Partnerschaft mit einer russischen Autofirma wäre eine Lösung gewesen, die für alle Beteiligten gut gewesen wäre, sozusagen eine Win-win-win-Situation. Russische Konsumenten haben zum Teil große Kaufkraft und einen wachsenden Hunger auf qualitativ hochwertige Autos. Wir hätten die Produktions- und

Entwicklungskosten auf ein größeres Volumen aufteilen und somit die Kosten pro Stück senken können. Es wäre gut für Opel, gut für General Motors, gut für die russische Automobilindustrie und gut für Magna gewesen. Aber als GM Milliarden an Rettungsgeldern von der US-amerikanischen Regierung einsteckte, entschieden sie, Opel zu behalten. Und seit ich im Geschäft bin, gilt die eiserne Regel: Der Kunde hat immer Recht.

Die Automobilindustrie und eigentlich die gesamte fertigende Industrie im Westen ist jetzt an einer Kreuzung angekommen. Gewerkschaften müssen sich ändern und auch die Geschäftsphilosophie muss sich ändern. Letztendlich wollen wir alle dasselbe: wettbewerbsfähig sein und damit Arbeitsplätze und Wohlstand in der Gesellschaft erhalten.

Ich habe ein faires Rahmenkonzept entwickelt, wie Unternehmen und Belegschaft zueinander stehen können – es ist ein wirtschaftliches und faires Konzept basierend auf sozialökonomischer Gerechtigkeit, welches sowohl die Rechte der Gewerkschaft als auch die Rechte der Firmen anerkennt, während gleichzeitig ein Umfeld geschaffen wird, das Produktivität fördert und belohnt. Es ist ein kleiner erster Schritt – aber ich glaube, dass basierend auf diesem Grundgedanken etwas entstehen kann, wovon die gesamte Industrie profitieren könnte.

Industrie, Belegschaft und Regierungen müssen eine neue gemeinsame Geschäftsphilosophie für das 21. Jahrhundert entwickeln – eine, die nicht nur die Arbeitsplätze in der westlichen Welt vor dem Verschwinden bewahrt, sondern auch der fertigenden Industrie und damit der Realwirtschaft wieder zu alter Stärke verhilft. Mit dem richtigen wirtschaftlichen Umfeld, dem richtigen Plan und den richtigen Anreizen können wir wieder global konkurrenzfähig werden.

WAS WIR VON FRANK LERNEN KÖNNEN: SORGE FÜR FAIRNESS AN DEINEM ARBEITSPLATZ!

Wenn Leute unfair behandelt oder diskriminiert werden, werden sie unzufrieden und Unzufriedenheit ist ansteckend. Es ist wichtig, dass man ein Umfeld pflegt, in dem man mit seinen Mitarbeitern alle Probleme diskutieren und lösen kann. Wenn Eigentümer, Manager und Mitarbeiter gemeinsam an einem Strang ziehen, gewinnen alle.

KAPITEL 16

DER SOHN EINES GEWERKSCHAFTSAKTIVISTEN

»Gute Unternehmen diskriminieren nicht.«

Gegen Ende des Zweiten Weltkriegs wurde mein Vater, Anton Adelmann, ein stolzer Führer der Arbeiteraktivisten, von der deutschen Armee einberufen und diente in der Infanterie an der russischen Front. Er war im Herzen ein richtiger Kommunist und verabscheute die Nazis. Er sympathisierte mit den Russen. Ich glaube, die schrecklichen Jahre des Hungers während der Depression und des Krieges waren der Grund dafür, warum sich manche Menschen dem Kommunismus mit seinen Versprechungen der klassenlosen Gesellschaft und der Gerechtigkeit für die Arbeiter zuwandten. Als alles vorbei war, erzählte mein Vater mir viele Kriegsgeschichten, von Gräueln, die ihm angetan wurden, und von Begegnungen mit dem Tod.

Er war Zeit seines Lebens Fabrikarbeiter und kämpfte für bessere Arbeitsbedingungen und bessere Löhne für die Arbeiter. Er wurde für seine Überzeugungen eingesperrt und geschlagen. Ich habe das damals als junger Bub nicht so verstanden, aber wenn ich jetzt zurückblicke, glaube ich, dass er ein Mann mit Überzeugung und Courage war. Er kämpfte für die Menschenwürde, für das Recht der Arbeiter, fair und mit Respekt behandelt zu werden. Eine Geschichte, die mir mein Vater erzählte – eine, die ihn sein gesamtes Leben lang prägte – handelte von der Zeit, in der er an Türen klopfte und Arbeit für Essen anbot. Ein Bauer gab ihm ein paar Hausarbeiten zu erledigen und als mein Vater diese Arbeiten erledigt hatte, sagte der Bauer zu seiner Frau: »Gib das Essen nicht auf einen Teller. Gib es in eine Hundeschüssel.«

Kurz bevor mein Vater starb, besuchte er mich in Toronto. Das war um 1965. Meine Firma hatte sich gut entwickelt. Ich nahm meinen Vater zu einigen unserer Fabriken mit und zeigte ihm Pläne von neuen Werken, die wir bauen wollten. Ich glaube, er war stolz darauf, was sein Sohn geschaffen hatte, und wenn er noch am Leben wäre, wäre er auch stolz auf die Mitarbeiter-Charta und andere Mitarbeiterprogramme, die ich entwickelt habe. Er war ein richtiger kommunistischer Hardliner, ein Marxist durch und durch, aber ich meine, ich habe sein Denken doch etwas angeregt. Ich glaube sogar, am Schluss hat seine kommunistische Überzeugung etwas gewackelt.

Ich habe nie bestritten, dass die alten Gewerkschaften vor allem im Zeitalter der Industrialisierung eine sehr wichtige Rolle gespielt haben. Sie halfen dabei, mehr Sicherheit und Würde am Arbeitsplatz zu schaffen. Die Gewerkschaftsführer der alten Schule, die für diese Rechte gekämpft hatten, die eingesperrt, geschlagen und manchmal sogar umgebracht wurden, waren wahre Helden. Heute allerdings stimme ich mit den Philosophien und dem Verhalten der Gewerkschaften meist nicht überein. Oft wiegeln sie die Mitarbeiter gegen das Unternehmen auf und wollen daraus Profit schlagen.

So wie ich das sehe, sind viele der heutigen Gewerkschaften in erster Linie politische Organisationen. Oft machen sie jede Menge Versprechungen wie über höhere Löhne und garantierte Arbeitsplatzsicherheit. Aber die Wahrheit ist, dass keine Gewerkschaft, kein Unternehmen und keine Regierung Arbeitsplätze garantieren kann. Wir müssen verstehen: Die beste Garantie für Arbeitsplätze gibt es, wenn man ein faires Arbeitsumfeld hat, das es ermöglicht, qualitativ hochwertige Produkte zu wettbewerbsfähigen Preisen zu produzieren.

In den frühen 1970er-Jahren organisierte sich eine unserer Fabriken im Osten von Toronto gewerkschaftlich. Wir hatten dort ein schlechtes Management, es gab Freunderlwirtschaft und die Mitarbeiter waren frustriert. Als sie sahen, dass nichts getan wurde, beschlossen sie, sich einer Gewerkschaft anzuschließen und kurz darauf streikten sie. Wir sagten ihnen: »Wenn ihr wieder arbeiten wollt, dann müsst ihr euch entscheiden: Entweder seid ihr für Magna oder für die Gewerkschaft.« Wir lösten viele der Probleme und befreiten die Fabrik von den Belastungen, die das schlechte Management hinterlassen hatte. Als sich die Mitarbeiter entschlossen hatten, den Streik aufzugeben, versicherten wir ihnen, dass keiner bestraft werden würde. Ich hatte vollstes Verständnis für ihr Handeln.

Von Zeit zu Zeit wirft man mir unfairerweise vor, dass ich die Gewerkschaften abschaffen will. Das stimmt so nicht. Im Gegenteil – ich habe immer gesehen, wie wichtig es ist, dass die Mitarbeiter eine Vertretung haben. Tatsächlich haben wir in den letzten 50 Jahren bei Magna hart daran gearbeitet, Arbeitsplätze zu sichern und die Löhne und Arbeitsbedingungen der Mitarbeiter laufend zu verbessern. Wichtig ist aber, dass die Gewerkschaften sich aus der Unternehmensführung raushalten. Mit anderen Worten: Das Management muss das Recht haben, zu managen. Wenn das Management in den Schlüsselfragen nicht das Sagen hat, werden die Eigentümer möglicherweise die Schlüssel der Firma an die Gewerkschaft weitergeben, damit diese das Unternehmen führt, und das funktioniert garantiert nicht.

Bei Magna haben wir Programme geschaffen, die die Rechte der Mitarbeiter schützen – angefangen bei der Aufteilung des Gewinns bis hin zur Mitarbeiter-Charta, die wettbewerbsfähige Löhne, sichere, gesunde Arbeitsplätze und faire Behandlung sichert. Ich bin davon überzeugt, dass diese Prinzipien unsere Mitarbeiter auf lange Sicht weiter bringen als die oft feindseligen Philosophien der heutigen Gewerkschaften.

Ich setze auf das System der Vertrauenspersonen: Diese Vertrauenspersonen werden von den Kollegen und nicht vom Management gewählt und können nur durch eine geheime Abstimmung der Mitarbeiter abgesetzt werden. Mitarbeiter wissen, was richtig und fair ist, sie brauchen keine Bevormundung.

Ich glaube, dass viele Unternehmen gut beraten wären, ihr System der Mitarbeitervertretung zu verbessern. Dazu muss sich die Einstellung der Unternehmer ändern und auch die Regierungen müssen sich ändern. Wir müssen alle zusammenarbeiten, um wettbewerbsfähig zu bleiben: Unternehmer, Manager, Mitarbeiter und die Regierung. Ich glaube, es gibt eine grundsätzliche Einigkeit darüber, dass die Zeit der Konfrontation und der feindseligen Einstellung zwischen Unternehmen und der Belegschaft vorbei sein soll.

Vielmehr sollte klar sein, dass wir gemeinsam stärker sind, und es nur in guter Zusammenarbeit gelingen kann, gut zu wirtschaften und Gewinn zu machen. Die Aufgabe einer jeden Firma ist nämlich, Gewinn zu machen. Eine Firma, die keinen Gewinn macht, ist eine Last für die Gesellschaft. Ohne Gewinn kann ein Unternehmen keine Arbeitsplätze anbieten, nicht in Maschinen und Gebäude investieren, keine Steuern zahlen oder für soziale und karitative Zwecke spenden – dies sind alles Aktivitäten, von denen die Wirtschaft und die Gesellschaft profitieren. Letztendlich sitzen wir alle im selben Boot.

WAS WIR VON FRANK LERNEN KÖNNEN: ZUSAMMENARBEITEN UND WETTBEWERBSFÄHIG BLEIBEN!

Gewerkschaften müssen sich ändern, Unternehmer müssen sich ändern und auch die Regierungen müssen sich ändern. Wir müssen alle zusammenarbeiten, um wettbewerbsfähig zu bleiben.

KAPITEL 17

ZU VIELE POLITIKER, ZU VIELE GESETZE UND ZU VIEL VERWALTUNG

»Wenn die Verwaltungskosten zu hoch sind, können die Arbeiter noch so fleißig sein, die Firma wird keinen Gewinn machen. Das gleiche gilt auch für ein Land.«

Als ich als junger Bursche den Entschluss gefasst hatte auszuwandern, schickte ich meine Bewerbung nach Südafrika, nach Australien, in die USA und nach Kanada. Kanada war das erste Land, das mir ein Visum gab, also ging ich nach Kanada.

Manchmal beklage ich mich über die Bürokratie in Kanada, aber immerhin waren die kanadischen Bürokraten die ersten, die mir ein Visum genehmigt hatten, also finde ich noch immer, dass die kanadischen Bürokraten die besten sind.

Vor ungefähr zehn Jahren suchte ich darum an, in Niederösterreich eine »Weltkugel« zu bauen. Das Projekt hätte eine Investition von 500 Millionen Euro bedeutet und ungefähr 4.000 Arbeitsplätze geschaffen. Die Gespräche rund um den Genehmigungsprozess dauerten jedoch ewig und kosteten viel Zeit und Geld. Der niederösterreichische Landeshauptmann sagte mir zuerst, er freue sich, dass ich die Weltkugel in Niederösterreich bauen wolle, doch bald kamen ein paar grüne Aktivisten und protestierten. Und schließlich sagte mir der gleiche Landeshauptmann Pröll, die Weltkugel sei ein großer Blödsinn. Es hat mir sehr leid getan, ich hätte das Projekt gerne verwirklicht. Schade um das Projekt und vor allem schade um die 4.000 Arbeitsplätze. In Österreich wird oft zu viel Energie dafür verschwendet, etwas zu verhindern, anstatt diese Energie dafür zu nutzen, etwas aufzubauen.

Das funktioniert in den USA viel besser. Dort sind die Menschen in der Regel unternehmerischer und haben verstanden, dass es gut für die gesamte Gesellschaft ist, wenn man Investoren anziehen kann. Manche Gemeinden mit einer hohen Arbeitslosigkeit geben Investoren üblicherweise einen guten Preis für industrielle Grundstücke und stellen Steuervorteile in Aussicht, wenn man dort ein Projekt verwirklicht. Wir haben nie um Steuervorteile oder irgendwelche speziellen Begünstigungen gebeten – wir haben nicht mal darum ersucht, den Bewilligungsprozess zu beschleunigen. Aber es war deutlich spürbar, dass sich die US-Amerikaner sehr bemühten, einen attraktiven Standort zu bieten. Man hat das Gefühl, wenn in den USA eine neue Firma in eine Stadt kommt, rollen sie den roten Teppich aus, in Österreich holen sie eher den Amtsschimmel heraus.

Im globalen Wettbewerb müssen nicht nur die Unternehmen ständig effizienter werden, auch Länder müssen effizienter werden. In Österreich haben wir eindeutig zu viel Verwaltung und für deren Kosten zahlen wir mit hohen Steuersätzen. Das macht uns in globaler Sicht immer weniger wettbewerbsfähig.

Ich habe oft gesagt, dass es bei einer Firma egal ist, wie fleißig die Mitarbeiter am Fließband sind, wenn es nach oben hin zu viel Verwaltung gibt. Das Unternehmen kann ganz einfach nicht wettbewerbsfähig sein. Das gleiche gilt auch für ein Land.

Insbesondere für Österreich: Wir sind überverwaltet, überreguliert und überbesteuert.

Je mehr Bürokraten arbeiten, desto mehr Bürokratie schaffen sie dabei. Verwaltung erzeugt immer neuen Bedarf an noch mehr Verwaltung und es entsteht eine Art Selbstbeschäftigungskreislauf. In Österreich ist dies besonders ausgeprägt. Das ist aber nicht die Schuld der Staatsbediensteten, sondern die Schuld der Regierung.

Es gab und gibt Politiker, die durch ihre Unfähigkeit bürokratische Strukturen geschaffen haben, die uns in sehr große Schwierigkeiten bringen werden. Wir haben zu viele Politiker. Diese machen zu viele und zu komplizierte Gesetze, die verwaltet werden müssen. Wir müssen die Anzahl der Mandatare auf allen Ebenen reduzieren, wir müssen unzeitgemäße, sinnlose und überflüssige Gesetze und Regeln außer Kraft setzen, die restlichen

Gesetze und Regeln vereinfachen und die Verwaltungskosten auf eine zivilisierte Art und Weise abbauen!

Ein gravierendes Problem ist, dass wir aus den Augen verloren haben, dass der Staat eigentlich nur bestimmte Aufgaben hat, die er effizient für die Gesellschaft zu erfüllen hat. Wir haben ein zu starkes Anspruchsdenken gegenüber der öffentlichen Hand entwickelt und bei vielen Problemen rufen wir sofort nach dem Staat als Problemlöser.

Was wir dabei vergessen: Der Staat kann uns nichts geben, was er uns nicht vorher weggenommen hat. Und in diesem Prozess wird ein großer Teil dieses Geldes verschwendet.

Man darf freilich die Menschen, die Arbeit beim Staat gefunden haben, keinesfalls bestrafen, im Gegenteil: Beamten und Staatsbediensteten könnte man zum Beispiel anbieten, dass sie vom Dienst freigestellt werden, aber im ersten Jahr gleich weiter bezahlt werden. Ab dann bekommen sie jedes Jahr fünf Prozent weniger und sollten sie Arbeit in der Privatwirtschaft finden, könnte man ihnen einen Bonus auszahlen.

Ich glaube auch, dass viel Geld eingespart werden könnte, indem man die Zwangsmitgliedschaft der Kammern abschafft: Viele Unternehmer beklagen, dass der erste Brief, den sie in der Post bekommen, die Rechnung für den verpflichtenden Wirtschaftskammerbeitrag ist. Bei der Arbeiterkammer wird der Pflichtmitgliedschaftsbeitrag dem Arbeitnehmer einfach vom Gehalt abgezogen. Auch in der Landwirtschaftskammer sind alle selbstständigen Bauern kraft Gesetz Mitglieder, sogar deren Familienmitglieder. In einer Demokratie sollte jedoch jeder Mensch selbst entscheiden können, ob er gerne bei einem Verein dabei wäre oder nicht.

WAS WIR VON FRANK LERNEN KÖNNEN: MEHR EIGENVERANTWORTUNG, WENIGER ABHÄNGIGKEIT VOM STAAT!

Der Staat kann uns nichts geben, was er nicht vorher genommen hat. Und obendrein wird ein großer Teil dieses Geldes in der Zeit, wo es von uns in Form von Steuern weggenommen und dann wieder ausgegeben wird, verschwendet.

KAPITEL 18

AUSBILDUNG DER WERKZEUGMACHER UND PRODUKTERFINDER VON MORGEN

»Innovationen kommen oft nicht von Vorstandsvorsitzenden, sondern von ganz unten – aus den Fabrikhallen, von den Fließbandarbeitern, den Leuten, die den Kunden am nächsten sind.«

Als ich das Zeugnis für meinen Hauptschulabschluss erhielt, hätte ich mir niemals vorstellen können, dass eines Tages ein Universitätsinstitut nach mir benannt wird.

Das Stronach Institut der Universität Graz wurde im Winter 2004 eröffnet, beim Galaabend war die politische, wirtschaftliche und akademische Elite Österreichs anwesend.

Ich hatte drei neue Lehrstühle an der Universität Graz finanziert, um mit einem hochspezialisierten Fokus auf Produkt-Engineering eine neue Generation von Technikern auszubilden.

Meine eigene technische Ausbildung begann an einem Herbsttag, als ich gerade 14 Jahre alt geworden war. Meine Mutter hatte mich an der Hand genommen, um mich dem Vorarbeiter der Elin-Fabrik in meiner Heimatstadt Weiz vorzustellen. Ich war sicher schon hunderte Male an der Fabrik vorbeigegangen und hatte mit großen Augen an den mächtigen Schornsteinen entlang emporgeblickt.

Meine Mutter und hunderte andere Menschen aus Weiz und Umgebung arbeiteten dort und stellten elektrische Motoren und andere Industrieprodukte her. Ich kann mich gut daran erinnern, mit meiner Mutter zwischen den anderen Arbeitern in der kalten Morgenluft gestanden zu haben, während wir alle darauf warteten, dass sich die großen Werkstore öffneten und die Morgenschicht eingeläutet wurde.

Meine Mutter war eine sehr pragmatisch denkende Frau mit einem eisernen Willen. Sie fragte den Vorarbeiter, ob er mich als

Lehrling zum Werkzeugmacher aufnehmen würde. Sie war davon überzeugt, dass man als Werkzeugmacher alles lernen würde, was es braucht, um später einmal ein Dach über dem Kopf zu haben und eine Familie zu erhalten. Es gab hunderte von Bewerbern und nur 30 Lehrlinge wurden aufgenommen. Ich war einer von ihnen. Als wir an meinem ersten Arbeitstag in aller Früh das Haus verließen, sagte meine Mutter zu mir: »Arbeite fleißig und höre gut zu. Sei aufmerksam. Ich möchte keine schlechten Sachen über dich hören.«

Ich war noch nicht groß genug, also musste ich auf einer Holzkiste stehen, um den Griff des Schraubstocks auf der Werkbank zu erreichen. Jeder Lehrling bekam einen Block Stahl und unsere erste Aufgabe war, einen circa 20 Zentimeter großen Würfel herauszuschneiden. Wir mussten den Stahlblock zu zweit anheben, um ihn zwischen die Platten des Schraubstocks zu klemmen. Wir arbeiteten mit einer Metallsäge und es kam uns vor, als würde es Jahre dauern, bis sich aus diesem kalten, harten Block Stahl endlich die Form eines Würfels abzeichnete. Es dauerte ganze eineinhalb Wochen, bis ich das erste Stück abgeschnitten hatte. Ich war unter den Ersten, die die Aufgabe bewältigten. Meine Handflächen waren danach ganz aufgerissen und voller blutiger Blasen.

Den Stahlklotz zu einem perfekten Quadrat zu feilen, war eine aufreibende und anspruchsvolle Arbeit, die beinahe drei Wochen in Anspruch nahm. Tag ein, Tag aus nur feilen, messen und wieder feilen.

Manche Lehrlinge nahmen ihre Aufgabe nicht ernst genug. Es dauerte nicht lange und sie wurden nach Hause geschickt. Vor der Tür warteten viele andere Teenager, die dankbar waren, eine Chance zu bekommen. Unser Aufseher war ziemlich streng – er hatte immerhin 30 junge Burschen gleichzeitig zu betreuen. Wir waren eine ziemlich lebhafte Gruppe, aber die strengen Blicke des Aufsehers ließen keinen Zweifel aufkommen: Übermut wurde hier nicht geduldet.

Als wir mit unserem Würfel endlich fertig waren, bekamen wir die nächste Aufgabe. Wir mussten einen Vierkant formen, in welchen der Würfel hineinpasste. Wir feilten und feilten und feilten. Es dauerte drei lange und qualvolle Monate, bis wir diesen Vierkant hergestellt hatten. Zuweilen hinterfragten wir die Sinnhaftigkeit der Aufgaben, aber natürlich konnte man 14-jährige Kinder, die noch ganz grün hinter den Ohren waren, nicht an die großen Maschinen in der Werkshalle lassen. Als wir die Aufgabe gemeistert hatten, kontrollierte der Aufseher den Block und den Vierkant. Er steckte den Würfel in den Vierkant und hielt ihn gegen das einströmende Licht, das durch die großen Fenster der Fabrik fiel. Um zu bestehen, durfte kein Tageslicht zwischen dem Würfel und dem Vierkant zu sehen sein. Es musste perfekt passen. Ich bin nicht sehr nostalgisch veranlagt, aber diesen Block von damals hätte ich doch gerne als Andenken. Er würde einen schönen Briefbeschwerer abgeben.

Nach dieser ersten Hürde wurden die Aufgaben immer schwieriger. Wir mussten einen Hammer mit einem Holzstiel fertigen. Dann einen spitzen, runden Meißel, um abmessen zu können, wo man Löcher bohren musste. Dann Scheren. Eigentlich haben wir das ganze Werkzeug, das wir während unserer Ausbildung benötigten, selbst hergestellt. Und wir lernten auch, Metall zu formen.

Ich begann jeden Morgen um genau 6:00 Uhr. Ich musste ungefähr 20 Minuten von meinem Zuhause am Stadtrand zur Fabrik gehen. Nach meinem zweiten Ausbildungsjahr hatte ich endlich genug Geld für ein Fahrrad gespart. Wir aßen meistens gleich an unserer Werkbank zu Mittag – und wir sprachen über alles, was junge Burschen in diesem Alter interessierte: Mädchen, Sport, Musik und Filme – vor allem Filme aus Amerika, die riesige Wolkenkratzer zeigten und die eine ansteckende und positive Energie vermittelten.

Schon nach den ersten paar Monaten bekamen wir ein Gefühl für die Materialien, mit denen wir arbeiteten und auch für die Werkzeuge. Wenn sich unsere Finger um die Stiele schlossen, wurden die Werkzeuge beinahe so etwas wie Verlängerungen unserer Arme aus Holz und Stahl. Wir wurden richtige Werkzeugmacher, Bildhauer für Stahl.

Die Österreicher waren in ganz Europa als gute Werkzeugmacher bekannt. Große Teile des Landes waren mit großen Eisenvorkommen gesegnet und bis zurück ins Mittelalter hatte Österreich immer viele Schmieden und Eisenschmelzen gehabt, in denen Eisen verarbeitet wurde. Das Land hatte über Jahrhunderte hinweg eine Tradition und eine Kultur des Werkzeugmachens entwickelt. Damit einhergegangen war ein Bildungssystem, das auf das Erlernen technischer Fähigkeiten ausgerichtet war. Also eigentlich nicht überraschend, dass Österreich über die Jahre hinweg herausragende Werkzeugmacher und Techniker hervorgebracht hat.

Um alles kennenzulernen und die Zusammenhänge besser zu verstehen, wurden wir während der Lehre in verschiedenen Bereichen der Fabrik eingesetzt. Ich weiß noch gut, wie ich im zweiten Lehrjahr in der Schmiede arbeitete. Ich hämmerte an einem Stück heißen Stahl, den ich immer wieder bearbeiten musste, um es richtig hinzubekommen. Einmal fiel es mir aus der Zange und ich wollte keinesfalls, dass es auf den Zementboden fiel und sich verbog oder verzog. Instinktiv griff ich nach unten und umfasste es mit meinen Fingern, bevor es am Boden aufschlug. Ich wurde schwer verbrannt, also gab ich Fett auf meine Hand, wickelte ein paar Tücher herum und arbeitete weiter.

Die älteren Arbeiter nahmen mich unter ihre Fittiche und es gefiel mir sehr gut in der Arbeit: Ich mochte die interessanten Aufgaben, den Arbeitsrhythmus und die Kameradschaft mit den Arbeitskollegen. Und das schönste war für mich immer das Erfolgserlebnis, wenn ich ein hochwertiges Werkzeug hergestellt hatte.

In meinem zweiten Jahr bei der Elin stieg ich ins Fußballteam ein. Ich war Mittelfeldspieler und wir spielten gegen andere steirische Teams. Wir waren gute Freunde in der Mannschaft geworden. Nach der Arbeit trainierten wir und am Wochenende spielten wir Turniere. Am Tag vor einem wichtigen Spiel entglitt mir ein Werkzeug und ein scharfes Stück Metall bohrte sich durch meinen Zeigefinger. Ich hob meine Hand und schaute durch das Loch in meinem Finger. Ich wusste, wenn ich der Firmenkrankenschwester von meinem Unfall berichtete, würde ich am Abend beim großen Spiel nicht mitspielen können. Also steckte ich meinen Finger ein paar Mal in ein Glas voll Jod, wickelte einen sauberen Lappen herum und arbeitete weiter. Ich kam rechtzeitig zum Aufwärmen und meine blutige, einbandagierte Hand pochte vor Schmerzen. Wenn ich daran zurückdenke, war es wohl ein klares Zeichen für meinen starken Willen, der in mir brannte. Ich glaube, dass ich meinen starken Willen bis heute behalten habe.

Meine Lehre dauerte dreieinhalb Jahre, dann war ich ein ausgebildeter Werkzeugmacher. Werkzeugmacher genossen den höchsten Status bei der Elin, es war auch die schwerste Ausbildung. Meine Mutter war unglaublich glücklich. Ich war selbst sehr stolz und freute mich darauf, gutes Geld zu verdienen. Die Werkzeugmacher verdienten am meisten in der Fabrik und ich fand die Arbeit sehr interessant und abwechslungsreich.

Ich blieb ein weiteres Jahr und musste endlich meine Mutter nicht mehr darum anbetteln, ein paar Schilling zu bekommen, um ins Kino zu gehen oder ein Eis zu kaufen. Im Gegenteil: Ich behielt ungefähr ein Drittel von meinem Lohn und gab den Rest meiner Mutter.

Ich hatte Filme über Amerika gesehen und sehnte mich danach, mehr von der Welt kennenzulernen. Viele Österreicher kamen regelmäßig aus der Schweiz nach Hause, wo es jede Menge Arbeit gab und die Löhne ungefähr drei- bis viermal so hoch waren wie bei uns. Ich bewarb mich für einen Job in Bern und schon bald bekam ich die Antwort per Post, dass sie mich anstellen würden. Ich packte meine Sachen und machte mich bereit für die Abreise. Das war im Jahr 1950. Am Bahnhof sagte meine Mutter zum Abschied zu mir: »Arbeite hart, spare dein Geld und pass auf dich auf!«

In Bern arbeitete ich für die Firma Hasler, die elektronische Geräte und kleine Instrumente herstellte. Als ich ankam, stichelten einige der Männer gegen mich und nannten mich einen groben Maschinenschlosser, weil ich noch nie so eine feine, akribische Arbeit gemacht hatte. Der Vorarbeiter sagte zu mir: »Junger Mann, du musst noch immer viel lernen. Deine Arbeit muss viel präziser werden.«

Eine meiner ersten Aufgaben bei Hasler war, sogenannte Mikrokomponenten für eine genaue Messuhr herzustellen. Ich musste Kreise in der Größe einer Bleistiftspitze in ein Stück Stahl stanzen. Und innerhalb des Kreises musste ich ein Loch bohren, das ungefähr den Durchmesser eines menschlichen Haares hatte. Das war eine ganz schöne Herausforderung und eine harte Schule für mich.

Als ich meinen ersten Gehaltscheck bekommen hatte, spazierte ich die elegante Hauptstraße von Bern hinauf auf der Suche nach einem feinen Restaurant. Ich bestellte ein Kalbsgericht und es kam auf einem silbernen Teller. Ich begann, das Fleisch mit meinem Messer am Silberteller zu schneiden, als die Kellnerin zu mir kam und mir zuflüsterte, dass man das Fleisch zum Schneiden vom Silberteller auf den eigenen Teller legen sollte. Ich war ein bisschen peinlich berührt, aber ich erkannte gleichzeitig, dass ich in eine neue Welt gekommen war. Ich begann von nun an, auf die kleinen Dinge zu achten: wie man sitzen sollte, wie man ein Messer hält, wo man die Serviette beim Abendessen hinlegt. Als die Rechnung für mein Essen kam, fragte ich die Kellnerin, ob sie am Abend schon etwas vorhatte. Sie lächelte mich an und wir gingen aus.

Ich war ungefähr eineinhalb Jahre in der Schweiz und spielte für eines der Spitzenteams der Stadt Fußball. Es war ein sorgenfreies Leben. Ich war 20 Jahre alt, arbeitete sehr fleißig und hatte viel Spaß.

Eines Tages bekam ich ein interessantes Angebot als Vorarbeiter in Weiz. Ich zog nach Weiz zurück und arbeitete dort für ungefähr ein Jahr. Der Vorarbeiterjob war ein riesiger Schritt nach oben – und er wurde noch besser bezahlt. Auf einmal kam mir die Stadt aber ziemlich klein vor. Im Vergleich dazu war Bern eine weltoffene, internationale Stadt, mit Botschaften und stilvollen, niveauvollen Leuten aus der ganzen Welt – Leuten, die in Südafrika, Australien, den USA und Kanada gewesen waren.

Diese Länder waren damals besonders offen für Einwanderer aus Europa, insbesondere aus Deutschland und Österreich. Wir hatten die besten technisch ausgebildeten Fachkräfte. In den frühen Jahren stellte auch die Magna in Nordamerika viele technisch hochbegabte Menschen aus Europa ein. Und als die Welle der Immigranten abschwächte und Magna begann, neue Werke in der ganzen Welt zu eröffnen, erkannten wir, dass wir ein eigenes Trainingszentrum brauchten.

In den 1980er-Jahren gründeten wir deshalb unser erstes Trainingszentrum, um Facharbeiter auszubilden, die wir in den folgenden Jahren brauchen würden. Unglücklicherweise mussten wir dieses Vorzeigezentrum in den frühen 1990er-Jahren schließen, als Magna von der schuldenfinanzierten Finanzkrise gebeutelt wurde und restrukturiert werden musste.

Als wir Ende des Jahrzehnts unsere Füße wieder fest am Boden hatten, eröffneten wir das neue Magna Technical Training Center. Studenten lernten nicht nur die Theorie, sondern sammelten praktische Erfahrung in den Werken, wo sie ein Gefühl für die komplexen Abläufe bekamen.

Unsere besten Werksleiter sind alle Techniker mit großen technischen Fähigkeiten und einem guten Verständnis für Prozesse. Sie alle lernten das Handwerk von Grund auf, so wie ich und andere Gruppenpräsidenten und CEOs von Magna. Sie sind alle einmal am Fließband gestanden und hatten sich hochgearbeitet.

Ich bin also schon vor einigen Jahrzehnten zu der Erkenntnis gelangt, dass wir nicht auf das Bildungssystem in Kanada und den USA vertrauen dürfen, wenn es darum geht, qualifizierte Facharbeiter zu finden. Da waren wir auf uns alleine gestellt. Das ist schade, weil ich glaube, dass unsere höheren Ausbildungsstätten den Fokus eher darauf legen sollten, den jungen Leuten Fähigkeiten und Wissen zu vermitteln, die sie brauchen, um neue innovative Produkte und Technologien zu entwickeln. Die Fähigkeiten also, die man braucht, um ein erfolgreiches Geschäft aufbauen zu können. Die technische Ausbildung in Österreich ist noch sehr gut, aber leider gibt es immer weniger junge Menschen, die sich für Technik interessieren. Dafür gibt es immer mehr Studenten der Geisteswissenschaften, die später dann aber kaum Arbeit finden und Taxifahrer werden.

Viele unserer Universitäten und Fachhochschulen sind mental zu weit weg von der realen Lage auf dem Markt und der Weltwirtschaft.

Ich glaube, eine Lösung wäre, dass man kleinere, spezialisierte Universitäten als Modell der Zusammenarbeit zwischen privaten und öffentlichen Institutionen erschafft. Vor einigen Jahren haben wir in Kanada das Stronach Center for Innovation geschaffen – ein Zentrum, welches die Mitarbeit von Magna, der Regierung, acht Universitäten, vier Colleges und einem öffentlich-privaten Forschungs- und Entwicklungszentrum bündelt. Gemeinsam haben wir die erste kombinierte Initiative für Innovationen, Training, Produktion und Vermarktung in Nordamerika gegründet – eine Universität, die kleiner, agiler und fokussierter ist, so wie wir sie in der heutigen Weltwirtschaft brauchen. Das Zentrum arbeitet im Moment an einer Vermarktungsstrategie für grüne Technologien, für elektrische Energie und an neuen Materialien für die Automobilindustrie.

In Graz habe ich drei Lehrstühle auf der Technischen Universität gegründet. Es ist das erste Modell einer solchen Zusammenarbeit zwischen einer öffentlichen Universität und einem Unternehmen und bringt sehr gut ausgebildete Techniker hervor. Dort werden junge Studenten im Bereich Fahrzeugtechnik, Fahrzeugsicherheit, Werkzeugtechnik und Production Science and Management ausgebildet. Mir war es wichtig, dass die jungen Studenten nicht nur

Experten im technischen Bereich sind, sondern auch wissen, wie man mit Mitarbeitern umgeht, wie man Mitarbeiter motiviert und führt und dass sie auch in englischer Sprache verhandeln können. Wie wichtig und richtig die Entscheidung damals war, eine Spezialisierung in Produktionstechnik und -management zu schaffen, zeigt die Gegenwart. Denn neue Wege und Prozesse in der Produktion zu finden, ist einer der Eckpfeiler, vor allem in der Automobilindustrie, um in Europa in Zukunft bestehen zu können.

Jeder redet darüber, wie wichtig es ist, Innovationen voranzutreiben – aber wie macht man das eigentlich als Unternehmen, wie treibt man neue und innovative Produkte voran? Innovationen kommen nicht unbedingt von Vorstandsmitgliedern. Neue Produktideen kommen oft von unten herauf – vom Fabrikgelände, von den Fließbandarbeitern, den Menschen, die dem Kunden am nächsten sind.

Aus diesem Grund habe ich vor einigen Jahren das Programm Winning Innovations, oder kurz WIN, entwickelt, welches die besten Ideen, die von Magna-Mitarbeitern eingebracht werden, erfasst und diese weiterentwickelt zu neuen vielversprechenden Produkten und Technologien. Wir setzen auf den Einfallsreichtum unserer Mitarbeiter und geben ihnen sogar die Möglichkeit, selbst Unternehmer zu werden. Ich glaube an dieses Programm, weil ich selbst das Feuer in mir gespürt habe: Ich wollte auch selbst Unternehmer werden.

Die Werkzeugmacherei ist vielleicht nicht das älteste Handwerk, aber jedenfalls sicher eines der wichtigsten. Jedes Produkt, jedes Gerät, jede Maschine und jedes technische Wunder – sie alle sind mit Werkzeugen gemacht worden und jedes Werkzeug ist von einem Werkzeugmacher hergestellt worden. Die Werkzeugmacherei hat mich einen langen Weg über begleitet. Sie hat mir die Fähigkeiten gegeben, die ich gebraucht habe, um mein eigenes Geschäft zu eröffnen und dann das Unternehmen zu einem weltweiten Konzern weiterzuentwickeln.

Es war eine lange Reise, eine, die an einem Herbsttag im Jahr 1946 und mit der Aufgabe, den Metallblock per Hand in einen perfekten quadratischen Würfel zu formen, begonnen hatte. Diese mühsame, zeitaufwendige Aufgabe hat mir beigebracht, auf alles, was ich unternehme, stolz zu sein, egal wie klein die Aufgabe auch sein mag. Wenn man nicht den Stolz hat, etwas gut zu machen, und wenn der Stolz nicht tief in einem verwurzelt ist, ist man in allen Dingen zur Mittelmäßigkeit verdammt. Diese erste Aufgabe, die meine Finger mit Blasen übersäte und meine Entschlusskraft auf die Probe stellte, gab mir auch die Qualitäten, die ich brauchte, um ein guter Werkzeugmacher zu werden. Präzision, Beharrlichkeit und Perfektion – Eigenschaften, die mich während meiner gesamten Karriere begleitet haben.

In gewisser Weise habe ich nie aufgehört zu feilen: Ich schaue immer, wie man etwas besser machen kann und konzentriere mich auf den Feinschliff.

WAS WIR VON FRANK LERNEN KÖNNEN: VERKNÜPFE BELOHNUNG MIT LEISTUNG!

Es galt einmal, je mehr Jobs man geschaffen hat und je höhere Umsätze und Gewinne man gemacht hat, desto mehr Geld verdiente man. Aber in der heutigen Geschäftswelt sieht es fast so aus, als ob man mehr Geld bekommen würde, wenn man mehr Leute entlässt, mehr Fabriken schließt und mehr Arbeitsplätze vernichtet. Wir müssen das überdenken: Die Menschen, die Arbeitsplätze schaffen und Gewinne erwirtschaften, sollten belohnt werden.

KAPITEL 19

DIE EIGENSCHAFTEN EINES ERFOLGREICHEN MANAGERS

»Das Management muss seinen Mitarbeitern jeden Tag beweisen, dass es fair ist.«

Die Werksleiter bei Magna hatten immer ziemlich freie Hand. Das ist eines der Markenzeichen unserer dezentralen Unternehmenskultur. Die Werksleiter führen die Fabrik, als wäre sie ihr eigenes Unternehmen. Und im Gegenzug erwarten wir vom Werksleiter, dass er ein paar einfache, aber sehr wichtige Prinzipien befolgt.

Das erste Grundprinzip besteht darin, darauf zu achten, dass alle Mitarbeiter zufrieden sind. Die Mitarbeiter an den Fließbändern sind das Herz der Organisation. Und wenn sie unzufrieden sind, hat der Geschäftsführer nicht das richtige Gespür und er verbringt vermutlich nicht genug Zeit in der Fabrikhalle, um mit den Mitarbeitern zu sprechen, ihre Probleme anzuhören und zu lösen.

Oft habe ich meine Geschäftsführer erinnert: »Vergrab dich nicht in deinem Büro. Geh hinaus in die Fabrikhalle. Geh mit deinen Mitarbeitern Mittagessen. Du musst eine respektierte Führungsperson sein, kein Boss. Wenn du offen und ehrlich mit den Mitarbeitern bist und sie gut behandelst, werden sie mit dir durchs Feuer gehen.«

Das zweite Grundprinzip ist, dass die Geschäftsführer die Aktionäre zufriedenstellen müssen, indem sie Gewinne erarbeiten. Die Aktionäre geben der Firma Kapital, damit sie wachsen kann, und erwarten sich dafür eine angemessene Verzinsung. Man muss ihnen also zeigen, dass es besser für sie ist, wenn sie bei uns investieren, anstatt ihr Geld einfach auf die Bank zu legen oder in Staatsanleihen zu investieren.

Drittens muss das Unternehmen die Kunden zufriedenstellen. Das heißt, wir müssen immer schauen, dass wir ein besseres Produkt zu einem besseren Preis herstellen und dieses rechtzeitig liefern. Ohne zufriedene Kunden hat man gar nichts – da könnte man die Fabrik gleich schließen.

Einige Tage nachdem ich meinen eigenen Werkzeugladen eröffnet hatte, konnte ich unseren ersten Kunden gewinnen. Der ältere Mann gab mir den Auftrag sehr zögerlich. Er sagte: »Ich bin mir nicht sicher, ob ich dir diesen Auftrag geben soll, denn wenn du mich fallen lässt, habe ich ein ziemlich großes Problem.« Er kannte mich nicht und ich hatte keine Erfolgsgeschichte vorzuweisen – ich hatte ja gerade erst angefangen. Ich sah ihm an, dass er unsicher war, aber plötzlich entschied er aus dem Bauch heraus und gab mir den Auftrag. Ich sagte zu ihm: »Ich werde dich nicht hängen lassen.« Für mich zählte mein Wort mehr als irgendeine schriftliche Garantie oder ein Vertrag. Dieser ältere Herr riskierte seinen Kopf, um einem jungen Burschen dabei zu helfen, sein Unternehmen in Gang zu bringen, und ich hätte ihn niemals hängen lassen. Für mich war es nicht nur eine Frage des Geldes, es war eine Frage des Gewissens. Ich wollte keinesfalls mein Wort brechen. Das hielt ich immer so: Wenn ich einen Auftrag annahm, erfüllte ich ihn. Und ich habe mein Wort immer gehalten.

In den Anfangsjahren habe ich nie einen Abgabetermin verpasst. Manchmal war es sehr knapp, aber wir schafften es immer wieder, zeitgerecht zu liefern. Und über die Jahre konnte sich Magna einen guten Ruf im Kundenservice aufbauen. Wir wurden in der Branche bekannt als das Unternehmen, das immer alles verlässlich herstellte und pünktlich lieferte.

Jemanden zu führen bedeutet, jemandem etwas beizubringen, mit gutem Beispiel vorangehen. Als Geschäftsführer ist man die Nummer eins, wenn es um Personalfragen geht, die Nummer eins, wenn es um die Finanzen geht, die Nummer eins, wenn es um technische Fragen geht. Man muss auch ein bisschen Psychologe sein und auch ein bisschen Rechtsanwalt. Man muss sich im

Marketing auskennen, in der Buchhaltung und im Engineering. Es gibt nicht viele, die alle diese Qualitäten besitzen, aber zum Glück kann man sich einiges aneignen und man darf nie aufhören zu lernen.

Das Wichtigste als Geschäftsführer ist: Man muss sein Geschäft in- und auswendig kennen. Man muss ein Grundverständnis für alle Aspekte des Geschäfts haben, man muss auch Kleinigkeiten wissen, beispielsweise wo das Inventar gelagert wird und wann der Müll abgeholt wird. Wenn Geschäftsführer nämlich anfangen, Kleinigkeiten zu übersehen, fallen Dinge durch den Rost und die Probleme beginnen, sich wie Schneebälle zu vergrößern.

Junge Leute fragen mich oft, welche Eigenschaft meiner Meinung nach die wichtigste ist, um erfolgreich zu sein. Ich glaube, besonders wichtig ist, dass man Prioritäten richtig setzen kann. Ich war oft in Besprechungen, bei denen die Leute alle durcheinanderredeten und sprunghaft von einem Thema zum anderen wechselten, ohne ein Gefühl dafür zu haben, welches das wichtigste ist.

Besonders wichtig ist für mich auch die Balance. Wenn man ausgeglichen ist, ist man in der Regel konzentrierter und zufriedener. Der Druck der Geschäftswelt kann mitunter enorm sein und das Privatleben beeinträchtigen. Als ich in den ersten Jahren praktisch Tag und Nacht mit dem Aufbau der Firma beschäftigt war, kümmerte sich meine Frau Elfriede um den Haushalt und die Erziehung unserer beiden Kinder.

Ich hatte Elfriede 1961 in Weiz kennengelernt. Damals war ich mir noch nicht ganz sicher, ob ich in Kanada bleiben werde. Ich spürte aber das Verlangen, eine Familie zu gründen. Die Entscheidung, Kinder in die Welt zu setzen, ist wahrscheinlich die ernsthafteste, die man im Leben je trifft. Ich wusste, ich würde mir eine ganz besondere Frau mit einem guten Charakter aussuchen, die die Mutter meiner Kinder werden sollte. Ich habe meiner zukünftigen Frau ganz offen gesagt: »Ich bin, wie ich bin, ich glaube, ich werde ein guter Vater sein und immer für dich als Freund da sein.« Elfriede hat eine besondere Rolle in meinem Leben.

Ich glaube, dass ich ein guter Vater war, aber im Nachhinein wünsche ich mir schon, dass ich mehr Zeit mit meinen Kindern verbracht hätte. Es ist so wichtig, sich Zeit für seine Familie zu nehmen und auch seine Batterien wieder aufzuladen mit Hobbys, Sport und anderen Freizeitbeschäftigungen. Für mich sind es jetzt vor allem meine Enkelkinder und meine Leidenschaft für Pferde, die mir helfen, den Ausgleich zum Geschäftsleben zu finden. Es ist wichtig, sich von Zeit zu Zeit zu entspannen und tief Luft zu holen. Dann kann man sich wieder mit einem klaren Kopf auf die geschäftlichen Dinge konzentrieren.

Ein guter Geschäftsführer braucht auch ein Gespür für Menschen und muss die richtigen Menschen für die richtigen Aufgaben auswählen können.

Ich musste schnell erwachsen werden. Wir waren arme Leute und mussten zusammenhalten. Ich lernte also ziemlich früh, mich auf meinen Verstand zu verlassen, um möglicherweise gefährlichen Situationen aus dem Weg zu gehen. Ich war immer in Alarmbereitschaft und habe eine Art Radarsystem entwickelt. Ich glaube, ich habe ein ziemlich gutes Gefühl für Menschen bekommen. Wem kann ich vertrauen? Wer sind die Guten? Wer ist freundlich gesinnt und wer will nichts Gutes? Ich glaube, wenn mein Leben unter anderen Umständen ganz angenehm und ruhig verlaufen wäre, ohne wirkliche Höhen und Tiefen, hätte ich möglicherweise niemals denselben scharfen Instinkt entwickelt.

Natürlich möchte man niemals, dass die eigenen Kinder Elend, Erniedrigung oder Hunger verspüren müssen, aber ich bin davon überzeugt, dass mich diese Erfahrungen stärker und klüger gemacht haben. Alles, was ich gesehen und erfahren habe, kann man niemals aus einem Lehrbuch erfahren. Niemand kann einem beibringen, klug oder zäh zu sein – das sind Fähigkeiten, die man nur erlernen kann, wenn man einmal die Härte des Lebens zu spüren bekommt.

Einer der Gründe, warum ich sehr früh erfolgreich werden konnte, war, dass ich das richtige Gespür dafür hatte, mir die richtigen Menschen auszusuchen. Menschen, die die richtigen Eigenschaften und Talente für die richtigen Aufgaben hatten. Natürlich lag ich nicht immer richtig, manchmal habe ich Leute auch völlig falsch eingeschätzt. Aber im Großen und Ganzen kann ich ehrlich sagen, dass ich immer das Glück hatte, mit vielen guten und anständigen Menschen zu arbeiten, die loyal waren und zu ihrem Wort standen.

Das soll aber nicht so klingen, als hätte ich immer alles richtig gemacht.

Selbstverständlich habe ich auch Fehler gemacht. Zurückblickend glaube ich, dass die meisten passiert sind, weil ich Menschen zu sehr vertraue. Das ist einfach meine Natur und ich würde es nicht ändern, selbst wenn ich es könnte. Man muss Menschen einfach vertrauen und ihnen die Freiheit und den Raum geben, um unabhängig zu handeln und selbst erfolgreich zu sein. Mit dieser Einstellung habe ich im Laufe meiner Karriere mehr gewonnen als verloren. Ich habe meinen Mitarbeitern immer viel Freiraum gegeben, damit sie sich entwickeln konnten.

Wenn ich Leute eingestellt habe, habe ich mir meist eher deren Charakter angeschaut als ihren Lebenslauf. Oft kann man den wahren Charakter einer Person erkennen, wenn man darauf achtet, wie diese Person Leute behandelt, die ihr unterstellt sind. Manchmal wundere ich mich richtig darüber, wie manche Leute zum Beispiel die Kellner behandeln, weil das Essen nicht perfekt zubereitet war oder zu spät serviert wurde. Wenn man in seinem Leben ganz unten anfängt, wenn man Teller abwäscht, Böden wischt oder Toiletten putzt, verhält man sich gegenüber jemandem, der einen bedient, bestimmt niemals so von oben herab.

Bei meinen Mitarbeitern habe ich auch immer größten Wert auf ihre Einstellung gelegt. Die Einstellung kann den Unterschied zwischen Erfolg und Misserfolg ausmachen.

Einstellung und Charakter sind wichtiger als jedes Talent, jede Ausbildung und jeder Titel.

WAS WIR VON FRANK LERNEN KÖNNEN: MOTIVIERE DEINE MITARBEITER!

Die besten Geschäftsführer sind Menschen, die gut motivieren können. Ein Geschäftsführer muss die Mitarbeiter dazu anregen mitzudenken, und sie werden nur mitdenken, wenn auch ihr Herz mit dabei ist. Am Ende sind jene Unternehmen am erfolgreichsten, die in der Lage sind, Herz und Verstand ihrer Mitarbeiter zu gewinnen.

KAPITEL 20

DIE ACHILLESFERSE DER DEMOKRATIE

»Die Regierung ist das Management-Team eines Landes. Unglücklicherweise – und ich meine das nicht zynisch – besteht die Regierung aus Politikern. Das Ziel eines Politikers ist, gewählt oder wiedergewählt zu werden. Das heißt, dass das Land von politischen und nicht von sozialökonomischen Interessen gelenkt wird. Und genau das ist die Achillesferse der Demokratie.«

Über die Jahrzehnte hinweg habe ich wichtige Politiker aus unterschiedlichen Ländern getroffen: Senatoren, Präsidenten, Premierminister und Kanzler. Ich kenne viele Politiker persönlich und die meisten sind sympathische Menschen, mit denen ich durchaus hin und wieder ein Glas Wein trinken würde. Aber ich behaupte, dass ein Großteil von ihnen nicht in der Lage ist, ein Land zu führen. Die meisten sind nicht unabhängig. Sie sind gefangen in dem politischen System und ihr erster Antrieb ist, gewählt oder wiedergewählt zu werden.

Das Ergebnis ist, dass die meisten westlichen Länder von kurzfristigen politischen Entscheidungen geprägt werden. Fast alle westlichen Länder sind deshalb völlig verschuldet. Politiker machen Schulden, um sich Wählerstimmen zu kaufen. Ihr eigener Machterhalt ist ihnen wichtiger als die Zukunft der nächsten Generationen. Wir müssen daher versuchen, einen Weg zu finden, um das politische Management des Landes mit sozialökonomischem Denken auszubalancieren.

In der Geschäftswelt muss man sich jeden Tag bemühen, damit man ein besseres Produkt oder eine bessere Dienstleistung zu einem besseren Preis anbieten kann. Und genau dieser Denkansatz sollte auch in der Politik angewendet werden: Wie können wir das Land effizienter führen? Können wir den Lebensstandard der Bürger verbessern und den Wohlstand auch für die nächsten Generationen sichern?

Ich bin davon überzeugt, dass wir das können.

Schon als ich damals in Kanada kandidierte, habe ich einen Vorschlag für eine Regierungsreform gemacht und zwar durch die Einführung einer Kammer der Bürgervertreter. Ich glaube nämlich, dass demokratisch gewählte und parteipolitisch unabhängige Bürger einen gesunden Ausgleich zu den Kräften der politischen Parteien liefern würden.

In Österreich könnte das so funktionieren: Zusätzlich zum Verhältniswahlrecht, bei dem Listen durch die politischen Parteien gebildet werden, können wir das Land in 50 Regionalwahlkreise aufteilen, in denen Bürger kandidieren können, die seit mindestens zwei Jahren politisch unabhängig sind, die ein Minimum von 250 Unterstützungsstimmen erhalten und die mindestens 35 Jahre alt und unbescholten sind. Der Bürger mit den meisten Stimmen im jeweiligen Wahlkreis würde als unabhängiger Bürgervertreter ins Parlament einziehen und bei den wichtigsten Budgetfragen mitstimmen, und zwar im Geheimen, damit es keine politische Belohnung und keine Bestrafung gibt. Bei 100 politischen Abgeordneten und 50 Bürgervertretern kämen wir auf 150 Abgeordnete im Nationalrat. Das würde genügen, wir brauchen keine 183 Abgeordneten.

Bürgervertreter sollen nur ihrem eigenen Gewissen verpflichtet sein und ihre Erfahrung und ihr Sachwissen nutzen. Sie würden mit ihrem Verstand und mit ihrem Herzen stimmen, weil sie sich fragen würden, welche Lösung gut für sie, ihre Familien und ihre Kinder wäre.

Wir sollten auch die Opposition stärker miteinbinden, da sie aus der Rolle des reinen Kritikers herausfinden soll. Heute ist es leider oft so, dass Vorschläge reflexartig abgelehnt werden, nur weil sie von anderen Parteien kommen. Wir brauchen einen Anreiz, zusammenzuarbeiten, um die besten Lösungen für unser Land zu entwickeln.

Das Konzept der Bürgervertretung ist so alt wie die Demokratie selbst. Im antiken Athen wurden die Bürgervertreter über den

Weg der zufälligen Auslosung bestimmt – so, wie wir auch heute Geschworene auswählen.

Auch wenn die Bürgervertreter nicht direkt in die Ausformulierung der Gesetzesentwürfe eingebunden wären, hätten sie doch einen großen Einfluss auf die wichtigsten Aspekte der Gesetzgebung. Ihr Einfluss würde die Regierung effektiver und verantwortlicher machen.

Die Bürgervertreter würden mehr Hausverstand in die Politik bringen und die strukturellen Schwächen unseres derzeitigen Systems ausgleichen. Kurzfristige politische Pläne würden mit langfristigen sozialökonomischen Überlegungen ausbalanciert werden.

Der große Staatsmann und Parlamentarier Winston Churchill befürwortete ein ähnliches Konzept. Er war frustriert über die parteiinterne Politik und das Gerangel um die Macht, das das Parlament eigentlich von seiner wirklichen Arbeit abhielt. Churchill befand in einer verärgerten Ansprache, dass es einfach zu viele verdammte Politiker in der Politik gäbe. Er war der Ansicht, dass Politiker immer ihre kurzfristigen politischen Interessen über die langfristigen wirtschaftlichen Interessen eines Landes stellen würden, und setzte sich für die Errichtung einer nicht parteipolitischen Institution ein.

Mein Vorschlag für unabhängige Bürgervertreter könnte viel zu einer Systemverbesserung beitragen. Wir haben zu viele Berufspolitiker, die wenig Verständnis für die Wirtschaft haben. Politiker zu sein heißt, seinem Land zu dienen. Leider ist es heute oft umgekehrt, nämlich dass sich Politiker selbst bedienen. Tatsächlich waren viele Politiker noch nie in der Privatwirtschaft tätig. Viele sind in einer Scheinwelt groß geworden und wurden mit der Staatsmilch aufgezogen – in ihren Parteien, Kammern, Bünden, Gewerkschaften und anderen Vorfeldorganisationen.

Eines ist sicher: In Ländern, die von Politikern geführt werden, die wenig Verständnis für die Wirtschaft haben, wird der Lebensstandard in den nächsten Jahren deutlich sinken. Länder, die ein effektives Management-System haben, um mit den nationalen und globalen Problemen fertig zu werden, werden erfolgreich sein. Das Wohlergehen einer Nation hängt letztendlich von der Stärke ihres wirtschaftlichen Geflechts ab. Wir brauchen daher Menschen in der Politik, die die Wirtschaft verstehen und die unabhängig von parteipolitischen Entscheidungen sind.

WAS WIR VON FRANK LERNEN KÖNNEN: EINFÜHRUNG EINER KAMMER DER BÜRGERVERTRETER!

Bürgervertreter würden dabei helfen, die Führung des Landes zu entpolitisieren und wieder mehr Hausverstand und Wirtschaftskompetenz in die Politik zu bringen. Sie würden einen Beitrag leisten, das politische Denken mit einem sozialökonomischen Denken auszubalancieren. Wer würde nicht dafür stimmen?

KAPITEL 21

VERKAUF DEINE ARMBANDUHR UND KAUF DIR EINEN WECKER

»Ich glaube, dass die meisten Menschen zwei wichtige Grundbedürfnisse haben: Erstens wollen sie die persönliche Freiheit haben, ihren eigenen Weg zum Glück zu finden und zweitens wollen sie wirtschaftliche Freiheit haben, um finanziell unabhängig zu sein.«

Ich spreche immer sehr gerne mit jungen Leuten. Ihr Geist ist weit geöffnet und sie sind hungrig danach, einige Geheimnisse meines Erfolgs zu erfahren.

Wenn ich auf einer Schule oder einer Universität einen Vortrag halte, leite ich diesen gerne mit dem Satz ein, dass der Erfolg des Lebens nur daran gemessen werden kann, wie glücklich man ist. Und dann füge ich immer hinzu: »Aber lasst euch eines sagen, ich habe aus eigener Erfahrung gelernt, es ist sehr viel leichter, glücklich zu sein, wenn man ein bisschen Geld hat.« Die gescheiteren Studenten fragen mich dann, wie man zu Geld kommen kann.

Ich empfehle jungen Menschen immer, ein bisschen zu experimentieren. Wenn man gerade einmal 20 Jahre alt ist, kennt man sich selbst noch nicht wirklich. Und daher muss man einiges ausprobieren, um seine Interessen und Begabungen zu finden. Ich sage den jungen Leuten: »Findet heraus, was ihr gerne macht, und versucht dann, besonders gut darin zu werden.« Man kann nur besonders gut in etwas sein, wenn man mit Herz bei der Sache ist. Ich sage zu den jungen Leuten: »Wenn du etwas machst, was du gerne machst, und wenn du dich dann auch noch mehr anstrengst als die anderen, kannst du zu den Allerbesten in deinem Bereich zählen.« Macht man etwas gerne und sehr gut, sind Geld und Erfolg reine Nebenprodukte.

Jemandem, der eine eigene Firma gründen möchte, empfehle ich, einfach über die Erfahrungen nachzudenken, die man selbst mit Produkten oder Dienstleistungen gemacht hat. Jeder war schon einmal frustriert, weil er ein schlechtes Produkt gekauft hat oder schlecht bedient worden ist. Es gibt viel Mittelmaß am Markt. Daher sollte man sich als Firmengründer nur auf Bereiche konzentrieren, von denen man überzeugt ist, dass man sie besser kann als andere. Im Prinzip funktioniert die Wirtschaft sehr einfach: Alles, was man tun muss, ist, ein besseres Produkt oder besseren Service zum besseren Preis zu bieten.

Wenn die Firma einmal läuft, gibt es wenige, dafür sehr wichtige Prinzipien. Man sollte nicht mehr ausgeben, als man einnimmt, und man sollte immer schauen, dass etwas Geld auf der Bank ist. Ich habe noch nie eine Firma pleite gehen sehen, die Geld auf der Bank hatte.

Der letzte Aspekt ist Arbeit, harte Arbeit. Eine eigene Firma bedeutet viele Arbeitsstunden am frühen Morgen, spät in der Nacht oder am Wochenende. Wenn ich alle Arbeitsstunden meiner Laufbahn zusammenrechne, kommt eine unglaubliche Zahl heraus. Es gab Zeiten, wo ich zwei, drei Tage und Nächte durchgearbeitet habe, um einen Auftrag zu erfüllen. Und manchmal habe ich mich schon gefragt: »Warum mache ich das?«

Die Antwort hat mir das Leben gegeben. Das zufriedenstellende Gefühl, ein eigenes Unternehmen gegründet zu haben, es auszubauen und wachsen zu sehen, überwiegt die Entbehrungen der Anfangsjahre bei weitem. Und wenn mich jemand fragt, ob ich es wieder so machen würde, sage ich: »Ja, genau so.«

Ich war einmal bei einer Gesprächsrunde mit anderen Unternehmern und wir sprachen über die Hürden und Chancen. Ein Mann im Publikum stand auf und beschwerte sich bitterlich darüber, wie unfair die Banken seien, weil sie seinen Kreditantrag für eine Unternehmensgründung abgelehnt hätten. Viele andere Leute im Publikum stimmten ihm zu und sagten, dass die Banken daran schuld wären, dass sie nicht das Startkapital für das eigene Unternehmen hätten. Ich fragte den Mann: »Wie viel von deinem eigenen Geld wirst du investieren?« Und er sagte: »Gar keines.«

Und ich antwortete ihm: »Und warum sollte dir die Bank Geld borgen, wenn du selbst nicht bereit bist, einen einzigen Dollar in dein eigenes Unternehmen zu investieren?« Auf einmal wurde es ganz still im Raum. Ich bezweifle, dass die meisten darüber nachgedacht hatten, was es eigentlich bedeutet, seine eigene Firma aufzumachen.

Man trägt ein großes Risiko, hat viel Arbeit und muss vor allem zu Beginn sehr auf die Ausgaben achten, vielleicht sogar die eigenen Lebenserhaltungskosten reduzieren – das war nicht unbedingt der Rat, den sie hören wollten.

Wenn man ein kleines Unternehmen hat, dann muss man alles selbst machen. Erst wenn man ein bisschen größer wird und nicht mehr in jedes kleine Detail involviert sein muss, kann man es genießen, dass man der Eigentümer ist. Ich kann jedenfalls sagen, Arbeitsplätze zu schaffen und Menschen die Chance zu geben, sich zu verwirklichen und etwas zu erreichen – das waren die größten Freuden, die ich als Unternehmer erlebt habe.

Der möglicherweise praktischste Ratschlag, den ich jungen Leuten, die ihr eigenes Geschäft starten wollen, gebe, ist der folgende: Verkauf deine Armbanduhr und kauf dir einen Wecker. Selbstständig zu sein bedeutet sehr viel Einsatz und Arbeit und auch die freien Wochenenden sollte man lieber vergessen. Es ist ein Opfer, das viele Menschen nicht bereit sind zu erbringen. Es gibt viele Wege, die zum Erfolg führen, aber keine Abkürzungen.

Während meiner Karriere habe ich viel geopfert und sehr hart gearbeitet, eine Menge Zeit und Geld investiert, um das Unternehmen aufzubauen. Mein Ziel war es, das Unternehmen erfolgreich zu machen und die Früchte dieses Erfolgs zu ernten, die mich möglicherweise zu wirtschaftlicher Unabhängigkeit führen würden. Das war mein Antrieb.

Dieser Antrieb muss gefördert werden, die Gesellschaft braucht unternehmerische Menschen, nur dann kann die Wirtschaft florieren und es kann Arbeitsplätze geben. Die Politik ist dafür verantwortlich, die richtigen Rahmenbedingungen zu schaffen, es muss sich letztendlich auszahlen, Unternehmer zu werden und erfolgreich zu sein.

Wenn keine konkreten, finanziellen Vorteile mit dem Unternehmertum verbunden sind, wird kein vernünftiger Mensch seine hart verdienten Ersparnisse und seine wertvolle persönliche Zeit opfern; und das ist notwendig, um ein Unternehmen von Grund auf aufzubauen. Warum sollte jemand ein Risiko übernehmen und sein Geld investieren, um eine Fabrik zu bauen, um Maschinen zu kaufen und Mitarbeiter anzustellen, um die Produkte herzustellen, wenn man mehr verdienen könnte, indem man sein Geld zum Beispiel in Staatsanleihen investiert?

Die meisten Politiker haben kein Verständnis für die Wirtschaft, weil sie üblicherweise in ihren Parteien oder politischen Vorfeldorganisationen groß wurden. Sie verstehen es einfach nicht besser und ich mache mir große Sorgen, dass sie ein Umfeld schaffen, das die kreativen Kräfte des Marktes mit lauter Regulierungen und Steuernachteilen erdrosselt – die Unternehmer und Erfinder, die den Wohlstand in einer Gesellschaft schaffen. Könnte ein junger Unternehmer unter den heutigen Bedingungen ein Unternehmen wie Magna aufbauen? Ich bin mir da nicht so sicher.

Ich bin gegenüber Leuten, die behaupten, Geld sei unwichtig, immer misstrauisch. Die Wahrheit ist, dass Geld ein großer Motivator sein kann, auch wenn es sich dabei nur um ein Werkzeug handelt, um andere Ziele zu erreichen. Aber Geld kann niemals das eigentliche Ziel sein: Sobald man sich nur mehr damit beschäftigt, Geld zu machen, wird man keinen Weg mehr finden, um Besonderes zu erreichen.

Unsere Gesellschaft braucht Menschen, die sich hervortun, um neue Produkte und Dienstleistungen zu erfinden und zu entwickeln, Leute, die an ihre geistigen und körperlichen Grenzen gehen in der Hoffnung, die Gesellschaft weiterzubringen und den Lebensstandard zu erhöhen. Wenn wir die Anreize, sich selbstständig zu machen, abschaffen, verlieren wir den eigentlichen Motor und Antrieb für Wohlstand in unserer Gesellschaft.

Wenn ich so auf meine eigene Karriere zurückblicke und all die Stunden zusammenzähle, die ich gearbeitet habe, staune ich oft selbst. Ich habe oft samstags und sonntags gearbeitet und erinnere mich noch heute, wie ich mich manchmal kurz unter den Kastanienbaum im Hof setzte, um ein bisschen frische Luft einzuatmen und den Sonnenschein zu genießen. Ich sah junge Pärchen, die Eis essend an mir vorbeischlenderten, und ich fragte mich manchmal: »Warum tue ich mir das an?« Ich saß in der Fabrik fest, weil ich eine Deadline einhalten musste, und wünschte mir manchmal, dass ich den einen oder anderen Auftrag nicht angenommen hätte.

Mir kam das unternehmerische Leben ein bisschen so vor, wie auf einem Karussell zu fahren. Man beginnt, und es wird immer schneller und schneller und es scheint fast so, als ob man nie mehr absteigen könnte. Aber irgendwann kommt die Zeit, da man sich entscheidet, einen Gang zurückzuschalten oder vom Karussell abzusteigen, um seine Freiheit zu genießen. Und das war es, was ich gemacht habe, als ich meine Magna-Anteile verkaufte.

Ich habe Magna so aufgebaut, dass ich eines Tages wirtschaftlich frei sein konnte und durch das Faire Wirtschaftssystem konnte ich auch jenen, die mit mir arbeiteten, ein kleines Stück wirtschaftlicher Freiheit geben. Wenn ich alles noch einmal machen könnte, würde ich es im Großen und Ganzen wieder so machen. Ich brachte unzählige Opfer, aber heute bin ich frei und das ist das beste Gefühl auf der Welt.

WAS WIR VON FRANK LERNEN KÖNNEN: KENNE DEINE MITARBEITER!

Geschäftsführer müssen ihre Mitarbeiter kennen. Es ist außerdem sehr wichtig, dass ein Manager ein Umfeld pflegt, in dem die Mitarbeiter über Probleme, die am Arbeitsplatz auftreten, sprechen können. Auf diese Weise kann man sich damit beschäftigen und es bereinigen, wenn etwas nicht ganz richtig läuft. Und ein guter Manager wird seine Mitarbeiter immer dazu ermutigen, neue Ideen und konstruktive Kritik hervorzubringen.

KAPITEL 22

GUTE MANAGER FALLEN NICHT VOM HIMMEL

»Im Laufe der Jahre habe ich viele Geschäfte mit japanischen Geschäftsleuten abgeschlossen und Magna ist über die Jahre hinweg einige strategische Partnerschaften mit japanischen Unternehmen eingegangen. Wenn ich mit japanischen Geschäftsleuten zu Mittag esse, sagen sie oft zu mir: ›Weißt du Frank, uns tun die Vorstände eurer Unternehmen in Europa und Nordamerika leid. Ihr seid immer unter Druck, kurzfristige Gewinne zu machen, und müsst das Unternehmen auf einer vierteljährlichen Basis führen. Es muss ziemlich schwierig sein, langfristig in die Zukunft zu planen.‹ Und zum Teil haben die Japaner Recht.«

Für manche Investoren, vor allem für jene, die es auf kurzfristige und schnelle Profite abgesehen haben, fühlt sich das Auf und Ab der Aktienkurse in der Zeitspanne von ein paar Stunden so an, als würde es ein Leben lang dauern. Heutzutage sind die Aktionäre von großen Unternehmen meistens riesige Finanzinstitute. Und diese institutionellen Anleger haben großes Interesse an kurzfristigen Ergebnissen und beeindruckenden vierteljährlichen Gewinnen. Wenn es nach ihnen ginge, sollten Unternehmen nie ein Risiko eingehen und beispielsweise nicht in einen neuen Geschäftszweig investieren. Eine solche Investition könnte zu viel vom kurzfristigen Gewinn verschlingen. Aus dem gleichen Grund wollen sie auch nicht, dass ein Unternehmen zu viel Geld in Forschung und Entwicklung steckt – auch das reduziert kurzfristig die Gewinne. Womit wir also in unserer westlichen Wirtschaftskultur zu kämpfen haben, ist folgende Frage: Wie kann das Unternehmen die Bedürfnisse der Anleger nach einem kurzfristigen Gewinn mit den notwendigen Investitionen in die Zukunft ausbalancieren?

Als Gründer von Magna habe ich immer nach vorne geschaut – nicht nur auf die nächsten fünf oder zehn Jahre, sondern auf die nächsten 20 Jahre. Es ist wie im Geschäft mit Walnüssen: Wenn man eigene Walnüsse verkaufen will, muss man 25 oder 30 Jahre warten, bis der Walnussbaum voll ausgewachsen ist und man Nüsse ernten kann. Dasselbe gilt für das Geschäftsleben, außer, dass man hier auch die kurzfristige Produktivität und Profitabilität nicht außer Acht lassen darf. Dabei muss man sich laufend folgende Fragen stellen: Was müssen wir machen, um Arbeitsplätze zu erhalten und neue zu schaffen? In welche Richtung ist unser Industriezweig ausgerichtet? Was sind die neuen Produkte und Technologien am Horizont?

Da ich bei Magna kontrollierender Hauptaktionär war, konnten die Vorstände bestimmte Projekte oder Erfindungen übernehmen, auch wenn sie wussten, dass diese in den nächsten Jahren keine Gewinne abwerfen würden. Wir waren in der Lage, uns hinzusetzen und für die nächsten 10 oder auch 20 Jahre zu planen, ohne den enormen Druck, schon im kommenden Quartal einen Gewinn verbuchen zu müssen. Als ich die Unternehmensverfassung einführte, machte ich Forschung und Entwicklung zu einer der Hauptsäulen des Unternehmens, lange bevor »Produktinnovation« ein Modewort in der Geschäftswelt wurde. Laut Unternehmensverfassung müssen wir mindestens sieben Prozent des Gewinns vor Steuern in die Forschung und Entwicklung von Technologien und Produkten investieren. Unternehmen, die nicht in die Zukunft investieren, gehen eines Tages unter. Mit veralteten Technologien und überholten Produkten können sie nicht wettbewerbsfähig sein.

Balance ist ein ganz wichtiger Begriff für mich und eigentlich betrifft er alle Lebensbereiche: Es ist wichtig, als Person ausbalanciert zu sein. Wir brauchen auch eine gewisse Balance im Geschäftsleben und in der Politik. Ich glaube, ich bin ein ziemlich gut ausbalancierter Mensch. Ich arbeite viel und gerne, ich betreibe gerne Sport und von Zeit zu Zeit genieße ich auch Entspannung mit Familie und Freunden. Körper und Seele harmonieren, das ist besonders wichtig.

Im Geschäftsleben haben die Manager die große Herausforderung, die Balance zwischen kurzfristigen Finanzergebnissen und langfristigem wirtschaftlichen Erfolg des Unternehmens zu finden, genauso wie sie eine Balance der Interessen der Mitarbeiter, der Investoren und der Manager selbst finden müssen, damit der Betrieb optimal läuft.

WAS WIR VON FRANK LERNEN KÖNNEN: HALTE DAS GLEICHGEWICHT!

Die Ansprüche und der Druck im Geschäftsleben können enorm sein und sich auch auf das Privatleben auswirken. Darum ist es wichtig, sich Zeit für die Familie und für Freizeitbeschäftigungen zu nehmen, um seine Batterien wieder aufzuladen. Mit einem klaren Kopf kann man dann auch wieder besser an die beruflichen Herausforderungen herangehen.

KAPITEL 23

JE FLEISSIGER MAN ARBEITET, DESTO MEHR GLÜCK HAT MAN

»Irgendjemand muss den Kanal reinigen, aber unsere Gesellschaft soll so sein, dass sich Kanaldeckel aufmachen lassen, damit jeder, der die Fähigkeiten hat, heraussteigen und eines Tages das höchste Amt des Landes bekleiden kann.«

Glück kann in vielen Aspekten des Lebens eine Rolle spielen und ich glaube fest an das alte Sprichwort: Je mehr ich arbeite, desto mehr Glück habe ich.

Neben meinem Haus in Kanada habe ich Pferdeställe, in denen einige meiner Zuchtpferde untergebracht sind. Ich spaziere gerne über die Koppeln, die mit saftigem Gras und dunkelgrünem Klee bewachsen sind. Und wenn ich so durchs Gras gehe, bleibe ich manchmal stehen und schaue, ob ich ein vierblättriges Kleeblatt entdecke.

Vielleicht bin ich abergläubischer, als ich zugeben möchte – oder vielleicht mag ich einfach nur die Herausforderung –, aber in der warmen Jahreszeit sieht man mich oft auf den Weiden, meine Finger durch das Gras streifend auf der Suche nach dem klassischen Symbol des Glücks. Und tatsächlich habe ich schon oft ein vierblättriges Kleeblatt gefunden – oder sogar mehrere. Manchmal kommen Freunde mit mir, die sich wundern und sagen: »Wie gibt's das? Du hast schon wieder ein vierblättriges Kleeblatt gefunden, ich sehe nie eins!« Ich finde, dass sie herausstechen – als wären sie rot. Es ist ähnlich, wie wenn man in etwas tief eintaucht. Man beginnt, die Geräusche, die man nicht hören will, und die Dinge, die man nicht sehen will, auszublenden.

Ich glaube, ich bin ein sehr positiver Mensch. Wenn ich eine schlechte Erfahrung mache, versuche ich immer etwas daraus zu lernen, damit ich den gleichen Fehler nicht noch einmal mache. Aber ich schaue niemals mit Ärger zurück. Ich werde nicht ernsthaft böse oder hege Groll, denn das ist negative Energie. Ich sehe das ganz pragmatisch: Was bringt es, wenn ich böse werde? Was kann man damit lösen? Ich versuche immer nach vorne zu schauen und bin positiv. Ich bin glücklich mit dem, was ich habe, was immer ich geschafft habe. Und wenn ich vor einer Situation stehe, die mir nicht ganz recht ist, mache ich einfach das Beste daraus. Und auch ich schaue immer, ob es etwas gibt, das ich ein bisschen besser machen könnte.

Ich glaube, ich bin nicht anders als die meisten Menschen. Wenn alles gut läuft und die Sonne scheint, gehe ich ein bisschen vom Gas, werde ein wenig langsamer und verspielter. Aber wenn es Herausforderungen gibt, bemühe ich mich, sie zu lösen. Ich blende dann alle Ablenkungen komplett aus. Und ich glaube wirklich, dass ein Sturm von Zeit zu Zeit ganz gesund sein kann. Er testet einen. Er merzt Schwächen aus und bläst die welken Blätter weg. So lange der Sturm das Schiff nicht zum Untergehen bringt, ist er eine gute Sache. Wenn man zur richtigen Zeit am richtigen Ort ist und die richtigen Eigenschaften mitbringt, kann jede Menge großartiger Dinge passieren. Und mit Eigenschaften meine ich sowohl Talente als auch Erfahrungen, die man im Leben so sammelt.

An manchen Tagen fühle ich mich wie der alte Ahornbaum, der auf dem Feld neben dem Magna-Hauptquartier in Aurora steht. Man hat mir gesagt, dass der Baum, gemessen am Umfang seines Stammes, wahrscheinlich über 100 Jahre alt ist. Irgendwann in den 1980er-Jahren wurde der Baum von einem Blitz getroffen. Der Blitz teilte den Stamm in zwei Hälften und zerstörte den Baum fast ganz. Nur ein großer Ast, der nahe am Boden wuchs, überlebte und wuchs weiter. Vor einigen Jahren fragte eine Künstlerin, ob sie auf unser Grundstück kommen dürfe, um diesen außergewöhnlichen Baum zu malen. Die Künstlerin malte einige Bilder mit Wasserfarben, die den Ahornbaum im Herbst, Sommer, Frühling und im Winter zeigten und nannte die wunderschön gelungene Bilderserie »Ausdauer«.

Im Laufe der Zeit wurde der Grund bebaut und ich zog rund um den Baum einen Zaun auf, damit ihn nicht einer der Bauarbeiter mit einem Bulldozer entwurzelte. Es hätte leicht sein können, dass man den Baum für völlig morsch hielt. Ich dachte, wenn es der Baum so weit gebracht hatte, sollte ich ihm wenigstens eine Chance geben, um weiter zu kämpfen.

Vor ungefähr drei Jahren erklärte mir ein Baumpfleger, dass der Baum den Winter wahrscheinlich nicht überstehen würde. Das Herz des Stammes war verrottet und von Ameisen zerfressen. Aber unglaublicherweise trieb der Baum im Frühling wieder aus. Der verfallende Stamm brach auseinander und lies den überlebenden Ast beinahe auf den Boden fallen, also stützten wir den großen Zweig mit handgefertigten hölzernen Trägern. Dann nahmen wir Setzlinge – ungefähr 40 oder 50 Stück – und setzten sie rund um mein Grundstück ein.

Auf dem Weg ins Büro fahre ich oft an dem Baum vorbei, und ich gebe zu, ich habe eine wirkliche Schwäche für den alten Ahornbaum. Man muss seine Zähheit einfach bewundern. Er hat eine Menge durchgemacht und trägt seine Narben, die das beweisen.

Und gerade wenn man meint, dass wars' jetzt, gerade wenn man denkt, das ist mehr, als er ertragen kann, kämpft er weiter und ist noch immer voller Leben. Ich glaube fast, dass der Baum und ich etwas gemeinsam haben.

Wenn ich nun zurückschaue und mein Leben betrachte, kann ich klar sagen, dass die Erfahrungen aus meinen jungen Jahren, als ich in Zeiten der großen Depression und des Zweiten Weltkrieges aufgewachsen bin, einen großen Beitrag zu meinem späteren Erfolg geleistet haben. Letztendlich glaube ich, dass mich diese Erfahrungen viele wichtige Dinge gelehrt haben, die ich in meiner Karriere, zuerst als junger Unternehmer und dann später als CEO eines multinationalen Konzerns mit Kunden und Angestellten aus der ganzen Welt, anwenden konnte. Und wie bei den meisten Dingen im Leben spielt auch das Glück eine große Rolle.

Ich werde oft nach einem kurzen Statement oder einem Satz gefragt, in dem ich beschreiben soll, wie man sich eines Tages an mich erinnern soll. Und ich antworte gewöhnlich: Er hielt sein Wort, er war fair, und am wichtigsten: Er trug etwas zu einer besseren Gesellschaft bei.

Das Wort »Magna« ist übrigens lateinisch und bedeutet »Groß«. Es war nicht der Name, den ich mir ausgesucht habe, aber einer, den ich übernommen habe, als ich meine junge Firma in den 1960er-Jahren mit einem Produzenten von Elektronik- und Luftfahrtteilen verschmolzen hatte. Das Unternehmen hat seinem Namen alle Ehre gemacht. Magna ist weltweit anerkannt als Nummer eins. Das ist ein Vermächtnis, auf das ich stolz bin, eine Leistung, für die ich gerne in Erinnerung bleiben würde.

Dasselbe gilt für meine Aktivitäten im Bereich des Pferderennsports. Ich habe einige der besten Pferde in der Geschichte gezüchtet. Ich habe außerdem versucht, den »Sport der Könige« zu modernisieren und habe dabei einige Kontroversen losgetreten. Manche Traditionalisten fanden, dass ich die Geschichte und das Erbe der Branche nicht respektiere, wenn sie auch wussten, dass der Pferderennsport in Nordamerika aussterben wird, wenn sie seine Strukturen nicht ändern. Ich hoffe, dass wenn sich der Staub einmal gelegt hat, die Fans und die Pferdeleute, die Jockeys und die Züchter zurückschauen können und sagen werden: »Stronach hat einen großen Beitrag zum Pferderennsport geleistet.«

Wenn ich selbst eine Leistung benennen sollte, auf die ich am stolzesten bin, dann wäre es wohl die Philosophie und die Kultur des Fairen Wirtschaftssystems. Das Faire Wirtschaftssystem ist nicht nur graue Theorie oder ein Lippenbekenntnis, sondern es ist eine lebendige Geschäftsführungsphilosophie, die nach wie vor das Tagesgeschäft der Magna-Fabriken rund um die Welt bestimmt. Es ist ein unbeschreiblich schönes Gefühl, wenn ich mich zurücklehne und weiß, dass ich mit dieser Geschäftsphilosophie über 120.000 gute Arbeitsplätze auf der ganzen Welt geschaffen habe.

WAS WIR VON FRANK LERNEN KÖNNEN: STRENG DICH AN UND SEI DER BESTE!

Das Streben, der Beste zu sein, ist ein kraftvoller, menschlicher Antrieb. Wir müssen darauf achten, keine Wege zu versperren, die es Menschen ermöglichen voranzukommen, um ein besseres Leben für sich und ihre Familien zu gestalten. Letztendlich ist jede Gesellschaft, die die Einzelnen am Erreichen von Produktivität, Kreativität und Genialität hindert, eine sterbende Gesellschaft.

KAPITEL 24

ICH KEHRE ZURÜCK ZU MEINEN UNTERNEHMERISCHEN WURZELN

»Man ist nur wirklich frei, wenn man wirtschaftlich frei ist. Schade, dass nur so wenige Menschen wirtschaftlich frei sind. Wir sollten eine Gesellschaft haben, die es vielen Menschen ermöglicht, wirtschaftliche Freiheit zu erreichen.«

Ich konnte nicht schlafen. Ich wartete aufgeregt auf den Tag, der mein Lebenswerk abrunden würde, und wachte schon um 4:00 Uhr in der Früh auf. Es war der 6. Mai 2010 und in ein paar Stunden würde ich in dem Festsaal eines Hotels am Stadtrand von Toronto bekannt geben, dass ich mich dazu entschieden hatte, die Kontrollrechte am Magna-Konzern zu verkaufen.

Ich war nach intensiven Überlegungen zu der Entscheidung gekommen, das Angebot der Aktionäre, meinen Kontrollblock an Aktien zu kaufen, anzunehmen. Der Zeitpunkt war der richtige. Und ich fühlte, dass ich das Richtige tat. In Gedanken versunken vergaß ich die Zeit und war plötzlich spät dran. Ich eilte hastig aus dem Haus, um pünktlich zum wichtigsten Aktionärstreffen meiner gesamten Karriere zu gelangen, und bemerkte erst kurz bevor ich dort war, dass ich vergessen hatte, eine Krawatte umzubinden. Wenn mein guter Freund Tony Czapka noch da gewesen wäre, hätte er gelacht und gesagt: »Du brauchst jetzt kein Affenkostüm mehr, Frank.«

Als ich zum letzten Mal als kontrollierender Gesellschafter zu den Aktionären sprach, teilte ich meine Gedanken, die mich zu der Entscheidung gebracht hatten, und auch ein paar meiner Gefühle über diesen Meilenstein in meinem Leben. Ich hatte viel Herzblut, Schweiß und Mühe in Magna gesteckt, um es zu dem Unternehmen wachsen zu lassen, das es heute ist. Ich habe ein automobiles Kraftwerk Stein für Stein aufgebaut, ein Unternehmen, das man in der ganzen Welt kennt und respektiert. Wenn man an die Multiplikatoren denkt, die mit den Arbeitsplätzen einhergehen, und wenn man die Familienmitglieder bedenkt, die alle von den Arbeitsplätzen abhängig sind, dann ist der Einfluss von Magna enorm, es berührt das Leben von mehreren Millionen Menschen. Das ist etwas, was ich als Gründer und Vorsitzender von Magna immer bedacht habe – das Wissen, dass jede meiner Entscheidungen große Auswirkungen auf unzählige Menschen haben würde.

Magna wird immer ein bisschen mehr als nur ein Unternehmen sein. Es war keine einfache Entscheidung für mich, die Kontrolle über das Unternehmen zu verkaufen. Ich fühlte aber, dass die Regelungen und Gesetze, die die börsennotierten Unternehmen leiteten, immer erstickender, geradezu erwürgend geworden waren. Ich fühlte mich wie in einem Korsett und jede noch so kleine geschäftliche Entscheidung musste doppelt von Bürokraten und Rechtsanwälten kontrolliert werden. Der ganze Nervenkitzel und die Aufregung, die man bekommt, wenn man etwas Kühnes und Großes aufbaut, war vorbei, trockengelegt von den überbordenden Regeln und Gesetzen. Außerdem bedeutete mir der Pferderennsport sehr viel. Indem ich meine Kontrolle bei der Magna verkaufte, konnte ich wichtige finanzielle Mittel lukrieren, die ich dann in das Rennsportgeschäft investieren könnte, um es zu modernisieren und wiederzubeleben. Und letztendlich war ich nie dazu bestimmt, der Vorsitzende eines börsennotierten Unternehmens zu werden: Ich bin im Herzen Unternehmer und liebe es, Firmen aufzubauen und damit Arbeitsplätze zu schaffen.

Wenn ich zurückschaue, kann ich ehrlich sagen, dass ich nichts bereue und mich auch kein schlechtes Gewissen plagt. Wenn ich gefragt werde, warum ich die Kontrolle über Magna abgegeben habe, scherze ich manchmal, dass ich Magna ja nicht aus dem Grab heraus führen könnte. Aber in Wirklichkeit habe ich ein System geschaffen und Grundprinzipien aufgestellt, die stärker sind als jeder Einzelne oder eine Gruppe von Leuten. Sie werden das Unternehmen in den kommenden Jahren zu weiterem Wachstum verhelfen. Wenn Magna jemals von den Gründungsprinzipien abweicht oder diese über Bord wirft, wird es wie jedes andere Unternehmen werden. Und obwohl ich bei den zukünftigen Aktionärsversammlungen nicht anwesend sein werde, kann man sich einer Sache sicher sein: Ich werde immer verfügbar sein, um einen Rat zu geben oder zu helfen, wenn man mich anruft, und ich werde immer für das Unternehmen, das ich gegründet habe, da sein.

Mein unternehmerischer Eifer ist genauso stark wie an dem Tag, als ich meinen ersten Werkzeugladen eröffnete. Ich habe hunderte neue Ideen für neue Geschäfte, neue Produkte und neue Dienstleistungen. Und in den kommenden Jahren beabsichtige ich, mich einer Reihe von verschiedenen Unternehmungen zu widmen, die mich leidenschaftlich interessieren. Frei von den Zwängen, die den börsennotierten Unternehmen von den Regierungen auferlegt werden, werde ich in der Lage sein, schneller zu laufen. Ich werde wieder ein Unternehmer sein.

Es gibt nichts, was mich zurück hält. Ich habe den Antrieb und die Energie. Ich habe jede Menge Mittel zur Verfügung. Und ich habe eine Eigenschaft, die mir bei meinem ersten Start gefehlt hat: Erfahrung. Ich bin heute gescheiter, weiser und scharfsinniger, als ich es vor 50 Jahren, ja sogar vor fünf Jahren war.

Ich bin nun 80 Jahre jung und frage mich selbst manchmal, wann ich einmal weniger arbeiten werde. Wie ich mich kenne: wahrscheinlich erst, wenn ich im Sarg liege. In der Zwischenzeit denke ich über eine Menge an innovativen neuen Produkten und Geschäftsideen nach, und zwar im Gesundheitswesen, in der Landwirtschaft, im Immobilienwesen, bei der Altenpflege, im Glücksspiel und was elektrische Energie anlangt. Es ist so, als würde ich wieder wie vor beinahe 60 Jahren auf dem Deck des alten dänischen Frachters im Rotterdamer Hafen stehen, vor mir der weite Ozean voller Möglichkeiten.

Das Geld, das ich verdient habe, wird auch nicht auf der Bank liegenbleiben – ich werde es in den Aufbau neuer Unternehmen investieren und neue Arbeitsplätze schaffen. In Wahrheit gibt es kein Gefühl, das mit dem Aufbau eines neuen Geschäftes vergleichbar ist. Ich werde Rohmaterialien und Ideen in Produkte verwandeln, die das Leben der Menschen verbessern werden. Ich werde Geld in die Entwicklung von neuen heilenden Medikamenten und in moderne Technologien stecken. Letztendlich werde ich das tun, was ich immer getan habe: Ich werde ein besseres Produkt zu einem besseren Preis produzieren.

Neben meiner unternehmerischen Antriebskraft fühle ich auch eine Verpflichtung der Gesellschaft gegenüber, insbesondere in Österreich, meiner Heimat, wo ich meine Wurzeln habe. Ich mache mir Sorgen um unser Land und sehe große Fehler im politischen System. Wenn mich meine Enkelkinder einmal fragen: »Großvater, hast du einen Beitrag zu einer besseren Gesellschaft geleistet?«, dann möchte ich sagen: »Ja. Ich habe es zumindest versucht.«

Aus diesem Grund habe ich mich entschlossen, eine neue politische Bewegung zu gründen, die auf guten Werten aufgebaut ist: Wahrheit, Transparenz und Fairness. Unser Ziel ist es, Arbeitsplätze zu erhalten und neue zu schaffen, für Wirtschaftswachstum und damit für mehr Wohlstand in unserem Land zu sorgen, das Gesundheits- und Pensionssystem zu sichern, und vor allem auch der Jugend eine gute Zukunft zu ermöglichen. Ich fühle mich privilegiert, dass ich die Möglichkeit habe, mich frei zu äußern und mein eigenes Geld in die Zukunft Österreichs zu investieren. Wenn wir das korrupte System der Freunderlwirtschaft und Machterhalter bald aufbrechen, ist es noch nicht zu spät für unser Land und die Zukunft unserer nächsten Generationen.

An diesem Punkt in meinem Leben möchte ich keine Titel oder Auszeichnungen mehr bekommen. Ich möchte der Gesellschaft einen Dienst erweisen. Ich möchte einen bleibenden Beitrag leisten, einen, der die Gesellschaft auf einen neuen und positiven Kurs bringt. Ich möchte meinen Teil leisten, um eine Gesellschaft aufzubauen, die erfolgreicher und demokratischer ist, eine Gesellschaft, in der es mehr Fairness und Freiheit gibt. Am wichtigsten ist mir, den Menschen die Chance zu geben, denselben Weg zur wirtschaftlichen Freiheit zu verfolgen, den ich gegangen bin.

EPILOG – DIE FREIHEIT

Frei und gesund zu sein ist wohl das wertvollste Gut der Welt. Die Gesundheit können wir nur teilweise beeinflussen, indem wir uns etwa vernünftig ernähren und uns ausreichend bewegen. Aber die Freiheit ist etwas, was wir sehr gut beeinflussen können. Wir müssen nur die richtigen Rahmenbedingungen dafür schaffen.

Leider sind nur wenige Menschen wirklich frei. Denn frei zu sein heißt auch, ökonomisch frei zu sein. Wir haben es vernachlässigt, den Arbeitern die Möglichkeit zu geben, beim Schaffen von Wohlstand mit dabei sein zu können. In unserer Gesellschaft gibt es immer mehr Menschen, die Geld aus dem System herausnehmen und immer weniger Menschen, die Geld in das System hineinzahlen. Ich bin davon überzeugt, dass man das ändern kann, wenn man die Arbeiter am Gewinn, den sie erwirtschaften, beteiligt. Über kurz oder lang würde sich dadurch das Denken ändern, aus den Mitarbeitern würden Mitunternehmer und die Menschen würden die Möglichkeit bekommen, auch ökonomisch frei zu werden.

Für mich war es immer wichtig, konkrete Vorstellungen zu haben, um gewisse Ziele zu erreichen. Es wäre unmöglich gewesen, eine Weltfirma wie Magna aufzubauen, wenn ich nicht konkrete Vorstellungen gehabt hätte, die ich auch verwirklicht habe. Ich beschäftige mich sehr mit der Frage, wie die Struktur einer idealen Gesellschaft aussehen sollte. Ohne konkrete Vorstellungen kann man nicht die richtigen Bausteine zusammentragen. Die Struktur, die ich mir vorstelle, nenne ich das »Faire Wirtschaftssystem«.

Ich möchte mir nicht anmaßen, für alle zu sprechen, bin aber davon überzeugt, dass die meisten Menschen frei sein möchten. In den westlichen Ländern haben wir im Laufe der Geschichte viel an Menschenrechten und sozialer Sicherheit erreicht, aber die meisten Menschen sind nicht ökonomisch frei. Wenn man nicht wirtschaftlich frei ist, ist man keine wirklich freie Person.

Eines der Hauptthemen der Menschheit war immer schon und ist immer noch die Dominanz durch die Goldene Regel. Sie lautet: »Der, der das Gold hat, macht die Regeln«. Ich möchte von niemandem dominiert werden. Genauso soll auch ich nicht die Möglichkeit haben, jemanden zu dominieren. Ich habe zwei Kinder, die ich sehr liebe, und ich möchte auch nicht, dass sie von jemandem dominiert werden. Und daher sollen auch sie nicht die Möglichkeit haben, jemanden zu dominieren. Die Frage ist, wie können wir die Ketten der Dominanz lösen? Nicht durch zerstörende Revolutionen, sondern durch eine geistige Revolution.

Viele Menschen sind abhängig und glauben, dass der Staat alles für sie tun kann. Vor allem in Europa wird immer mehr Verantwortung von den Einzelnen genommen und hingeschoben zum Staat und zur Europäischen Union. Wir sind vom Staat abhängig geworden, haben dabei aber eines vergessen: Der Staat kann uns nichts geben, was er uns nicht vorher weggenommen hat. Und dabei verschwendet er sehr viel von unserem Geld.

Der Staat hat gewisse Kernaufgaben, die er für die Gesellschaft effizient erfüllen soll. In einer zivilisierten Gesellschaft soll niemand Hunger leiden, obdachlos oder ohne medizinische Versorgung sein. Außerdem muss der Staat für innere und äußere Sicherheit sorgen. Diese Kernaufgaben muss er erfüllen, aber lassen wir uns nicht von seiner auf Schulden aufgebauten Fürsorglichkeit abhängig machen.

Schaffen wir Rahmenbedingungen, die Eigenverantwortung, Unternehmertum und fairen Wettbewerb stärken, befreien wir uns von Zentralismus, Bürokratie und Schuldenmacherei. Werden wir unabhängig und ökonomisch frei, sodass wir unseren nächsten Generationen eine gute Zukunft in Wohlstand und Frieden sichern können. Schaffen wir ein System, das uns dabei unterstützt, Wohlstand zu schaffen und diesen gerecht zu verteilen. Dabei gilt immer: Zuerst muss man Wohlstand schaffen, erst dann kann man ans Verteilen denken.

Wenn es uns in der Wirtschaft nicht gelingt, für eine faire und gerechte Verteilung zu sorgen, wird es der Staat mit höheren Steuern, höheren Schulden und damit einhergehend wachsender

Bürokratie versuchen und uns damit endgültig versklaven und systemabhängig machen. Die Wirtschaft hat es vernachlässigt, den Arbeitern die Möglichkeit zu geben, Wohlstand zu schaffen. Die Arbeiter haben ein moralisches Recht, an dem Gewinn beteiligt zu sein, bei dessen Erwirtschaftung sie mithelfen.

Vergeben wir nicht die Chance, unabhängig und frei zu werden. Ohne freie Wirtschaft und Unternehmertum kann es keine freie Gesellschaft geben. Und nur in einer freien Gesellschaft kann man Wohlstand schaffen, indem man produktiv ist. Am produktivsten sind jene Unternehmen, die ihre Arbeiter am Erfolg der Firma teilhaben lassen, und der Wohlstand ist am höchsten in jener Gesellschaft, die den einzelnen Menschen die Möglichkeit gibt, ganz nach oben zu kommen. Eine Gesellschaft, die die Menschen in ihrer Produktivität, Kreativität und Freimut beschränkt, ist eine sterbende Gesellschaft.

Ich möchte deshalb ein Werteprogramm festlegen, das auf folgender Grundphilosophie aufgebaut ist: Die Menschenrechtsgesetze alleine sind nicht ausreichend. Wir müssen sie durch ökonomische Grundsätze verstärken. Ökonomische Rechtsverfassungsgesetze würden zu ökonomischen Demokratien führen und ökonomische Demokratien sind die Basis für Demokratie an und für sich.

Das Hauptprinzip ist dabei eine Struktur der Fairness, aufgebaut auf sozialökonomischer Gerechtigkeit. Wir brauchen Wirtschaftsstrukturen mit höchstem Respekt vor der Umwelt und vor allem auch vor Menschen, die sich nicht selbst erhalten können: Ein Land kann letztlich nur daran bemessen werden, wie es sich um die Menschen sorgt, die sich aus irgendeinem Grund selbst nicht helfen können.
Auf den folgenden Seiten beschreibe ich meine Vorschläge zu Strukturveränderungen, die auf sozialökonomischer Gerechtigkeit und guten Werten aufgebaut sind. Auf Werten, die stärker sind als einzelne Personen.

Ich musste in meinem Leben schon viel Kritik einstecken – von Gewerkschaften, Investoren und Politikern. Aber ich habe immer das getan, was ich für richtig gehalten habe und von dem ich überzeugt war, dass es am besten für mein Unternehmen, die Mitarbeiter oder das Land war. Ich bin nun an einem Punkt in meinem Leben angelangt, an dem ich auf zusätzliche Kritik gerne verzichten kann. Wenn ich wollte, könnte ich mich zurücklehnen, mich auf dem Erreichten ausruhen, mich nicht mehr öffentlich äußern, und wäre so bei jedermann gut angeschrieben. Aber mein Gewissen sagt mir, ich soll etwas tun.

Wenn man wirklich von etwas überzeugt ist und den Eindruck hat, dass etwas falsch, ungerecht oder unfair ist, oder wenn man glaubt, dass sich Dinge negativ entwickeln, dann hat man die Pflicht, sich öffentlich zu äußern. Dies schulden wir nicht zuletzt unserer jungen Generation.

Das Leben war gut zu mir. Ich bin finanziell unabhängig, brauche nichts von der Politik und kann sagen, was ich mir denke. Daher wäre es aus meiner Sicht nachlässig, nicht von Zeit zu Zeit und in einer vernünftigen, zivilisierten Weise die Dinge anzusprechen, von denen ich glaube, dass sie im Interesse des Landes verbessert werden müssten.

Eine Gefahr für unsere Gesellschaft ist es, wenn sich die Bürger – und hier ganz besonders unsere Jugendlichen – nicht mehr um die Entwicklung der Gesellschaft kümmern und auch nicht mehr versuchen, Beiträge zu ihrer Verbesserung zu leisten, weil jeder glaubt, dies sei allein Aufgabe des Staates.

Ob im Geschäftsleben, in der Gesellschaft oder im privaten Bereich – wenn man ein Problem hat, muss man zunächst erkennen, worin es besteht. Sollte man aber nicht einmal bemerken, dass man ein Problem hat, dann hat man wirklich eines. Probleme sind wie Krebserkrankungen. Sie gehen nicht von alleine weg. Sie müssen erkannt und behandelt werden, andernfalls weiten sie sich aus. Der erste Schritt, um ein Problem zu erkennen und zu lösen, besteht immer darin, es offen anzusprechen.

In meinen Firmen habe ich immer verlangt, dass ein Arbeitsumfeld geschaffen wird, in dem Mitarbeiter Probleme offen ansprechen können. Besonders wichtig ist dabei, ob es in den Betrieben dabei fair zugeht. Falls nicht, muss dies geändert werden. Denn unfaire Behandlung führt zu Unzufriedenheit – und Unzufriedenheit ist ansteckend. Kein Unternehmen könnte in so einem Klima erfolgreich sein.

Dasselbe gilt für die Gesellschaft. Geht ihre Entwicklung in eine falsche Richtung, nehmen Ungerechtigkeiten überhand, und dann droht bald alles zu kippen. Wir haben die Pflicht, nicht wegzusehen und Probleme nicht unter den Teppich zu kehren. Und wir haben die Pflicht, aufzustehen und unsere Stimme zu erheben.

Ich stehe für Wahrheit, Transparenz und Fairness.

1. Wahrheit

Die Bürger müssen Daten und Fakten unverfälscht zur Meinungsbildung erhalten. Politiker müssen die Wahrheit sagen.

Ich habe immer zu meinen Geschäftsführern gesagt: »Vergrab dich nicht in deinem Büro. Geh hinaus in die Fabrikhalle. Geh mit deinen Mitarbeitern Mittagessen. Du musst eine respektierte Führungsperson sein, kein Boss. Wenn du offen und ehrlich mit den Mitarbeitern bist und sie gut behandelst, werden sie mit dir durchs' Feuer gehen.«

2. Transparenz

Die Bürger müssen volle Einsicht in politische Vorgänge haben. Wo es keine Transparenz gibt, gedeiht die Korruption.

Ein Unternehmen oder auch jede andere Organisation funktioniert am besten, wenn alles transparent ist. Mitarbeiter haben ein gutes Gespür: Wenn sie merken, dass das Management nicht ehrlich ist oder etwas versteckt, dann wird es nie ihre Herzen gewinnen. Als ich meine erste Firma hatte, saß ich mit den Kollegen am Mittagstisch und habe ihnen den Kontoauszug gezeigt: »Schaut, das ist, was wir bis jetzt verdient haben.«

3. Fairness

Die Bürger dürfen von den Politikern nicht völlig verschuldet und über Amtsperioden hinaus in Haftung genommen werden. Das Steuergeld der Bürger muss verantwortungsvoll verwaltet werden.

Als Manager muss man hart arbeiten, um das Vertrauen und den Respekt der Mitarbeiter zu bekommen. Und wenn es um Vertrauen geht, gibt es keine Abkürzungen und Umwege – wenn man das Vertrauen einmal verloren hat, bekommt man es nicht mehr zurück. Wenn ich als Manager etwas zugesagt habe, dann habe ich immer versucht, dieses Versprechen zu halten. So baut man Vertrauen auf. Politiker machen viele Versprechungen und geben viel Steuergeld aus, um gewählt und wiedergewählt zu werden. Jedes Baby kommt in Österreich derzeit schon mit über 30.000 Euro Schulden zur Welt. Das ist unfair gegenüber unseren nächsten Generationen.

Verwaltungsreform

Wir haben zu viele Politiker, zu viele Gesetze und zu viel Verwaltung. Die Kosten dafür sind zu hoch und dadurch sind wir nicht mehr wettbewerbsfähig. Das ist nicht die Schuld der Staatsbediensteten, sondern der Politiker. Wir wollen die Verwaltungskosten über die nächsten fünf Jahre jedes Jahr um 5 Prozent senken.Wir werden von 183 Nationalräten, 63 Bundesräten, 14 Ministern und 4 Staatssekretären verwaltet, außerdem haben wir auch einen Bundespräsidenten. Darüber hinaus gibt es 9 Landeshauptleute und deren Stellvertreter, 84 Bezirkshauptmänner und deren Stellvertreter und 2.357 Gemeindebürgermeister und deren Stellvertreter.

Im Gesundheitssystem leisten wir uns 22 Sozialversicherungsträger plus den Hauptverband der Sozialversicherungsträger. Insgesamt also 23 Obmänner und 23 Obmann-Stellvertreter und eine Unzahl von Direktoren und Funktionären.

Weiters haben wir drei große Kammern: Die Bundesarbeitskammer, die Wirtschaftskammer und die Landwirtschaftskammer, alle drei sind Dachverbände für die jeweils neun Landeskammern. Zusätzlich gibt es die Kammern der freien Berufe – dazu zählen zum Beispiel die Ärztekammer, die Rechtsanwaltskammer, die Notariatskammer, die Kammer der Wirtschaftstreuhänder, die Apothekerkammer, die Architekten- und Zivilingenieurkammer. Jeweils mit Präsidenten, deren Stellvertretungen und einer Vielzahl an Direktoren und Funktionären, versteht sich.

Damit verbunden sind natürlich auch gewaltige Ausgaben für oft prunkvolle Bürogebäude und luxuriöse Dienstwagen.

Im globalen Wettbewerb, der täglich härter wird, müssen sich nicht nur Unternehmen bemühen, immer effizienter zu werden – sondern auch Regierungen, gerade in westlichen Ländern. Wir haben zu viel Bürokratie und Verwaltung und müssen dies durch hohe Steuern finanzieren. Dies verringert unsere Wettbewerbsfähigkeit.

Wenn man in Österreich eine Firma aufmachen möchte, kommt ein gewaltiger Verwaltungsaufwand auf einen zu: Zunächst muss man die geeignete Rechtsform wählen, man kann sich für eine Personengesellschaft oder für eine Kapitalgesellschaft entscheiden. Zur Gründung einer Kapitalgesellschaft ist ein Mindeststartkapital nötig, das jedoch je nach Art der Kapitalgesellschaft unterschiedlich hoch sein kann, außerdem sind Buchführung und Bilanzierung kompliziert. Als erstes muss man sein Gewerbe bei der zuständigen Gewerbebehörde anmelden. Danach muss man die Firma im Firmenbuch eintragen und innerhalb der ersten vier Wochen nach Aufnahme der gewerblichen Tätigkeit muss man das Gewerbe bei der Sozialversicherungsanstalt für gewerbliche Wirtschaft anmelden. Es muss eine Versicherungserklärung für Gewerbetreibende und Gewerbegesellschafter abgegeben werden und die gewerbliche Tätigkeit muss bei den Finanzbehörden angezeigt und eine Steuernummer beantragt werden. Sollte man mehr als eine Betriebsstätte errichten wollen, muss dies der zuständigen Gewerbebehörde angezeigt werden. Es sind unzählige Schritte, Termine, Anträge und Formulare, die man ausfüllen muss, bevor man überhaupt beginnen kann. Man muss jede Menge Ämter aufsuchen und wird von Abteilung zu Abteilung geschickt. Und der erste Brief, den man als Jungunternehmer bekommt, ist eine Vorschreibung des verpflichtenden Mitgliedsbeitrags in der Wirtschaftskammer. Sollte man gar einem sogenannten reglementierten Gewerbe nachgehen, braucht man dafür einen Befähigungsausweis. Natürlich muss sichergestellt sein, dass ein Baumeister sein Fach versteht und einem potentiellen Kunden nicht die Decke auf den Kopf fällt, aber ich glaube: Wenn ein Schuster Schuhe macht, die nicht passen, wird sie keiner kaufen. Wenn sich herumspricht, dass die Kunden Hühneraugen bekommen, wird er bald kein Geschäft mehr haben. Dasselbe gilt für Friseure, Köche und viele andere. Die Kunden wissen schon, ob sie eine hübsche Frisur oder ein gut schmeckendes Gulasch bekommen oder nicht. So einfach könnte es sein.

Wir sind einfach überverwaltet, überbesteuert und überreguliert.

Ich habe schon oft gesagt, dass in einer zivilisierten Gesellschaft niemand der Sündenbock sein darf. Es ist nicht die Schuld der Beamten, dass sich die Bürokratie so aufgebläht hat. Schuld sind die Politiker, die als erstes ihre eigene Machterhaltung sicherstellen wollen. Außerdem haben wir ein zu starkes Anspruchsdenken gegenüber der öffentlichen Hand entwickelt und rufen bei vielen Problemen sofort nach dem Staat. Was wir dabei vergessen: Der Staat kann uns nichts geben, was er nicht vorher von uns genommen hat.

Es gibt genug bürokratischen Speck, der reduziert, und genug Verwaltungskosten, die vermieden werden könnten. Ich betone, dass dies auf zivilisierte Weise erfolgen muss und unsere Standards für Sicherheit, Gesundheit, Umwelt und Bildung nicht gefährdet werden dürfen. Aber eine Senkung der Kosten von fünf bis zehn Prozent pro Jahr über die nächsten fünf Jahre halte ich für möglich – mit extrem positiven Auswirkungen. Die Steuern könnten drastisch gesenkt werden, gleichzeitig würde Österreich für internationale Firmen und Investoren attraktiver werden.

Wichtig wäre, dass man die Staatsbediensteten, die das System ja am besten kennen, motiviert, aktiv an diesem Programm teilzunehmen. Staatsbedienstete, die Einsparungen vorschlagen, sollen – sofern ihre Vorschläge umgesetzt werden können – mit einem bestimmten Prozentsatz an den Einsparungen beteiligt werden, und Staatsbedienstete, die eine Arbeit in der Privatwirtschaft finden, sollten einen Abschieds-Bonus bekommen.

Ob für Unternehmen oder Regierungen, der Schlüssel zum Erfolg in der heutigen Welt heißt Effizienz, Effizienz, Effizienz. Nur wer dies erkennt und vor allem versteht, wird erfolgreich sein.

Demokratiereform

Wir haben zu viele Berufspolitiker, die wenig Verständnis für die Wirtschaft haben. Politiker sollen nur für höchstens zwei Amtsperioden dienen, dann sollen sie in die Privatwirtschaft zurückkehren und mit den Gesetzen, die sie gemacht haben, leben. Wir wollen nur 100 politische Mandatare und 50 unabhängige Bürger im Nationalrat. Außerdem möchten wir manche Institutionen, die nicht den Bürgern, sondern nur den Machterhaltern dienen, wie zum Beispiel den Bundesrat, abschaffen.

Im Laufe meines Lebens habe ich viele Politiker aus zahlreichen Ländern getroffen – Staatspräsidenten, Senatoren, Ministerpräsidenten und Kanzler. Ich habe großen Respekt vor Politikern, die im Interesse ihres Landes tätig sind. Auch meine Tochter war lange in der Politik und war sogar Ministerin. Obwohl manche Politiker bestimmt gute Absichten haben und ihrem Land dienen wollen, ist es ihr vorrangiges Ziel, gewählt und nach einer Periode von vier, fünf Jahren wiedergewählt zu werden.

Ich meine das nicht zynisch. Dies ist ein natürliches Verhalten, wenn man im Amt bleiben möchte. Das Dilemma westlicher Demokratien ist freilich, dass die Regierungen – sie sind das Management-Team eines Landes – einerseits Staaten durch langfristige Entscheidungen lenken müssen, diese Entscheidungen aber andererseits auf (partei)politischen, kurzfristigen Überlegungen beruhen.

Das nenne ich die Achillesferse der Demokratie. Wir müssen also einen Weg finden, die politische Führung eines Staates mit einer sozialökonomischen Führung auszubalancieren, die längerfristig ausgerichtet ist und keinen parteipolitischen Einflüssen unterliegt. Dafür brauchen wir neue Rahmenbedingungen, die vor allem den politischen Entscheidungsprozess mit einem sozialökonomischen Entscheidungsprozess ins Gleichgewicht bringen. Ich bin davon überzeugt, dass dies die Regierungsarbeit nachhaltiger, leistungsfähiger und verantwortungsbewusster machen würde.

Bürgervertreter im Parlament könnten einen wesentlichen Beitrag zu einer ausbalancierten Politik leisten. Sie sollten mindestens 35 Jahre alt sein und als eine Art Weisenrat fungieren. Es ist anzunehmen, dass die Bürger eine Person als Bürgervertreter wählen würden, die einen ordentlichen Lebenslauf hat und über einige Erfahrung verfügt. Die Bürgervertreter würden mit ihrem Verstand und mit ihrem Herzen stimmen, weil sie sich fragen werden, was gut für ihre Kinder und Enkelkinder wäre.

Steuerreform

Wir müssen die Verwaltungskosten reduzieren und Maßnahmen setzen, die die Wirtschaft ankurbeln, damit wir die Steuern senken und Arbeitsplätze schaffen können.

Einkommenssteuer: Es soll nur ganz wenige Steuerstufen geben, mit einer radikalen Streichung von Ausnahmen, Schlupflöchern und Privilegien.

Unternehmenssteuer: Unser Hauptziel ist, dass Firmen in Österreich investieren. Investitionen im Ausland sollen höher besteuert werden als Investitionen im Inland, denn diese schaffen Arbeitsplätze im Land. Verluste von ausländischen Gesellschaften sollen nicht mehr in Österreich von der Steuer abgesetzt werden können. Gewinne, die im Unternehmen bleiben, werden nach meinen Vorstellungen mit 10 Prozent besteuert.

Alternativ kann der Eigentümer diese 10 Prozent den Arbeitnehmern als Gewinnbeteiligung auszahlen. Unternehmer sollen wählen können, ob sie die vorgeschriebene Steuerleistung an den Staat oder als Gewinnbeteiligung an die Mitarbeiter auszahlen.

Ich habe schon mehrmals betont: Die Arbeiter haben ein moralisches Recht auf Beteiligung an dem Gewinn, bei dessen Erwirtschaftung sie mithelfen. Und ich bin mir sicher, dass die Unternehmer die 10 Prozent lieber an ihre Mitarbeiter als an den Staat zahlen.

Unser jetziges Steuersystem ist viel zu kompliziert und ungerecht. Es gibt viele Schlupflöcher und Privilegien, außerdem ist das Gesetz voller Grauzonen, die von den Machterhaltern gerne dazu benützt werden, etwaige Kritiker des Systems still zu halten: Häufig fürchten sich Firmen oder Bürger regelrecht vor Steuerprüfungen durch das Finanzamt. Natürlich gibt es Leute, die sich nicht an die Gesetze halten und hoffen, nicht erwischt zu werden. Aber die meisten haben nichts zu verbergen und sind deshalb verunsichert, weil es komplizierte, schwer durchschaubare Regelungen gibt.

Ich habe früher regelmäßig meine Finanzleute gefragt, wie denn dieses oder jenes Thema steuerlich zu behandeln sei. Wenn wir uns intern nicht sicher waren, beauftragten wir einen Experten einer Steuerrechtskanzlei. Nicht selten war dessen Antwort: »Frank, ich bin mir nicht sicher, wir sollten weitere Experten hinzuziehen.« Und diese meinten dasselbe. Nach unzähligen Meetings und tausenden Dollar für Honorare waren wir so klug wie zuvor. Dies war nicht die Schuld der Experten, die ihr Bestes versucht haben. Der Fehler liegt im System, das zu kompliziert, schwer verständlich und oft unklar formuliert ist. Damit bremst es wirtschaftliches Wachstum und verschlingt öffentliche Gelder, weil eine riesige Bürokratie notwendig ist, um dieses Wirrwarr zu administrieren.

Ich habe bei Veranstaltungen oft angemerkt, dass wir ein Steuersystem brauchen, das für jeden Mittelschüler verständlich ist – einfach, klar, ohne Schlupflöcher. Dafür erntete ich immer kräftigen Applaus.

Diese Meinung vertrete ich noch immer. Wir brauchen ein Steuersystem, das transparenter, einfacher und stärker auf die Schaffung von Wohlstand ausgerichtet ist. Dies würde einerseits Verwaltungskosten senken und andererseits Firmen von der bürokratischen Last befreien, die durch Steuererklärungen und -prüfungen entsteht und sich in höheren Kosten für Produkte oder Leistungen niederschlägt.

Das Steuerrecht ist über die Jahre immer komplizierter und schwerfälliger geworden. Armeen von Juristen, Finanzexperten und Steuerberatern sind notwendig, um sich einen Weg durch den Paragraphendschungel zu bahnen. Dies führt uns auch immer weiter weg von einer Realwirtschaft hin zu einer Wirtschaft, die nur noch auf Finanztransaktionen beruht.

Unternehmer fördern

Ich möchte vor allem Klein- und Mittelbetriebe fördern, sie sind die wichtigsten Arbeitgeber in unserem Land. Wir müssen Gesetze vereinfachen und den Verwaltungsaufwand reduzieren. Wir werden die Lohnnebenkosten im Laufe der Zeit deutlich senken. Kein Gesetzesdschungel und keine Zwangsmitgliedschaft in den Kammern für unsere Unternehmer!

Ich werde immer wieder gefragt, wie es möglich war, aus einem Einmannbetrieb ein Unternehmen mit über 120.000 Mitarbeitern zu machen. Natürlich gehört ein bisschen Glück dazu. Aber viel wichtiger ist eine Firmenkultur, die Menschen auf positive Weise anspornt, ich habe diese Kultur schon in früheren Kapiteln ausführlich erklärt, ich nenne sie die Kultur des Fairen Wirtschaftssystems.

Kein anderes Element einer Firmenkultur fördert Stolz, Motivation und Leistungsbereitschaft so stark wie am Gewinnen direkt beteiligt zu sein. Es liegt auf der Hand: Mitarbeiter sind motivierter, wenn sie wissen, dass sie für ihren Einsatz nicht nur einen Lohn erhalten, sondern auch einen Anteil am Gewinn. Dies ist der Kern der Kultur des Fairen Wirtschaftssystems.

Ich glaube, dass diese Kultur des Zusammenhaltens und Zusammenarbeitens an einem gemeinsamen Ziel sehr viel Kraft hat. Wir brauchen diese Kraft vor allem in der Realwirtschaft. Wir müssen wieder mehr Produkte herstellen und verkaufen. Wir produzieren und exportieren aber immer weniger und importieren immer mehr.

Die Rechnung ist simpel: Wenn ein Land immer mehr importiert und immer weniger exportiert, ist es nur eine Frage der Zeit, bis das ökonomische Gewebe, wie ich es nenne, das dem Land Stabilität verleiht, sich auflöst und der Lebensstandard sinkt.

Österreich ist ein Land mit hohen Sozial- und Umweltstandards, aber auch mit hohen diesbezüglichen Kosten. Dennoch kann Österreich global wettbewerbsfähig sein. Dazu müssen wir aber darüber nachdenken, wo und wie wir uns verbessern können. Das muss schnell gehen, denn auch die Welt entwickelt sich sehr schnell. Und es müssen alle Bereiche einbezogen werden – die Wirtschaft muss sich ändern, die Gewerkschaften, die Regierungen und die öffentlichen Institutionen müssen sich ändern. Wir alle müssen uns ändern.

Und wir müssen zusammenarbeiten. Alle tragenden Säulen der Gesellschaft – Wirtschaft, Gewerkschaften, Regierungen, der akademische Bereich und die Medien – müssen beitragen, um unsere Wettbewerbsfähigkeit laufend zu verbessern. Gelingt uns dies, können wir bestehende Arbeitsplätze sichern und sogar neue schaffen. Arbeitsplätze sind das wertvollste Gut eines Landes – jetzt und in Zukunft.

Ein notwendiger erster Schritt bestünde darin, die Rahmenbedingungen für die produzierende Industrie zu verbessern, um die Exportwirtschaft anzukurbeln. Es ist evident, dass die Unternehmen, die Güter produzieren und exportieren, mehr und auch bessere Arbeitsplätze schaffen als jene, die lediglich Güter importieren.

Wir müssen unsere Lagerhallen wieder in Fabriken umwandeln.

Arbeitnehmer

Der Arbeitnehmer ist unser wertvollstes Kapital. Unternehmer können in meinem Modell die zehnprozentige Unternehmessteuer statt an den Staat an die Mitarbeiter auszahlen. So werden die Mitarbeiter zu Mitunternehmern. Das würde viel dazu beitragen, dass wir die soziale Kluft in unserem Land deutlich verringern können.

Wir brauchen auch keine Zwangsmitgliedschaft in der Arbeiterkammer. Das kostet die Arbeitnehmer viel Geld, wovon der Großteil in der Verwaltung und in der Bezahlung politischer Funktionäre versickert.

Als ich mich selbstständig machte, ließ ich bald meine besten Leute am Gewinn teilhaben und sie wurden Miteigentümer. Als Magna an der Börse notierte, konnte ich jedem Mitarbeiter die Möglichkeit geben, sich am Gewinn und am Unternehmen selbst zu beteiligen. Ich nannte diese Philosophie »Fair Enterprise«.

Ganz einfach ausgedrückt: Wenn Mitarbeiter am Erfolg der Firma selbst beteiligt sind, sind sie motivierter, ein besseres Produkt zu einem besseren Preis herzustellen.

Sie sind dann auch motivierter, sich einzubringen. Und so entstehen Innovationen.

Wie entstehen eigentlich Innovationen? Drei Dinge sind dabei wichtig. Erstens: Innovationen kommen von Menschen, nicht von Maschinen oder Anlagen. Es braucht daher eine Kultur, die innovatives Denken fördert. Zweitens: Innovationen werden meist nicht von Managern hervorgebracht, die in ihren Büros sitzen und von neuen Produkten träumen. Die besten neuen Produktideen entstehen ganz unten, im Produktionsbereich, wo jene Menschen arbeiten, die dem Produkt und den Kundenbedürfnissen am nächsten sind. Drittens: Ein Unternehmen, das nicht in Forschung und Produktentwicklung investiert, wird im globalen Wettbewerb auf Dauer keine Chance haben. Daher suchen wir in unserem Unternehmen auch ständig nach Wegen, um neue Produkte und

Lösungen für unsere Kunden zu entwickeln. Aber – und damit knüpfe ich an das an, was ich zuvor geschrieben habe – wir setzen bei Magna auch stark auf die Einbeziehung aller Mitarbeiter, weil diese oft sehr wertvolle Ideen und Vorschläge haben. Wer das geistige Potenzial seiner Mitarbeiter nicht schätzt und nützt, macht einen großen Fehler. Wir haben daher verschiedene Programme eingeführt, die die Mitarbeiter anregen und ermutigen sollen, ihre eigenen Ideen vorzubringen. Die besten werden ausgewählt, die Einreicher erhalten schöne Preise, und ihre Ideen werden dann in unseren Innovationszentren weiterentwickelt, wie etwa auch am Frank Stronach Institut an der Technischen Universität Graz. Sollte eine Idee so gut sein, dass sie sich in ein neues Produkt umsetzen lässt, hat der Mitarbeiter, von dem die Idee stammt, die Chance, damit seine eigene Firma zu eröffnen. Magna würde ihn dabei unterstützen und sich an der Firma beteiligen. Der Ideengeber würde somit zum Unternehmer werden.

Viele Innovationen, die Magna in der Autoindustrie entwickelt hat, sind auf diese Weise entstanden. Aber auch in anderen Branchen haben von Magna entwickelte Technologien für Furore gesorgt. So haben wir beispielsweise das Touchscreen-Glas entwickelt, das im Apple iPhone eingesetzt wird.

Ich habe den Eindruck, dass es heute nicht genug Leute gibt, die sowohl den Produktionsprozess verstehen als auch die Fähigkeiten besitzen, neue Technologien und Produkte zu entwickeln. Wir machen uns zu wenig Gedanken darüber, wie wir Dinge konkret herstellen können. Und gefährden damit Arbeitsplätze und unseren Wohlstand.

Daher müssen wir gezielt an einer neuen Generation innovativer Köpfe arbeiten, die die Kreativität, das Können aber auch das unternehmerische Denken haben, um neue Produkte zu entwickeln und dann auch wettbewerbsfähig zu produzieren. Ich bin davon überzeugt, dass es in Österreich genügend helle Köpfe gibt – wir müssen sie nur richtig motivieren, fördern und ihnen die Möglichkeit zur Entfaltung geben.

Justiz und Kontrolle

Die Justiz, der Rechnungshof, der Verfassungs- und der Verwaltungsgerichtshof müssen von der Politik unabhängig sein und ausschließlich den Gesetzen und objektiver Sachlichkeit verpflichtet sein. Sie können aber nur objektiv sein, wenn sie von der Regierung und parteipolitischen Einflüssen unabhängig sind. Das heißt, die obersten Richter und Kontrollorgane der Republik sollen direkt vom Volk gewählt werden.

Das ist für mich ein ganz wichtiger Grundsatz: Es darf keine politische Einflussnahme auf Rechtsprechung und öffentliche Gebarungskontrolle geben.

Die Realität in Österreich schaut derzeit anders aus. Die Verfassungsrichter werden auf Grund von Vorschlägen der Bundesregierung, des Nationalrats und des Bundesrats ernannt. Ich bezweifle, dass jemand, der parteipolitisch in entscheidende Verantwortung gehoben wird, politische Unabhängigkeit, Unparteilichkeit und vorbehaltslose Objektivität verkörpert.

Ich habe in meinem Bekanntenkreis einige angesehene Richter, die sich große Sorgen um unseren Rechtsstaat machen, da es bei Entscheidungen von parteipolitischer oder weltanschaulicher Bedeutung regelmäßig vorkommt, dass verfassungsgerichtliche Urteile eine gewisse ideologische Handschrift erkennen lassen. Dass jemand durch seine Ernennung zum Richter plötzlich seine Gesinnungsnähe gegen rein sachliche Objektivität eintauscht, ist ja auch schwer vorstellbar.

Dasselbe gilt für den Präsidenten und den Vizepräsidenten des Rechnungshofs, deren Ernennung auf Vorschlägen des Hauptausschusses des Nationalrats beruht, also auch durch die Politik dominiert ist. Die Leitung des Rechnungshofs hat selbstverständlich einen gewissen Einfluss darauf, wer oder was, wann oder wie geprüft und kontrolliert wird, und auch der Inhalt von Rechnungshofberichten lässt sich gezielt einsetzen und so oder so darstellen. Unser ganzes politisches System ist voller Grauzonen, deshalb gibt es hier genug Spielraum, damit Druck auf Bürger ausgeübt werden kann.

Ganz besondere Bedenken habe ich, was die Unabhängigkeit und Unparteilichkeit im Strafrecht anlangt. Durch die Reformen der letzten Jahre und Jahrzehnte geht immer mehr Macht weg von den Richtern hin zu den weisungsgebundenen Staatsanwälten. Aus der Sicht der Politiker mit gutem Grund, denn vor allem in den 1980er-Jahren wurden einige hohe Politiker strafgerichtlich verurteilt. Die unabhängigen Richter ließen sich in ihrer Wahrheits- und Urteilsfindung offenbar nicht beeinflussen.

Heute gibt es aber keine unabhängigen Untersuchungsrichter mehr und überhaupt wurden viele richterliche Kompetenzen den Staatsanwälten zugewiesen, die aber durch ihre Weisungsgebundenheit bis hinauf zum Justizministerium steuerbar sind. Dadurch hat die Regierung die Möglichkeit, die Aufbereitung und Sammlung von Beweisergebnissen zu beeinflussen. Zurzeit ist also der Staatsanwalt Ermittler und Ankläger in einer Person. So gesehen verfolgt die Politik eigene Interessen, wenn sie die staatsanwaltschaftlichen Befugnisse erweitert, weil sie dadurch auch ihre Einflussmöglichkeiten vergrößert.

Wir sollten daher wieder auf unabhängige Untersuchungsrichter als Garant für ein ausschließlich sachlich geführtes Vorverfahren setzen und die Personalrekrutierung in der Staatsanwaltschaft reformieren, sodass es möglichst keinen parteipolitischen Einfluss gibt.

Europa und Euro

Ich bin für ein starkes Europa mit souveränen, demokratischen Rechtsstaaten. Die gemeinsame Währung ist aber leider eine Fehlkonstruktion. Jeder weiß: Ein österreichischer Euro sollte mehr wert sein als ein griechischer. Jedes Land soll daher die Freiheit haben, seinen eigenen Euro einzuführen. Ich bin für den gemeinsamen Markt, lehne aber die Zentralisierung und Abschaffung der nationalen Souveränität ab. Ich respektiere die Vielfalt der europäischen Kulturen. Ich bin mir dessen bewusst, dass es zum Thema Euro und zur europäischen Wirtschaftspolitik viele Meinungen gibt. Es kann aber nicht richtig sein, dass ein Land, das vernünftige Wirtschaftsstrukturen hat, ein Land mit schlechten Wirtschaftsstrukturen subventioniert.

Europa hat gravierende Probleme, die vor allem durch die Gründung der Währungsunion entstanden sind. Viele wirtschaftlich schwache Länder nutzten billig ausgeborgte Gelder und finanzierten einen hohen Lebensstandard, ohne dass dieser aber real erwirtschaftet wurde.

Oft wird ein Vergleich mit den USA angestellt, aber die haben eine ganz andere Ausgangslage: Die Kulturen in Europa sind tausende von Jahren alt und sehr stark verwurzelt. Ein Großteil der amerikanischen Gesellschaft ist vor rund 200 Jahren aus hauptsächlich britischen Einwanderern gebildet worden, die Situation und Kultur dieser Einwanderer war ähnlich. Für fast alle Menschen, die in den USA leben, gilt: Sie sind stolze Amerikaner. Bei jedem Sportereignis wird als erstes die Hymne gesungen, genauso jeden Morgen in der Schule. Es gibt dort ein Zusammengehörigkeitsgefühl und einen Stolz auf das gemeinsame Land.

Bei uns aber gibt es eine Vielfalt der Kulturen und Mentalitäten. Italiener sind anders als Deutsche, Griechen anders als Franzosen und so weiter.

Griechenland ist ein Paradebeispiel für die Fehler der europäischen Integration. Für tausende von Jahren waren die Griechen unabhängig. Griechenland ist die Wiege der westlichen Kultur und der Demokratie. Im 21. Jahrhundert kommt dann die EU mit neuen Vorschriften, billigem Zugang zu Geld und anderen Verlockungen, die Griechenland in den de-facto-Staatsbankrott treiben. Nun zwingen wir den Griechen noch mehr Geld und strikte Sparpakete auf. Kein Wunder, dass die Bevölkerung revoltiert. Man sollte Griechenland seinen eigenen Weg gehen lassen. Es ist klar, dass man einem Nachbarn in Not hilft, aber man kann nicht auf Dauer einen großzügigen Lebensstil mitfinanzieren, dann verlieren nämlich alle.

Naturgesetze sind stärker als von Menschen gemachte Gesetze. Ein Naturgesetz ist, dass die Politiker nicht die Kultur eines ganzen Landes oder eines Volkes per Gesetz verändern können. Man kann den Griechen deshalb nicht vorschreiben, dass sie von nun an produktiver sein müssen.

Ein weiteres Naturgesetz besagt, dass fairer Wettbewerb in der Wirtschaft zu besserer Leistung, besseren Produkten und mehr Wohlstand führt. Immer, wenn Wettbewerb ausgeschaltet und in den Markt künstlich eingegriffen wird, ist es nur eine Frage der Zeit, bis das Wirtschaftswachstum endet und der Wohlstand zu sinken beginnt.

Unsere Politiker scheinen gerade dabei zu sein, den Wettbewerb zwischen den Ländern in Europa auszuschalten. In der angepeilten Haftungsgemeinschaft gibt es keinen Anreiz mehr für volkswirtschaftlich schwache Länder, ihre Strukturen zu reformieren und besser zu wirtschaften. Es ist anzunehmen, dass sich jeder auf den anderen verlassen wird, als Zahlmeister einzuspringen. Eine Haftungsgemeinschaft macht keinen ökonomischen Sinn. Sie widerspricht Naturgesetzen. Ganz abgesehen davon haben hauptsächlich die Großbanken in Griechenland profitiert und nicht die Griechen. Sie tätigten offenkundig Fehlinvestitionen und konnten darauf zählen, dass die Steuerzahler sie retten werden.

Das Hauptanliegen der Europäer nach den beiden Weltkriegen lag darin, endlich in Frieden zu leben. Im Laufe der Zeit arbeitete man daher auch wirtschaftlich immer enger zusammen. Die Europäische Gemeinschaft sicherte freien Personen-, Güter- und Kapitalverkehr.

Die Wirtschaft prosperierte für viele Jahre. Der Motor des sogenannten Wirtschaftswunders war der Wettbewerb, der in allen bedeutenden Sektoren herrschte. Es gab den Wettbewerb der Rechtssysteme und der Standorte, der Währungen, der Steuersysteme, der Sozialsysteme, der Bildungssysteme. Dann aber wurde ein folgenschwerer Fehler gemacht: Anstatt sich rein auf Wirtschaft und Wettbewerb zu konzentrieren, wurde eine politische Union gegründet. Die Gründung der Europäischen Union mit ihrem gewaltigen Verwaltungsapparat hat nichts zu weiterem Wirtschaftswachstum beigetragen, ganz im Gegenteil, diese Bürokratie versteht nichts von der Wirtschaft und verhindert den so wichtigen Wettbewerb durch ihr ständiges Bestreben, viele Bereiche zu harmonisieren. Es wird so lange »harmonisiert«, bis alle Länder auf der gleichen Stufe angelangt sind – nämlich auf der untersten.

Die Politiker hätten die Wünsche der Europäer nach Frieden und Wohlstand leicht umsetzen können, ohne den Menschen ein politisches System und die damit verbundene Bürokratie aufzuzwingen. Es ist sehr wichtig, dass wir uns politisch wieder entflechten und zu unserer souveränen Wirtschafts- und Finanzpolitik zurückkehren. Es wird dabei ein ganz natürlicher marktwirtschaftlicher Prozess sein, dass sich verschiedene Währungen wieder aneinander koppeln, so wie das vor der Einführung des Euro der Fall war.

Ich befürchte, dass es das Ziel der Führungseliten in Europa ist, einen zentral regierten Bundesstaat zu errichten, in welchem die souveränen Rechte der einzelnen Länder für immer verloren wären – all das basierend auf dem Glauben an die zentrale Macht der Bürokratie. Das wäre ein gravierender Fehler.

Ich bin für klare Definitionen und strenge Regeln für Geldhäuser. Geschäftsbanken müssen von Investmentbanken getrennt werden. Wir sollten die Mindestkapitalvorschriften verschärfen und spekulative Hebelungsgeschäfte mit dem eingelegten Geld der Bürger verbieten. Es sind Milliardenbeträge von Steuergeld an Großbanken geflossen, die sich verspekuliert haben. Keine Bank darf deshalb künftig so groß sein, dass der Staat erpressbar wird.

Mit den Spareinlagen der Bürger darf nicht spekuliert werden und die Regierungen dürfen keine Bankenrettung mit Steuergeld betreiben.

In fast jedem von uns steckt ein wenig von dem, was man als Spieler-Gen bezeichnen könnte. Wer von uns spielt denn nicht gerne einmal mit Freunden Karten, kauft sich ein Brieflos, spielt Lotto oder platziert Wetten bei Sportveranstaltungen oder Pferderennen?

Für mich ist es am faszinierendsten, einen Sonntagnachmittag auf einer Pferderennbahn zu verbringen. Man trifft dort die unterschiedlichsten Menschen – von älteren Damen mit exotischen Hüten bis hin zum typischen Wetter, der mit der Zigarre in der Hand die Startlisten studiert und den goldenen Tipp sucht. Allen ist gemein, dass sie Unterhaltung wollen, das Spektakel lieben, beim Zieleinlauf mitfiebern und hoffen, ein paar Euro zu gewinnen. Diese spannungsgeladene Atmosphäre, die man auch in Casinos erleben kann, übt einen besonderen Reiz aus.

Natürlich muss es staatliche Regulierungen für Glücksspiele und Wetten geben. Diese müssen einerseits sicherstellen, dass alles transparent und fair abläuft, und sollten andererseits dazu beitragen, dass Menschen nicht durch Spielsucht in den finanziellen Ruin laufen. Für mich ist es aber unverständlich, dass es in diesen Bereichen immer striktere Regulierungen und Beschränkungen gibt, während wir immer noch vergeblich auf strenge Regeln für die Finanz- und Aktienmärkte warten.

Gerade die jüngste Finanzkrise hat uns doch gezeigt, dass an manchen Börsen hemmungsloser gezockt und gewettet wurde als in jedem legalen Casino. Es wurde auf steigende oder fallende Kurse gewettet und eine riesige Blase erzeugt, die dann geplatzt ist, weil sie keine realwirtschaftliche Basis hatte.

Kaum ist die schlimmste Phase der Krise vorbei, geht das Spiel wieder munter von vorne los. Und bis dato hat noch keine Regierung das wahre Problem aufgezeigt und Maßnahmen gesetzt, um eine Wiederholung dieser Krisen zu verhindern. Stattdessen wurde mit Steuergeldern gerade jenen Banken geholfen, die sich verhalten haben, als ob sie im Casino zu Gast wären. Ich hätte diese Banken auf ihren faulen Krediten und Finanzlöchern sitzen gelassen und stattdessen jene Banken weiter gestärkt, die sich während der gesamten Zeit als solide und korrekte Institute erwiesen haben.

Menschen werden immer Mittel und Wege finden, um zu versuchen, mit möglichst geringen Einsätzen möglichst hohe Gewinne zu lukrieren. Daher sind hier Regulierungen mit Augenmaß notwendig.

Schule & Bildung

Wir wollen Bildung und Ausbildung auf höchstem Niveau ermöglichen. Wir fordern daher: viel Sport und gesunde Ernährung in der Schule. Jedes Kind soll dort zumindest eine gesunde Mahlzeit pro Tag bekommen.

Parteibuchwirtschaft hingegen hat an unseren Schulen nichts verloren. Die besten und motiviertesten Lehrer sollen unterrichten, damit jeder junge Mensch nach der Pflichtschule lesen, schreiben und rechnen kann, was derzeit leider nicht immer der Fall ist. Außerdem legen wir den Fokus auf die wichtigen Bereiche unserer Zukunft: Gesundheit, Technik und Naturwissenschaften, Wirtschaft und Umwelt müssen besondere Berücksichtigung im Lehrplan finden.

Als Unternehmer ist für mich natürlich klar, dass die Wirtschaft nicht vergessen werden darf, wenn wir über die Bildung und Erziehung unserer Kinder diskutieren. Generell ist es wichtig, dass die Wirtschaft engere Beziehungen zu unserem Bildungssystem unterhält. Wir müssen unseren Schülern sehr früh bewusst machen, wie wichtig die Wirtschaft für das Funktionieren unserer Gesellschaft ist. Ich glaube, dass in einigen Bereichen unseres Bildungssystems Vorurteile gegen die Wirtschaft existieren und die Meinung vorherrscht, dass von einer funktionierenden Wirtschaft nur wenige profitieren, weil sie andere ausbeutet, und dass unethische Praktiken weit verbreitet sind.

Meine Sorge ist, dass diese negative Einstellung unsere Jugend davon abhält, Karrieren in der Wirtschaft anzustreben, speziell Karrieren als Unternehmer. Eine stärkere Einbindung der Wirtschaft in unser Bildungssystem könnte diese negative Wahrnehmung korrigieren und den Schülern ein realistisches, aber nicht unkritisches Bild der Wirtschaft vermitteln. Auch in der Wirtschaft braucht es eine Art von »Sportscharakter«, nämlich einen Charakter, der auf sozialökonomischer Gerechtigkeit beruht. Also fairen Wettbewerb, Verantwortungsbewusstsein und fairen Umgang mit allen Kräften, die ein Unternehmen treiben – Arbeiter, Management, Kapital und Gesellschaft.

Wenn wir unser Bildungssystem reformieren und einige der hier aufgezeigten Ideen einbeziehen, könnten wir etwas dazu beitragen, die Chancen unserer Jugend im globalen Wettbewerb zu verbessern. Es ist die Pflicht der jetzigen Generation, unsere Kinder zu lehren, was sie benötigen, um zu wachsen, sich durchzusetzen und jene Chancen zu nützen, die für sie in Reichweite liegen. Tun wir das, leisten wir auch einen Beitrag dazu, unseren eigenen Wohlstand für die Zukunft zu sichern und weiter zu erhöhen.

Fairer Wettbewerb ist wichtig für die Wirtschaft, aber auch für die Gesellschaft und jeden Einzelnen von uns, weil er anspornt und anregt, über Verbesserungen nachzudenken. Eine vernünftige Einstellung dazu sollte schon in jungen Jahren vermittelt werden.

Es scheint, als hätten wir den hohen Wert dieser Komponente für das Bildungssystem aus den Augen verloren.

Wir müssen die vielen nicht-akademischen Erziehungsaspekte näher betrachten, auf deren Basis mündige Bürger heranwachsen, die bereit sind, zum sozialen und wirtschaftlichen Wohlstand der Gesellschaft beizutragen. Ich nenne diesen Ansatz »Erziehung zur Lebenseinstellung« – das Vermitteln von Prinzipien, mit denen unsere Kinder ein verantwortungsbewusstes, ausgeglichenes, gesundes, aber auch produktives Leben führen können. Dazu zählt auch, dass wir in den Schulen Mindeststandards in den Bereichen Ernährung und Ernährungslehre vermitteln müssen. Die Bedeutung einer gesunden Ernährung muss schon von Kindesbeinen an eine Selbstverständlichkeit werden, genauso wie die Verfügbarkeit frischer gesunder Lebensmittel für unsere Kinder in den Schulkantinen.

Mit all dem müssen wir früh beginnen. Wenn wir in unseren Schulen mehr Stunden für Sport und Ernährungslehre aufwenden und den Schülern so rechtzeitig die Bedeutung von sportlicher Betätigung und gesunder Ernährung näherbringen, können wir uns auf lange Sicht etliche Milliarden an Gesundheitskosten einsparen.

Kultur

Die Kultur einer Gesellschaft spiegelt sich in ihren Werten wider. Die Erhaltung, Erforschung, Vermittlung und Präsentation des kulturellen Erbes in allen Bereichen der Hoch- und Volkskultur sowie zeitgenössische Kunst- und Kulturformen sind bedeutende Aufgaben. Österreich soll eine Kulturnation bleiben, getragen von starken Werten in der Gesellschaft.

Österreich ist in landschaftlicher und kultureller Hinsicht ein bedeutendes Land. Wir haben alles, was Kultur nur bieten kann: unglaubliche Bauten, klassische Musik, Festspiele, zeitgenössische Kunst und vieles mehr. Millionen von Touristen aus aller Welt besuchen unser Land und wir können zu Recht stolz sein auf alles, was Österreich kulturell zu bieten hat, von der Hochkultur bis zum traditionellen Brauchtum, der Moderne bis hin zur kulinarischen Kultur.

Ich bin gerne in Nordamerika, das Leben dort ist etwas weniger bürokratisch und weniger kompliziert, es werden einem nicht so viele Steine in den Weg gelegt und man fühlt sich ein bisschen freier. Ich bin aber auch sehr gerne in Österreich und wenn ich so durch die hübschen Gassen und prunkvollen Straßen spaziere, bewundere ich die alten kunstvollen Gebäude, die es in Amerika nicht gibt. Österreich ist einfach wunderschön, wir können stolz auf unser Kulturgut sein und sollten es bewahren.

Jugend

Eine gute Zukunft für die jungen Menschen gibt es nur, wenn die Wirtschaft funktioniert und ausreichend Arbeitsplätze vorhanden sind. Schüler zwischen 16 und 18 sollen die Möglichkeit bekommen, Schnupperlehrkurse zu besuchen, um zu sehen, wo sie talentiert sind und besondere Interessen haben.

Die Jugend ist das größte Kapital einer Gesellschaft und muss deshalb gefördert, gefordert und unterstützt werden.

Wenn mich junge Leute manchmal um Rat fragen, was sie für einen Beruf ergreifen sollen, sage ich ihnen, dass man sich selbst noch nicht so richtig kennt, wenn man gerade erst mit der Schule fertig geworden ist. Ich rate ihnen, ein bisschen zu experimentieren und ein wenig Erfahrung zu sammeln, um herauszufinden, was einem besonders liegt, was man gerne macht. Auch mein Enkelsohn Frank, der jetzt 21 Jahre alt ist, war sich nicht ganz sicher, was er studieren soll. Ich habe ihm die Möglichkeit gegeben, bei verschiedenen Abteilungen der Magna und der Stronach Group hineinzuschauen, um zu sehen, wofür er sich besonders interessiert und wo er eine Begabung hat. Er war sehr froh über diese Möglichkeit und hat sich am Ende entschieden, Betriebswirtschaft zu studieren. Er ist heuer mit dem Bachelor fertig geworden und fängt jetzt bei mir in der Firma an.

Ich finde, dass alle interessierten jungen Leute zwischen 16 und 18 die Möglichkeit bekommen sollten, Schnupperlehren und Schnupperkurse zu belegen, um zu sehen, was sie später für einen Weg einschlagen wollen. So könnte man ihnen eine richtige Orientierungshilfe geben und gleichzeitig viel Geld einsparen, da viele junge Leute aus Ratlosigkeit einfach irgendein Fach auf der Universität belegen, das sie weder besonders interessiert noch sie wirklich weiterbringen wird. Deshalb gibt es ja auch so viele Studenten der Geisteswissenschaften, und man kann davon ausgehen, dass es sehr schwierig für sie sein wird, einmal Arbeit zu finden.

Sport

Sport ist Gesundheitsgarant und Charakterschule. Bereits in den Kindergärten und Volksschulen sollten daher gezielt ausgebildete Turn- und Sportlehrer zur Frühförderung der Kinder herangezogen werden. Wir wollen Spezialakademien für besonders begabte Sportler und setzen uns für die Entpolitisierung der Vereine und Verbände ein.

Politik hat im Sport nichts verloren.

Als junger Bursche habe ich gerne Fußball gespielt. Ich war ein Mittelfeldspieler und spielte im Weizer Fußballteam und auch im Firmenteam von Elin. In der Schweiz habe ich beim Helvetia Bern gespielt.

Auch heute treibe ich sehr gerne Sport, spiele regelmäßig Tennis, fahre Ski und trainiere jeden Tag ein bisschen zu Hause. Sport ist sehr wichtig, um gesund zu bleiben und sich wohl zu fühlen.

Durch einen verstärkten Fokus auf den Sport würden wir unserer Jugend die Bedeutung von fairem Wettbewerb, aber auch seine Härten sowie etwas »Sportscharakter« näherbringen. Dies könnte den jungen Menschen helfen, wichtige Fähigkeiten zu entwickeln, wie etwa Motivation, Verantwortung, Entschlossenheit, Teamarbeit, Ausdauer und die Bereitschaft, eigene Talente bei der Verfolgung eines Ziels konsequent zu nutzen.

Die Idee, körperliche Aktivitäten und sportlichen Wettbewerb zu einem zentralen Bestandteil der Ausbildung junger Menschen zu machen, ist übrigens keine neue – sie stammt aus der klassischen griechischen Kultur. Es scheint aber, als hätten wir den hohen Wert dieser Komponente für das Bildungssystem etwas aus den Augen verloren.

Gesundheitssystem

Die medizinische Grundversorgung muss in einem einheitlichen staatlichen Gesundheitssystem überall gewährleistet sein, privater Wettbewerb soll trotzdem zugelassen werden. Die Bürger sollen freie Versicherungs- und Arztwahl haben. Durch Wettbewerb sinken die Preise und die Qualität der Leistungen steigt. Die Ärzte sind die tragenden Säulen des Gesundheitssystems. Sie brauchen bessere Arbeitsbedingungen und eine gerechte Entlohnung.

Gesundheit ist das wertvollste Gut, es steht weit über allen materiellen Dingen. Das Gesundheitssystem ist daher ein Fundament des Landes, es muss jedoch finanzierbar bleiben. Deshalb sollten wir neue Anreize schaffen: Ein Bonussystem etwa, in dem jedem, der keine Leistungen in Anspruch nimmt, Versicherungsbeiträge refundiert werden. Qualität und Service könnten sich so rasch verbessern.

Am Beginn dieser Reformen steht das Gesundheitsbewusstsein, welches wir so tief wie möglich in der Gesellschaft verankern müssen. Das fängt schon im Kindesalter an: Wir müssen daher Sport und Ernährungslehre an Schulen ausweiten. Auch in den Familien muss das Gesundheitsbewusstsein verstärkt werden. Die Medien und ganz besonders das öffentlich-rechtliche Fernsehen haben dabei eine große Verantwortung.

Ein wichtiger Aspekt ist gerade im Bereich der Gesundheit die Eigenverantwortung. Eine Gesellschaft funktioniert umso besser, je mehr die Menschen bereit sind, Selbstverantwortung zu übernehmen. Eine Gesellschaft kann sich nur verbessern, wenn jeder Bürger bereit ist nachzudenken, welche Beiträge er dazu leisten kann.

Die Gesundheitskosten pro Kopf betragen in Österreich circa 3.800 Euro pro Jahr. Ein Weg, diese Kosten zu senken, könnte so aussehen: Jeder, der nur einen Teil dieses Betrags nutzt, erhält 20 Prozent des nicht genutzten Anteils, 80 Prozent bleiben beim Staat. Vorsorgeuntersuchungen, Präventivmaßnahmen, wie etwa

Impfungen und die medizinische Betreuung im Kleinkindalter, dürften aber nicht in die Berechnung des in Anspruch genommenen Teils einbezogen werden. Denn diese sind wichtig und gewünscht, da sie langfristig zur Kostensenkung beitragen können.

Ich bin davon überzeugt, dass ein solches Modell, das man als eine Art Bonussystem bezeichnen könnte, die Eigenverantwortung fördern und Anreize zu größerem Kostenbewusstsein schaffen würde. Natürlich bin ich mir dessen bewusst, was Kritiker zu solchen Vorschlägen sagen: Sie sehen die Gefahr, dass Menschen auf Arztbesuche verzichten, um dadurch eine Bonuszahlung zu erreichen. Ich halte dem entgegen, dass wir zwar das Bewusstsein der Menschen im Hinblick auf die Gesundheit stärken sollen, sie aber nicht bevormunden dürfen. Ich bin davon überzeugt, dass die Menschen klug genug sind, um zu wissen, wann sie zum Arzt gehen müssen.

Das Wichtigste dabei bleibt für mich aber, dass alles, was wir in diesem Bereich tun, auf sozialökonomischer Gerechtigkeit beruhen muss. Das Gesundheitssystem darf niemals total privatisiert werden. In einer zivilisierten Gesellschaft muss hundertprozentig sichergestellt werden, dass jeder Bürger – unabhängig von seinen finanziellen Möglichkeiten – Zugang zu medizinischer Versorgung hat.

Pensionssystem

Es soll im Pensionssystem keine Klassenunterschiede von Bürgern geben, für Arbeiter, Angestellte und Beamte sollen deshalb die gleichen Regeln gelten. Wir wollen Steueranreize schaffen, die es auch für Senioren attraktiv macht, länger zu arbeiten, und ein transparentes Pensionskonto einführen, sodass jeder selbst entscheiden kann, wann er in Pension gehen will.

Die älteren Menschen haben unser Land nach dem Krieg mit harter Arbeit wieder aufgebaut. Sie haben einen schönen Lebensabend verdient und wünschen bestimmt auch ihren Kindern und Enkeln eine gesicherte Zukunft.

Pensionisten und ältere Leute dürfen nicht der Sündenbock für die jahrzehntelange Misswirtschaft unserer Regierung sein.

Das österreichische Pensionssystem steht aus mehreren Gründen vor dem Zusammenbruch.

Erstens gibt es aufgrund sinkender Geburtenraten immer weniger Einzahler und immer mehr Pensionisten.

Zweitens hat die Regierung einen gewaltigen Schuldenberg aufgebaut. 2012 gaben wir rund neun Milliarden Euro für Zinsen aus. Die Ausgaben, die der Bund den Pensionsversicherungsanstalten zuschießen muss, beliefen sich im Jahr auf rund acht Milliarden Euro. Wären wir nicht so verschuldet, könnten wir das für Zinsen zu zahlende Geld anders investieren, wie beispielsweise in die Sicherung der Pensionen und in die Altenpflege.

Drittens wird uns die jetzige Regierung noch mehr verschulden: Sie segnete etwa den Beitritt Österreichs zum ESM ab. Wir werden deshalb für die Schulden anderer Länder haften müssen. Das Verrückte dabei: Österreich hat kein Geld zum Herborgen. Um die Schulden der anderen Staaten zu bezahlen, müssen wir selbst Schulden machen und in Folge noch höhere Zinsen zahlen.

Wir müssen dringend Maßnahmen ergreifen, um die Pensionen jetzt und für die Zukunft zu sichern. Wir dürfen nicht so viel Geld für die Rettung der anderen Länder ausgeben, sondern müssen zuerst auf unsere eigenen Bürger schauen. Wir dürfen keine neuen Schulden mehr machen, müssen aus dem ESM-Vertrag und der Währungsgemeinschaft heraus und unser Pensionssystem reformieren.

Es sollten Anreize für rüstige ältere Menschen geschaffen werden, länger aktiv zu bleiben: Wenn jemand freiwillig länger arbeitet, sollten für den Arbeitgeber keine oder deutlich reduzierte Lohnnebenkosten anfallen und für den Arbeitnehmer sollte es eine Steuerbegünstigung geben. Ältere Arbeitnehmer würden weiterhin in das Arbeitsleben miteinbezogen sein, zur Wertschöpfung beitragen und könnten einer sinnvollen Tätigkeit nachgehen, die ihnen Freude bereitet. Ich kann mir vorstellen, dass Senioren gerne zum Beispiel mit Kindern oder in einer Gärtnerei arbeiten würden und dort etwas Geld verdienen könnten.

Auch für die Wirtschaft wäre diese Regelung ein großer Zugewinn: Die Arbeitgeber hätten erfahrene und verlässliche Mitarbeiter, die sie vergleichsweise wenig kosten.

Das wäre eine faire Übergangslösung bis zu dem Zeitpunkt, wo wir ein Pensionskonto einrichten. Alle sollen dann sehen können, wieviel Pension sie sich erarbeitet haben und wann sie daher in den Ruhestand gehen können. In einer zivilisierten Gesellschaft soll niemand Angst haben müssen, dass die Grundversorgung nicht gesichert ist, aber es sollte jeder mit dem Pensionsanspruch in Pension gehen, den er sich erwirtschaftet hat. Durch das Pensionskonto wird die Eigenverantwortung des Einzelnen gestärkt und das System langfristig erhalten.

Soziales

Ein Land kann nur daran bemessen werden, wie es sich um seine schwächsten Mitmenschen sorgt, die sich aus irgendeinem Grund nicht selbst helfen können. Die soziale Harmonie ist die Grundlage für eine zivilisierte Gesellschaft. Jeder soll im Rahmen seiner Möglichkeiten einen Beitrag leisten. Niemand soll in unserem Land hungrig oder ohne Obdach sein.

Jeder soll in den Spiegel schauen und sich fragen: »Was kann ich zu einer besseren Gesellschaft beitragen?«

Wenn es um die Reform des Sozialsystems geht, stehen wir vor einer großen Herausforderung: Wie können wir es schaffen, Armut zu bekämpfen, die Würde jener Menschen zu wahren, die Sozialhilfe empfangen, aber dabei gleichzeitig die öffentlichen Ausgaben zu reduzieren? Letzteres muss uns aber gelingen, wenn wir nicht Gefahr laufen wollen, dass das System eines Tages kollabiert und wir jenen nicht mehr helfen können, die Hilfe wirklich brauchen.

Eine Maßnahme könnte so aussehen: Statt viel Sozialbürokratie zu betreiben, könnte man für Bedürftige eine Sozialkarte einführen, auf der sich für jeweils eine bestimmte Periode ein maximaler Gesamtbetrag und einzelne Mindestbeträge für grundlegende Bedürfnisse wie Ernährung, Kleidung und Wohnen befinden. Die Höhe der Beträge wäre abhängig von der Lebenssituation und der Zahl der Personen im Haushalt zu staffeln. Der Gebrauch der Karte sollte für bestimmte Dinge wie Alkohol, Tabak oder Glücksspiele nicht möglich sein. Meiner Meinung nach würde dieses Modell Bürokratie reduzieren, weniger Behördengänge notwendig machen, die Eigenverantwortung erhöhen und auch das Anspruchsdenken reduzieren – dabei aber sicherstellen, dass die Betroffenen ihre grundlegenden Lebensbedürfnisse vernünftig decken können.

Armut ist wie eine Krebserkrankung unserer Gesellschaft. Wenn sie nicht bekämpft wird, breitet sie sich immer weiter aus.

Unser Sozialsystem hat sich über mehrere Generationen entwickelt und hat ohne Zweifel einen hohen Standard erreicht. Deshalb ist es eine Schande, dass es bei uns trotzdem Menschen gibt, die in Armut leben müssen.

Eine Sozialkarte könnte dazu beitragen, das Sozialsystem mehr zu dem zu machen, was es eigentlich sein sollte – nämlich eine Hilfe für jene, die in Not geraten sind und zeitlich befristete Unterstützung brauchen, und eine Sicherheit für jene, die aufgrund von Krankheiten, Unfällen oder Behinderungen nicht für ihren Lebensunterhalt sorgen können.

Überdies sollten wir über stärkere Anreize und Belohnungen für jene nachdenken, die es aus eigenem Antrieb schaffen, ihren Lebensunterhalt ohne Sozialhilfe zu bestreiten. Wir brauchen ein System, welches den tief verwurzelten menschlichen Instinkt, sich zu verbessern und weiterzuentwickeln, ansporut, anstelle Sackgassen zu fördern, in welchen viele bequem leben, ohne sich wirklich anstrengen und ihr Potenzial ausschöpfen zu müssen.

Dies gilt insbesondere auch für Menschen, die aus dem Ausland zu uns kommen möchten. Österreich ist ein kleines Land und wir sollten Menschen willkommen heißen, die zu uns kommen möchten, um fleißig zu arbeiten, und sich gerne in unserer Gesellschaft und unseren Regeln integrieren. Zuwanderung in unser Sozialsystem hingegen befürworte ich nicht.

Ich weiß, wovon ich spreche, denn ich war selbst Immigrant, als ich in Kanada angekommen bin und weiß, wie es ist, sich in einem anderen Kulturkreis wiederzufinden. Ich kann verstehen, wenn jemand in ein anderes Land geht, um bessere Chancen für sich und seine Familie zu haben. Es ist aber eine Frage des Respekts vor dem Land, in welches man zuwandert, und seinen Menschen, dass man bereit ist, die dort geltenden Gesetze, Normen sowie Regeln für gesellschaftliches Zusammenleben zu akzeptieren.

Ich glaube, ich habe schon mehrmals in meinem Leben ein Beispiel gesetzt für Integration und ein Miteinander von Menschen unterschiedlicher Herkunft:

Ich habe etwa im größten Armenviertel von Maryland, in dem hauptsächlich junge, arme und meist arbeitslose Schwarzafrikaner leben, ein hochmodernes technisches Ausbildungszentrum gebaut, wo die jungen Menschen die Lehre zum Werkzeugmacher absolvieren können. Viele von ihnen haben so eine Zukunftsperspektive bekommen.

Als im Sommer 2008 der Hurrikan Katrina New Orleans verwüstete, habe ich aus jenem Stadtteil, wo die Ärmsten der Armen gewohnt haben – meist auch Schwarzafrikaner – hunderte Bewohner mit vielen Bussen in Sicherheit bringen lassen. Ich habe sie monatelang bei meiner Pferderennbahn in Florida untergebracht und versorgt und ihnen dann ein eigenes Dorf im Landesinneren in Louisiana bauen lassen, damit sie wieder die Möglichkeit bekommen, auf eigenen Beinen zu stehen. Ich habe dort ein Gemeinschaftszentrum gebaut, Sportplätze, landwirtschaftliche Anlagen und ein Katastrophenschutzzentrum für den Fall, dass wieder so ein verheerender Hurrikan über das Land zieht.

Diese Engagements haben mich sehr viel Geld gekostet, aber ich habe das gerne gemacht. Ich bin dankbar, dass ich der Gesellschaft etwas zurückgeben kann.

Wohnen

Mieter von Gemeindewohnungen sollen das Recht und durch einen günstigen Kredit die Möglichkeit haben, ihre Wohnungen zu guten Konditionen als Eigentum zu erwerben. Viele Menschen wünschen sich ein eigenes Heim und wir wollen dabei helfen, das zu ermöglichen.

Ich habe in diesem Buch ausführlich die Fair-Enterprise-Kultur beschrieben. Durch diese Philosophie ist es mir gelungen, aus einem Einmannbetrieb eine Weltfirma mit über 120.000 Beschäftigten aufzubauen. Die Grundidee ist: Mitarbeiter haben ein moralisches Recht darauf, am Gewinn, den sie helfen zu erwirtschaften, beteiligt zu sein.

Was spricht dagegen, diese Idee nicht nur in Firmen, sondern in einem ganzen Land umzusetzen? Was wäre, wenn wir unsere Gesellschaft in eine Gesellschaft von Eigentümern verwandeln? Es ist beeindruckend, wie sich das Verhalten von Menschen verändert, wenn sie Eigentümer oder Miteigentümer einer Sache werden. Im Prinzip ändert sich die Mentalität, es entsteht eine völlig neue Betrachtungsweise mit stärkerem Bezug zur Sache und einem höheren Maß an Identifikation. Die meisten Menschen machen sich zum Beispiel wenig Gedanken darüber, ob das Licht länger brennt oder das Wasser länger läuft, wenn sie ein Hotelzimmer verlassen. Deshalb macht es einen Unterschied, ob man mietet oder im Eigenheim lebt. Wenn man eigenes Geld für den Bau eines Hauses oder den Kauf einer Wohnung aufwendet, kümmert man sich wesentlich besser um die Instandhaltung und Pflege.

Ich bin davon überzeugt, dass es gut für Österreich wäre, privates Eigentum und die damit verbundene Mentalität zu stärken. Eine Gesellschaft von Eigentümern wäre ein geeigneter Weg, um ein stärkeres, stolzeres und produktiveres Land zu schaffen.

Familie

Die Familie ist der Kern und die Keimzelle der Gesellschaft. Wir wollen Familien und Kinder besonders fördern. Unter anderem durch den Ausbau von Schulen mit ganztägiger Kinderbetreuung, gesundem Essen und Lern- und Freizeitmöglichkeiten.

Unser Ziel ist es, die besten Rahmenbedingungen für Familien zu schaffen und sie vor allem auch steuerlich zu entlasten.

Ich habe selbst eine Familie gegründet, habe eine Frau, zwei Kinder und drei Enkelkinder. Nachdem wir geheiratet hatten, war meine Frau zu Hause. Sie hat erst in späteren Jahren eine Haushaltshilfe gehabt, am Anfang nicht. Den Haushalt zu führen und Kinder groß zu ziehen, ist viel Arbeit, ich bewundere, was Frauen alles schaffen. Als die Kinder noch klein waren, habe ich sehr viel gearbeitet, ich habe damals die Firma aufgebaut. Im Nachhinein denke ich, dass ich vielleicht ein bisschen mehr Zeit mit ihnen hätte verbringen sollen. Glücklicherweise sind sie gut geraten, meine Frau hat sehr gute Arbeit geleistet und die Kinder liebevoll erzogen.

Die Familie ist die Keimzelle der Gesellschaft. Von der Familie gehen die Werte aus. Die Frauen sind das Rückgrat einer Gesellschaft. Das Problem ist, dass die Frauen an den wirklich wichtigen Entscheidungen in Österreich kaum teilnehmen können, weil wir ein System der Freunderlwirtschaft haben. Und die ist zu hundert Prozent das Werk von Männergesellschaften. Beim Wirtschaftsbund etwa sind fast nur Männer in Führungspositionen, bei der AK dominieren Männer, die Gewerkschaftsbewegung ist auch männerdominiert, eigentlich dominieren Männer alle einflussreichen Institutionen in der Gesellschaft. Die wahren Entscheidungen werden in den Hinterzimmern der Macht von Männern getroffen. Ich trete dafür ein, dass wir bessere Strukturen für Familien und vor allem auch für Frauen schaffen. Unser Ziel ist es, die besten Rahmenbedingungen dafür zu schaffen, dass Familien es in Zukunft spürbar leichter haben – auch steuerlich.

Frauen

Wir erkennen an, dass Frauen eine besondere Last in unserer Gesellschaft tragen. Viele Frauen sind Mütter und leisten dadurch auch einen sehr wertvollen Beitrag für unsere Gesellschaft. Oft ist es sehr schwer, Familie und Beruf zu vereinen. Wir wollen die Stellung der Frau im Berufsleben stärken. Das heißt: gleiche Arbeit – gleicher Lohn. Wir wollen Strukturen schaffen, die Frauen unterstützen.

Wir hatten es nicht immer leicht, als ich ein Kind war, wir waren arme Leute. Trotz der harten Zeiten sorgte meine Mutter immer dafür, dass wir eine warme Mahlzeit bekamen, und gab ihr Bestes, diese so schmackhaft wie möglich zuzubereiten.

Meine Mutter sorgte sich auch darum, dass ich nicht nur Fußball spielte, sondern auch einen anständigen Beruf erlernte. Durch ihre Erziehung lernte ich schon in jungen Jahren, Verantwortung zu übernehmen. Meine Mutter hat aus dem wenigen, was wir hatten, immer versucht, das Beste zu machen.

Ich kann mich an diese Armut damals sehr gut erinnern und denke manchmal darüber nach, wie schwierig es oft war. Wie hart meine Mutter gearbeitet hat. Damals gab es noch keine Waschmaschinen und Geschirrspüler. Heute haben wir zwar all diese Geräte, aber die Doppelbelastung der Frauen hat sich nicht wirklich geändert. Die Kindererziehung ist eine sehr wichtige und ehrenvolle Aufgabe für Frauen, aber nicht alle können oder wollen das hauptberuflich machen. Mütter sind oft berufstätig und müssen an ihre körperlichen Grenzen gehen. Frauen haben es nicht leicht in unserer Gesellschaft und wir müssen Strukturen schaffen, die sie unterstützen: Frauen, die gerne zu Hause bei den Kindern bleiben wollen, während ihr Mann arbeitet, soll dies durch eine steuerliche Begünstigung erleichtert werden. Familien ab zwei Kindern sollen in die Familienbesteuerung wechseln können, wo das Einkommen des Mannes auf Mann und Frau aufgeteilt wird und für die Familie nunmehr der niedrigere Steuersatz zur

Anwendung kommt. Berufstätige Frauen sollen dieselben Chancen bekommen. Dass sie für die gleiche Arbeit den gleichen Lohn bekommen, sollte eine Selbstverständlichkeit in unserer Gesellschaft sein. Und alleinerziehende Mütter brauchen eine besondere Unterstützung, was leistbare Kinderbetreuung anlangt. Das heißt, dass wir die Schulen ausbauen, sodass Kinder dort ganztägig betreut werden können, um zu spielen, zu lernen und Sport zu betreiben. Selbstverständlich sollte es für die Kinder dort auch gesunde Mahlzeiten geben. Zusätzlich wollen wir Mütter dabei unterstützen sich, zur Kinderbetreuung zusammenzutun.

Zuwanderung und Asyl

Zuwandern sollen Menschen, die von der Wirtschaft gebraucht werden und die einen Beitrag zum Gemeinwohl leisten. Das Thema Asyl muss strenger gehandhabt werden, um zu verhindern, dass Menschen ohne ausreichenden Asylgrund in Österreich verbleiben. Wir wollen die Zuwanderung sachlich bestmöglich unter strengen Kriterien handhaben und dabei aber auch in familiären Härtefällen Herz zeigen.

Vor 59 Jahren war ich in Kanada selbst ein Einwanderer, der sich integriert hat.

Aufgrund meiner persönlichen Geschichte kann ich verstehen, dass jemand in ein anderes Land geht, um bessere Chancen für sich und seine Familie zu haben, weil ein Land zum Beispiel über eine demokratische, offene Gesellschaftsform verfügt. Wichtig ist aber, dass sich Zuwanderer integrieren. Dies beginnt zuallererst bei der Sprache. Es müsste ja schon im Eigeninteresse jedes Zuwanderers liegen, die Landessprache schnell zu erlernen, weil sie die Voraussetzung darstellt, am gesellschaftlichen und beruflichen Leben teilzunehmen.

Hier hat die Politik in den letzten Jahren viel versäumt, keine klaren Regeln geschaffen und nicht dafür gesorgt, dass die Beherrschung der Sprache eine Voraussetzung darstellt, um im Land zu bleiben. Diese Versäumnisse führen jetzt zu sozialen Problem und Kosten. Weshalb soll die Allgemeinheit nun die Kosten für Sprachkurse tragen, weil es jahrelang nicht verpflichtend war, Deutsch zu lernen?

Wir haben aber keine Alternative dazu, wenn wir vermeiden wollen, dass die Probleme an Schulen noch größer werden und jene, die sich keine Privatschule leisten können, weiter benachteiligt werden.

Ebenso wichtige Fragen sind Gesellschaftsform und Kultur. Ich bin damals nach Kanada gegangen, weil es ein Land war, das mir Chancen eröffnet hat – und weil mir die Form von Demokratie und Kultur gefallen hat. Ich wollte aber nie Kanadas Charakter verändern. Jeder soll seine Kultur und Traditionen bewahren, auch wenn er in einem anderen Land lebt. Ich bin im Herzen und in vielen meiner Denkweisen auch Österreicher geblieben, obwohl ich global arbeite und – neben der österreichischen – auch die kanadische Staatsbürgerschaft besitze.

Warum sind Zuwanderer oft nicht bereit, dies auch so zu halten, und kapseln sich stattdessen ab und leben nur nach der Kultur des Landes, welches sie verlassen haben? Dadurch werden die Sorgen der Menschen verständlich, die seit Generationen hier leben oder gut integriert sind. Und damit eröffnet man auch Möglichkeiten für jene, die von diesen Sorgen profitieren wollen, indem sie in der Bevölkerung Zwiespalt säen.

Magna beschäftigt ungefähr 120.000 Menschen weltweit. In jeder Fabrik gibt es Menschen unterschiedlichster Nationalität und Religion. Die Zusammenarbeit funktioniert, weil unsere Unternehmenskultur ein Klima von Fairness und Respekt vorgibt und jeder diese Regeln einhalten muss, ohne seine Herkunft zu verleugnen. Sollte es tatsächlich so schwer sein, dies auch in einer Gesellschaft zu verwirklichen?

Ländlicher Raum

Die Infrastruktur im ländlichen Raum muss auch in Zukunft erhalten bleiben, damit Bestand, Pflege und Nutzung der Kulturlandschaft gewährleistet bleiben. Nur so kann der ländliche Raum auch in Zukunft als wichtiger Siedlungsraum für die nachfolgenden Generationen dienen.

Ich habe meine Firmensitze immer etwas außerhalb der Stadt gebaut. Ich schaue gerne aus dem Fenster ins Grüne und gehe oft raus an die frische Luft, um meine Gedanken zu sammeln. Für mich ist die Lebensqualität im Grünen einfach höher, aber das ist meine persönliche Sicht der Dinge. Dennoch macht es mich betroffen, wenn manche ländlichen Gegenden immer weniger Schulen, Polizeidienststellen und Nahversorger haben. Wir brauchen einen besseren Finanzausgleich, damit wir auch im ländlichen Raum die Finanzierung der Infrastruktur sicherstellen können.

Während ländliche Regionen am Rande von Städten Mitgewinner der Urbanisierung sind, beginnen in den Tälern und entlegenen Gebieten Strukturen so weit zusammenzubrechen, dass es zu einer tatsächlichen Entsiedlung kommt. Die Infrastruktur dort soll aber auch in Zukunft erhalten bleiben, damit die Erhaltung, Pflege und Nutzung der Kulturlandschaft gewährleistet bleibt.

Einen weiteren Aspekt sollte man nicht außer Acht lassen: Momentan wandern viele Menschen noch in den städtischen Bereich ab. Aber viele Familien in den Städten denken schon um. Der ländliche Raum hat Zukunft, denn das Leben am Land bietet, gerade was die Lebensqualität und das Miteinander angeht, zahlreiche Vorteile. Der ländliche Raum bewahrt und schafft Werte. Eine gute Infrastruktur ist deshalb unbedingt notwendig. Schließlich wollen wir keine leeren Landstriche, sondern ein lebendiges Land. Eine kluge gemeinsame Nutzung von Kommunikations- und Transportmitteln kann beides schaffen: Arbeitsplätze und leistbares Wohnen inmitten der Natur. Der ländliche Raum kann so ein attraktiver Wirtschaftsstandort sein.

Umwelt

Ich plädiere für die Errichtung einer kleinen, hoch spezialisierten Universität mit Experten aus den Naturwissenschaften und der Wirtschaft, die gemeinsam mit den besten Studenten zukunftsweisende Umwelttechnologien erarbeiten. Österreich soll eine absolute Vorreiterrolle in der Umwelttechnologie einnehmen und sowohl die besten Fachkräfte als auch die besten Technologien hervorbringen.

In unserem Land atmen wir alle die gleiche Luft und trinken dasselbe Trinkwasser, egal aus welcher sozialen Schicht wir stammen und ob wir vermögend sind oder nicht. Daher ist es besonders wichtig für uns, alle die Umwelt zu respektieren und zu schützen. Ich mache mir sehr viele Gedanken über unsere Umwelt und die zunehmende Verschmutzung. Man muss kein Wissenschafter sein, um zu erkennen, dass die Öl- und Gasreserven der Erde rasch zur Neige gehen. Der tägliche weltweite Erdölverbrauch von Los Angeles bis Shanghai, von London bis Rio de Janeiro ist wie ein riesiger Fluss. Es ist nicht ganz klar, wie lange und vor allem zu welchen Kosten wir Erdöl gewinnen werden.

Derzeit treiben fossile Brennstoffe Autos an, lassen Maschinen in der Industrie laufen und heizen unsere Häuser. Unter den momentanen Voraussetzungen und bei den hohen Verbrauchsraten ist das jedoch nicht nachhaltig. Daher zählen Entwicklung von alternativen Brennstoffen und Strategien für alternative Energien zu den größten Herausforderungen für die Zukunft unserer Gesellschaft.

Es gibt auf viele Fragen zur Energiegewinnung noch keine klaren Antworten, weshalb ich mich für die Gründung dieser kleinen hoch spezialisierten Umweltuniversität einsetze. Spezialisten sollen mit den besten Leuten aus Technik, Umweltwissenschaften und Wirtschaft zusammenarbeiten und eine neue Generation von bestens ausgebildeten jungen Leuten hervorbringen, die unser Land nachhaltig besonders energieeffizient gestalten können.

Ich bin auch davon überzeugt, dass die Autoindustrie eine Vorreiterrolle einnehmen und diese Entwicklung beschleunigen wird. Eine Entwicklung, die unsere Lebensweise massiv verändern wird. Im kommenden Jahrzehnt wird ein großer Markt für Autos entstehen, die elektrisch oder mit anderen alternativen Antrieben fahren werden. Die Nachfrage wird einerseits durch steigende Ölpreise wachsen, andererseits durch das verstärkte Bewusstsein für Umweltschutz und Reduktion von Treibhausgasen. Auch der Wunsch, dass die individuelle Mobilität nicht eingeschränkt werden soll, wird den Bedarf an alternativen, umweltfreundlichen Transportmitteln steigen lassen.

Ich bin fast 60 Jahre in der Autoindustrie tätig und habe vieles erlebt, auch die Folgen der Ölkrise 1973. Meine Erfahrung zeigt, dass man rechtzeitig über Alternativen nachdenken muss, bevor man durch einschneidende Ereignisse dazu gezwungen wird. Daher habe ich dafür gesorgt, dass Magna früh begonnen hat, intensiv an Elektroautos zu arbeiten. Ich habe bei Magna einen Grundstein für die Elektromobilität gelegt und eine eigene Sparte dafür gegründet. Ein echtes Elektroauto ist kein herkömmliches Auto, in das eine Batterie gepackt wird, sondern ein völlig neues Fahrzeugkonzept. Parallel arbeiten wir an Batteriesystemen, die das Herz eines jeden Elektroautos bilden und dessen Leistung und Reichweite bestimmen.

Damit wird Magna zu einem der wenigen Unternehmen, die alles abdecken – von Batteriezellen über elektrische Systeme bis zum Gesamtfahrzeugkonzept. Ich hoffe, dass ein Teil dieser Entwicklungen auch in Österreich stattfindet. Damit könnten wieder Österreicher dabei sein, wenn die Zukunft der Autoindustrie gestaltet wird. So wie Johann Puch, der vor über hundert Jahren die Grundlagen für die heutige Autoindustrie in Österreich gelegt hat.

Sicherheit

Eine der wichtigsten Kernaufgaben des Staates ist es, für Sicherheit zu sorgen. Jeder Bürger kann erwarten, dass der Staat die Gesetze konsequent überwacht und seine Bürger vor Verbrechen schützt. Ein Staat, der diese Kernaufgabe nicht oder nicht ausreichend erfüllt, verliert das Vertrauen der Bürger. Die Sicherheitslage in Österreich hat sich in den letzten Jahrzehnten stark verschlechtert. Einsparungen, der Wegfall von Grenzkontrollen und Organisationsschwierigkeiten haben dazu geführt, dass die Polizei ihren Aufgaben immer weniger nachkommen kann. Wir wollen die Polizei von allem entlasten, was nicht der Erhaltung der inneren Sicherheit dient.

Mehr als zwei Drittel aller Polizeieinsätze entfallen auf die Ahndung von Verwaltungsübertretungen. Das könnte zu geringeren Kosten von einem Ordnungsdienst übernommen werden. Wir wollen moderne Methoden für die gezielte Verbrechensaufklärung, respektieren aber das Bedürfnis der Bürger nach Privatsphäre und Datenschutz. Wir wollen eine modern organisierte Polizei, die für Recht und Ordnung sorgen kann.

Für mich ist eine starke Präsenz der Exekutive auch in den Nachtstunden eine wichtige Voraussetzung für mehr Sicherheit. Mehr als zwei Drittel aller Polizeieinsätze entfallen derzeit freilich auf die Ahndung von Verwaltungsübertretungen, Geschwindigkeitsüberschreitungen, Lärmbelästigungen und Falschparken. Das bindet sehr viel Kapazität und könnte zu geringeren Kosten von einem Ordnungsdienst übernommen werden.

Aus diesem Grund streben wir einen unbewaffneten Ordnungsdienst an, der mit einer kurzen, aber ausreichenden Ausbildung Verwaltungsübertretungen verfolgt. Für die Polizei werden dadurch freie Kapazitäten geschaffen, die in die Verbesserung der Sicherheitslage in Österreich investiert werden können.

Auch im Verwaltungsbereich müssen moderne Organisationsstrukturen eingeführt werden. Sicherheitspolitik muss in Zukunft weiter gefasst werden und darf nicht bei der Exekutive und der Kriminalitätsbekämpfung Halt machen. Die Sicherung von Lebensgrundlagen, die mittlerweile als selbstverständlich gelten, sollte wieder stärker ins allgemeine Bewusstsein rücken. Dazu zählen vor allem die Nahrungsmittelsicherheit, eine stabile Energieversorgung sowie die Förderung sozialer Harmonie. Diese Bereiche können und sollen nicht von der Exekutive abgedeckt werden. In den zuständigen Ministerien sind jedoch Pläne für die Bewältigung solcher Herausforderungen zu entwickeln.

Die Entwicklungen in einigen EU-Mitgliedsstaaten zeigen deutlich, dass ohne eine ausreichende und funktionierende Grundversorgung die innere Sicherheit eines Landes rasch in eine Schieflage geraten kann. Aus diesen Gründen treten wir für einen umsichtigen und weitgefassten Sicherheitsbegriff und Reformen ein, die auch durchaus aus bewährten Systemen aufgebaut sein können.

Landesverteidigung und freiwilliger Dienst

Ich bin der Ansicht, wir sollten den Wehrdienst völlig reformieren und modernisieren: Junge Leute sollen für den Dienst mit der Waffe, für verschiedene technische und handwerkliche Tätigkeiten und insbesondere auch für Katastropheneinsätze ausgebildet werden.

Wir sind für ein modernes Bundesheer, einen gut organisierten Zivildienst und einen einsatzbereiten Katastrophenschutz.

Österreich ist ein Land, in dem sehr viele Menschen ehrenamtlich arbeiten. Darüber können wir froh sein, darauf dürfen wir auch stolz sein. Denn ehrenamtliche Tätigkeiten sind unverzichtbar für eine starke, soziale Basis unserer Gesellschaft.

In den 1970er- und 1980er-Jahren habe ich in Kanada ehrenamtlich für eine wohltätige Organisation gearbeitet, die sich »Big Brothers« (große Brüder) nannte. Sie hatte sich zur Aufgabe gestellt, jungen Burschen, die ohne Väter oder Eltern und in schwierigen Verhältnissen aufwuchsen, erwachsene Männer zur Seite zu stellen, die sie als Vorbilder unterstützen, fördern und beraten konnten.

Ich bin mit meinem »kleinen Bruder« zu Sportveranstaltungen gegangen, habe ihm meine Firma gezeigt, aber auch ernsthafte Gespräche mit ihm geführt. Ich habe die Zeit sehr genossen, weil ich gespürt habe, dass ich damit etwas zu einem positiven Lebensweg beitragen kann. Nie habe ich daran gedacht, dass ich für die Zeit und Energie, die ich dafür aufgewendet habe, bezahlt werden könnte. Die schönste Belohnung war, einem jungen Mann zu helfen. Dies ist für mich der Kern ehrenamtlicher Tätigkeit.

In meinem Unternehmen habe ich die Regel verankert, dass wir bis zu zwei Prozent des Gewinns für die Unterstützung wohltätiger oder kultureller Organisationen oder Bildungsinstitutionen ausgeben. Damit haben wir vielen Einrichtungen geholfen, vor allem in Regionen, in welchen unsere Mitarbeiter mit ihren Familien leben. Die meisten dieser Einrichtungen bestehen aus ehrenamtlichen Mitarbeitern, die ihre Freizeit und ihre Talente im Dienste der Gesellschaft einsetzen – von Sportvereinen bis zu Initiativen, die älteren, bedürftigen oder kranken Menschen helfen.

Ich habe in vielen Beiräten karitativer Organisationen, Universitäten und Krankenhäusern gearbeitet und dabei wertvolle Erfahrungen gesammelt. Nicht nur Firmen haben eine Verantwortung, soziale Beiträge zu leisten, sondern jeder von uns. Besonders jene, die vom Glück mehr begünstigt wurden und somit Mittel und Möglichkeiten haben, davon etwas an die Gesellschaft zurückzugeben. Es tut gut, von Zeit zu Zeit in den Spiegel zu blicken und sich zu fragen: »Wie kann ich der Gesellschaft dienen?« Das müssen keine großartigen Dinge oder hohen Spenden sein. Kleine Initiativen sind ebenso wichtig. Bei Magna haben wir ein Nachbarschaftsnetzwerk gegründet, in dem Menschen anderen Menschen in ihrer Nachbarschaft helfen. Dies kann darin bestehen, dass man älteren Nachbarn beim Schneeschaufeln hilft oder bedürftigen Familien zu Weihnachten kleine Geschenke für die Kinder macht. Obwohl das Netzwerk erst wenige Jahre besteht, hat es schon wertvolle Dienste in den Regionen geleistet, in denen unsere Mitarbeiter leben und arbeiten. Eine Gesellschaft ohne ehrenamtlich tätige Menschen wäre um vieles ärmer. Daher sollten wir allen, die ehrenamtlich arbeiten, unseren Dank und Respekt zeigen.

Eine gesunde Landwirtschaft und Tierschutz

Die Größe und den moralischen Fortschritt einer Nation kann man daran messen, wie sie die Menschen behandelt, die sich aus irgendeinem Grund selbst nicht helfen können, und daran, welchen Respekt sie Tieren gegenüber hat. Tiere sind den Menschen untergeordnet und wurden seit jeher als Nahrung für uns Menschen herangezogen. Die Tatsache, dass sie uns untergeordnet sind, legt uns aber dennoch die Pflicht auf, sie als Geschöpfe Gottes zu respektieren und ihnen gegenüber keinesfalls grausam zu sein.

Ich bin für eine Verbesserung der österreichischen Tierschutzgesetze und will Tiere vor jedem unnötigen Leid bewahren. Tiere aus dem Ausland dürfen nicht durch Österreich transportiert werden, um in einem anderen Land geschlachtet zu werden. Wir sollen Tiere als Lebewesen respektieren und diese vor Grausamkeiten schützen.

Eigentlich esse ich eher selten Fleisch, aber hin und wieder habe ich doch Gusto auf ein gutes Steak vom Grill. Als ich unlängst einem Freund erzählte, dass ich in eine biologisch-natürliche Rinderzucht investieren werde, fragte er: »Wie kannst du das tun? Wie kannst du Tiere züchten, um sie dann zu töten?« Das Gespräch mit meinem Freund fand beim Abendessen statt. Ich frage mich heute noch, was denn seine Vorstellung war, woher das Steak auf seinem Teller kam. Aber ich konnte ihn gut verstehen. Ich habe selbst lange mit mir gerungen, ob ich Fleisch essen soll. Letztlich habe ich für mich entschieden, hin und wieder Fleisch zu essen, aber nur von Tieren, die natürlich und artgerecht gehalten wurden.

Massentierhaltung ist grausam und unnatürlich, Tiere ertragen viel Leid, wenn sie auf so engem Raum zusammengepfercht sind. Aus diesem Grund möchte ich gerne mit gutem Beispiel vorangehen: Ich besitze Farmland in Florida und in den kommenden Jahren möchte ich dort Freilandrinder züchten, die völlig natürlich auf großen grünen Wiesen und mit frischem Wasser aufwachsen.

Ich bin davon überzeugt, dass Ernährung eine immer wichtigere Rolle in unserer Gesellschaft spielen wird. Immer mehr Menschen wollen sich bewusst ernähren, also mit Nahrungsmitteln ohne Hormone, Antibiotika, Pestizide oder anderen chemischen Zusätzen. Dabei geht es um einen Bewusstseinswandel in zweierlei Hinsicht: Einerseits haben Massenproduktion von Lebensmitteln und industrielle Tierhaltung negative Auswirkungen auf die Gesundheit, andererseits – und das ist mir wesentlich wichtiger – sind diese Produktionsmethoden schädlich für unsere Umwelt und grausam den Tieren gegenüber.

Im Grunde bin ich ein überzeugter Bio-Landwirt. Ich unterstütze strenge Tierschutzgesetze und fördere Forschungseinrichtungen, die sich mit nachhaltiger, biologischer Landwirtschaft befassen. So habe ich etwa das Plant Science Center an der University of Florida gebaut.

Für mich ist natürliche, biologische Landwirtschaft und artgerechte Tierhaltung der Weg in die Zukunft. Daher freut es mich, dass ich schon bald zu jenen Landwirten gehören werde, die Nahrungsmittel erzeugen, die gesund, umweltgerecht und insbesondere tierfreundlich sind.

Ich gebe ein klares Bekenntnis zur bäuerlichen Landwirtschaft in Österreich ab. Die Erhaltung unserer Kulturlandschaft ist ein ebenso zentrales Anliegen unserer Landwirtschaft wie die Herstellung hochwertiger und gesunder Lebensmittel. Bäuerliche Familienbetriebe müssen gefördert werden. Die besten und gesündesten Lebensmittel der Welt sollen aus Österreich kommen.

Wo Österreich draufsteht, muss Österreich drin sein.

ORF

Ich bin für eine klare Definition der heutigen Anforderungen an einen öffentlich-rechtlichen Fernsehsender. Es soll leicht möglich sein, festzustellen, ob ein privater Anbieter diese Aufgabe teilweise oder zur Gänze kostengünstiger übernehmen kann. Und ich sage: Politische Funktionäre dürfen nicht den ORF beherrschen. Ich bin gegen Zwangsgebühren.

Für die Steuerzahler soll es bessere Inhalte, eine faire Berichterstattung und weniger Kosten geben.

Der ORF ist nicht effizient geführt und bringt wenig Qualitätssendungen. Jeder Österreicher, der einen Fernseher besitzt, muss, egal ob er ORF-Programme konsumiert oder nicht, je nachdem in welchem Bundesland er wohnt, ungefähr 350 Euro jährlich an Zwangsgebühren bezahlen.

Zuerst sollten wir definieren, was die Anforderungen an einen öffentlich-rechtlichen Sender sind, der durch Steuergelder finanziert wird. Es gibt den sogenannten Kulturauftrag, aber ich glaube, es steht außer Frage, dass der ORF diesem Anspruch derzeit nicht gerecht wird.

Ich bin der Ansicht, dass in einer gut funktionierenden Demokratie besonders wichtig ist, dass die Bürger Übertragungen aus dem Nationalrat, Bundesrat und den Landtagen sowie aus allen Ausschüssen sehen können. Nur so können sich die Bürger ein Bild machen und die Kontrollfunktion durch die Öffentlichkeit kann gewahrt sein.

Diese Aufgabe kann aber auch von privaten Anbietern übernommen werden, es müssen einfach die Kosten dieser Übertragungen ermittelt und private Angebote eingeholt werden.

Ich bin für die Abschaffung der Zwangsgebühren und kann mir vorstellen, eine gewisse Summe an Steuergeld der Erhaltung der österreichischen Kultur via den besten privaten Anbieter zur Verfügung zu stellen. Hier sollten die österreichischen Bürger miteinbezogen werden, wie viel Geld ihnen die österreichische

Filmförderung und die Darstellung der heimischen Kultur im Fernsehen wert ist.

Ich habe selbst in Kanada ein Programm gemeinsam mit dem CBC – dem kanadischen öffentlich-rechtlichen Sender – gestaltet: »Canada's Next Great Prime Minister«. Ich habe gemerkt, dass die Menschen, vor allem die jungen Leute, spüren, dass die Politiker keine guten Lösungen für das Land haben. Wer kennt diese Situation nicht? Man sitzt im Wirtshaus und hört Menschen sagen: »Wenn ich Bundeskanzler wäre, dann würde ich …« Und dann wird leidenschaftlich diskutiert, was man alles tun müsste, um das Land zu verbessern. Dieser Wunsch der Bürger, einmal allen zu sagen, was im Land nicht richtig läuft und was zu tun wäre, hat mich vor über 15 Jahren inspiriert, in Kanada einen Wettbewerb für Studenten ins Leben zu rufen, ihre Ideen zur Verbesserung des Landes öffentlich zu präsentieren. Zu dieser Zeit litt Kanada – so wie auch viele europäische Länder besonders heute – unter einem großen Budgetdefizit und war überdies von einer Teilung bedroht, nachdem es in Quebec eine Volksabstimmung für die Loslösung von Kanada gegeben hatte. Ich habe den Wettbewerb »Kanadas nächster bedeutender Premierminister« genannt, um die Jugend zu inspirieren, über die Zukunft ihres Heimatlandes nachzudenken und ihr auch eine Plattform zu bieten, um diese Ideen einer breiten Öffentlichkeit zu präsentieren. Begonnen hat es mit einem Aufsatzwettbewerb, mittlerweile ist daraus eine große Fernsehsendung geworden, die in ganz Kanada ausgestrahlt wird. Die Finalisten, die voller Tatendrang ihre Ideen und Pläne für das Land präsentieren und diskutieren, werden dabei von ehemaligen Premierministern und dem Publikum bewertet.

Die Rechte für diesen Wettbewerb wurden inzwischen an Fernsehsender auf der ganzen Welt vergeben, unter anderem wurde die Show auch schon in Deutschland übernommen, produziert und ausgestrahlt.

Heute, 15 Jahre nachdem dieser Wettbewerb das erste Mal stattgefunden hat, sind die Herausforderungen, welchen sich Kanada,

Österreich und andere westliche Staaten gegenübersehen, immer noch dieselben. Hohe Staatsausgaben und Verschuldung, hohe Steuern, Verlust von hochqualifizierten Arbeitsplätzen, um nur wenige zu nennen. Die Globalisierung, die Anfang bis Mitte der 1990er-Jahre begonnen hat, vieles zu verändern, ist heute selbstverständlicher Teil unseres Wirtschaftslebens. Andere Faktoren haben an Bedeutung gewonnen – das stärkere Umweltbewusstsein im positiven, der zunehmende Terrorismus im negativen Sinne. Aber ein Aspekt ist und bleibt unverändert an der Spitze der nationalen Agenda jedes Landes: Wirtschaftswachstum. Nur damit können wir Arbeitsplätze erhalten, neue schaffen und unseren Lebensstandard sichern.

Ich habe immer betont, dass es einfach ist, etwas zu kritisieren, aber ungleich schwerer, vernünftige Lösungen vorzuschlagen. Auch aus diesem Grund war es mir wichtig, die besten jungen Köpfe des Landes anzuregen, ihre Ideen vorzubringen. Über die Jahre sind dabei einige sehr gute Ideen entstanden, die jungen Leute zeigten viel Kreativität, Mut und Einsatz und einige von ihnen bekleiden heute sogar gewählte politische Ämter.

Wenn wir neue Visionen für unser Land entwickeln, müssen wir unsere Jugend miteinbeziehen. Denn niemand hat ein größeres Interesse an der langfristigen Zukunft unseres Landes.

Allgemeingüter wie Eisenbahn, internationale Flughäfen, Straßen, Wasser- und Elektrizitätsnetz

Bei Allgemeingütern sollen die österreichischen Steuerzahler die Aktionäre sein und daher auch den Aufsichtsrat bestimmen. Die parteipolitische Postenbesetzung muss vom Einsatz der besten Köpfe abgelöst werden. Für das Wasser sollten wir ein besonders strenges Gesetz im Verfassungsrang haben: Die Versorgung der Bevölkerung mit sauberem und gesundem Trinkwasser muss gesichert sein.

Die österreichischen Bürger wären als Aktionäre klug genug, gute Leute als Manager einzusetzen. Sie brauchen nicht von politischen Funktionären, die durch Freunderlwirtschaft zu ihren Posten gekommen sind, bevormundet zu werden. Die Bürger haben ein Recht darauf, dass ihr Steuergeld gut verwaltet und nicht kontinuierlich in ein Fass ohne Boden geschüttet wird. Ein gut ausgebauter öffentlicher Verkehr ist Voraussetzung einer funktionierenden Volkswirtschaft. Öffentlicher Verkehr muss attraktiv, leicht zugänglich und leistbar sein. Wir brauchen Wettbewerb durch private Anbieter. Staatliche und kommunale Verkehrsbetriebe dürfen nicht mehr Versorgungsunternehmen für politische Funktionäre sein und sollen nur von politisch unabhängigen Experten geführt werden.

Ich habe schon oft auf die untragbaren Verlustgeschäfte von Staatsbetrieben aufmerksam gemacht. Die meisten Politiker verstehen leider wenig von der Wirtschaft und vergeben wichtige Management-Positionen in staatsnahen Betrieben an Leute, die aus dem System der Freunderlwirtschaft kommen. Wie man an den Bilanzen und vor allem am Schuldenstand dieser Unternehmen ablesen kann, sind diese Manager aber leider ungeeignet, die Betriebe nach wirtschaftlichen Gesichtspunkten gut zu führen.

Im vergangenen Jahr hatte ich in der Zeitung gelesen, dass der Vizekanzler Spindelegger sagte, wenn ich etwas für Österreich tun wolle, sollte ich doch die Österreichischen Bundesbahnen kaufen.

Ich dachte nicht lange darüber nach und freute mich, dass endlich ein führender Politiker eingesehen hatte, dass es jemanden mit Wirtschaftskompetenz braucht. Die Schienen kann man ja nicht davontragen, so dachte ich mir, ich könnte doch einen Vorschlag zur Sanierung der Bundesbahnen machen. Wir müssen schließlich laufend darauf schauen, wie wir möglichst effizient wirtschaften können.

Schon kurz darauf schrieb ich also der Verkehrsministerin Bures einen Brief:

Sehr geehrte Frau Bundesministerin Bures!

Die Situation der Österreichischen Bundesbahn gibt Anlass zur Sorge. Es wird sehr viel Geld verloren, das die österreichischen Steuerzahler durch höhere Abgaben belastet.
Für alle Probleme gibt es Lösungen. Die Eisenbahn spielt sowohl für den Personenverkehr als auch für die Wirtschaft eine große Rolle. Ich habe sehr viel Erfahrung und bin bereit, meine Zeit unentgeltlich zu investieren, auch würde ich auf eigene Kosten Experten engagieren, um Probleme zu identifizieren und Lösungsvorschläge auszuarbeiten. Es werden dadurch keine Kosten für die Steuerzahler entstehen.
Ich glaube, wir schulden den Österreichern bessere Lösungen und Strukturen, als sie jetzt vorhanden sind. Daher schätze ich es sehr, dass Herr Vizekanzler Spindelegger den Mut hatte, vorzuschlagen, mich mit einzubinden.
Ich würde mich freuen, wenn ich dem Land dienen kann und erwarte eine positive Antwort.

Hochachtungsvoll,

Frank Stronach

Nach einigen Wochen schrieb sie mir zurück, dass es mir wohl entgangen sei, dass die ÖBB sich immer besser entwickeln, aber dennoch würde sie meinen Vorschlag an die zuständigen Personen weiterleiten. Und »bei Bedarf« werde man möglicherweise darauf zurückkommen.

Natürlich habe ich bis heute nichts gehört, schade. Schade um das Steuergeld der österreichischen Bürger. Das ist ein typisches Beispiel dafür, dass unsere derzeitige Regierung unfähig ist zu wirtschaften und damit auch zu regieren. Ich hätte eine Lösung gehabt und hoffe, dass ich sie nach den Wahlen auch umsetzen kann.

Liebe Leserinnen und Leser!

Ich war immer schon eine sehr private Person, weiß aber natürlich, dass mich die Leute besser kennenlernen wollen, jetzt, wo ich ins öffentliche Leben eintrete.

Ich habe das Buch »The Magna Man« schon letztes Jahr auf Englisch herausgebracht und jetzt auch auf Deutsch übersetzt.

Manche Leser werden sich vielleicht fragen, warum ich nicht sehr viel Privates erzählt habe. Meine Frau Elfriede, die auch aus Weiz kommt, meine beiden Kinder Andy und Belinda sowie meine drei Enkelkinder Frank, Nikki und Selina und ich sind eine sehr enge Familie und wir schätzen unsere Privatsphäre.

Ich glaube, ich habe mit diesem Buch einen guten Einblick in mein Wirtschaftsleben und meine Philosophien und Prinzipien gegeben. Ich lege sehr großen Wert auf diese Prinzipien, nach welchen ich lebe. Der Ruf war für mich immer das Wichtigste. Ich habe mich immer an die Gesetze gehalten, egal in welches Land ich mich aus beruflichen oder privaten Gründen begeben habe.

Ich hoffe, Sie fanden das Buch interessant und verstehen nun, warum ich in die Politik gegangen bin. Ich habe mit meinem eigenen Gewissen vereinbart, dass ich viel Zeit und eigenes Geld geben werde, um das System, das uns in Schulden ersticken wird, zu ändern, damit Österreich wieder eine bessere Zukunft hat.

Herzlichst,
euer

Frank Stronach